普通高等教育法学核心课教材

总主编　徐祥民

环境与资源保护法学

（第二版）

主　编　徐祥民

副主编　田其云　陈　冬
　　　　申进忠　刘卫先

科学出版社
北　京

内 容 简 介

本书从分析环境损害的概念、特点和类型入手，展开论述环境法学的知识内容，体现了环境法应以应对环境损害、保护环境为历史使命和直接目的。围绕保护环境这一直接目的，本书从指导思想到基本原则，再到基本制度，最后到各项具体法律制度，逐步具体化，不断深入，详细论述环境法学的知识内容，使全书内容形成一个有机联系的体系。对环境法调整方法的论述强化了环境法是一个独立的法律部门，而这一法律部门又可以分为环境事务法和环境手段法两个子系统，各项具体的环境法律制度都可以在这两个子系统找到自己的归宿。本书构建了一个清晰的环境法体系，内容详而不庸，论述简而不乏，便于读者理解和掌握环境法的知识内容。

本书适用于普通高等教育法学专业本科生、研究生学习，也可供参加国家统一司法考试以及对环境法感兴趣的读者阅读。

图书在版编目（CIP）数据

环境与资源保护法学/徐祥民主编．—2版．—北京：科学出版社，2013.8

普通高等教育法学核心课教材

ISBN 978-7-03-038509-3

Ⅰ.①环… Ⅱ.①徐… Ⅲ.①环境保护法-法的理论-中国-高等学校-教材 ②自然资源保护法-法的理论-中国-高等学校-教材 Ⅳ.①D922.601

中国版本图书馆CIP数据核字（2013）第204327号

责任编辑：王京苏 / 责任校对：彭　涛
责任印制：赵　博 / 封面设计：蓝正设计

科学出版社出版
北京东黄城根北街16号
邮政编码：100717
http://www.sciencep.com
北京富资园科技发展有限公司印刷
科学出版社发行　各地新华书店经销
*
2008年8月第　一　版　　开本：787×1092　1/16
2013年8月第　二　版　　印张：13 1/2
2025年7月第十一次印刷　　字数：328 000

定价：35.00元

（如有印装质量问题，我社负责调换）

本书第二版说明

环境法学是一门新兴的法学学科，它正处在迅速成长的过程中。这要求作为连接这个学科和环境法学教学活动之桥梁的《环境与资源保护法学》适时更新。

此次修订主要做了以下三个方面的工作：

第一，贯彻科学发展观，体现建设生态文明的要求。科学发展观是新中国成立以来由我国执政党作出的最伟大的理论贡献，是充分反映工业革命以来人类所遭遇的人与自然矛盾的当代理论发现。环境法是最能充分反映科学发展要求的法律部门，环境法学应当为贯彻科学发展观、推进生态文明建设担当先锋。

第二，完善环境法学知识体系。《环境与资源保护法学》作为完成环境法学基本原理教学任务的工具，应当恰当反映环境法学和环境法制发展的状况和基本内容等。此次修订着意构建环境法学教学知识体系。实施这一构建的主要参照系有：①环境法学理论研究的最新结论。这主要是为了及时反映年轻的环境法学在推动环境法制建设和环境保护事业方面所取得的新成就。把环境损害理解为环境法学的逻辑起点，就是近年刚刚取得的成就。②现行环境法律法规。这主要是回答哪些环境法律法规是环境法学基本理论教学应当掌握或了解的。我们认为，环境保护事务法和手段法、作为环境保护事务法和手段法之重要分支的污染防治法、资源保护法、环境退化防治法、生态保护法、环境影响评价法、环境规划法、环境许可法等法律法规，都应纳入环境法学基本理论教学。③环境保护实践。环境法学基本理论教学需要反映已经和将要上升为环境法制，以及已经或可能影响到环境法学理论发展的那些环境保护实践。我们认为，环境教育、环境信息公开等都应成为环境法学基本理论教学的内容。

第三，提高相关知识的科学性。在环境法学的教学和研究活动中存在且还在不断出现一些新的概念和判断等，它们还需要经历实践的检验和学术的推敲。本次修订作了推敲和总结实践检验结果的努力。例如，本书使用排污配额取代以往的排污权概念，这样有利于排除后者所包含的“权”这个字可能对学生产生的误导。

徐祥民

2013 年 4 月 12 日

出版说明

中国的法学教育是一种多元化的法学教育，这是与我国现阶段对法律人才的多层次需求相适应的。目前，不同法学院校在不同的教学理念支撑下，对法律人才培养目标的定位逐渐明晰，以适应社会的多元化需求。教材作为法学知识的载体，也同样应当体现多元化的教育模式。

科学出版社在“立足科技、面向教育”的指导思想下，近十年来推出了大量适应不同层次需要的高校教材。在法学教育领域，也相继推出了若干富有鲜明特色和创新特点的教材，为我国法学教育的发展注入了新的活力。我们也仍将坚持科学与人文并举的方针，推出更多更优秀的法学教材。

2006 年，教育部法学学科教学指导委员会对法学核心课程重新进行了调整，除了原有的 14 门核心课程之外，新增了劳动与社会保障法、环境与资源保护法两门课程作为法学专业的核心课程。这一调整反映了新的时代要求，与这一变革相适应，科学出版社与徐祥民教授及“普通高等教育法学核心课教材”编委会的其他专家共同策划，推出了本套教材。

本套教材定位于适应法学教学需求及多元化的人才培养理念，同时与司法考试进行有机衔接。因此，在策划本套教材的过程中，尤为注意对理论阐述进行精炼的要求，尽量突出教学中的重点内容以使学生明确学习重点，避免因理论阐述内容过多而造成的混乱状况，以提高学习效果。

我们期待本套教材能成为教师授课和学生学习的得力助手，从而为我国法律人才的培养贡献新的力量。

科学出版社

编写说明

教材是对学科发展的集中反映，学科的发展必然反映到教材中来，而教材则应主动反映学科的发展变化；教材体系是学科体系的写照，学科体系的完善一定会对教材体系产生影响，而教材体系应当对学科体系的逐步完善给予准确的表达。中国法学经过一个多世纪的发展，经过一代又一代学人为之贡献智慧，经过社会实践，尤其是法制实践的一再检验和修正，经过与中外各种学说的反复交流、碰撞，已经形成了以不断丰富的马克思主义理论为指导，与我国的政治、经济、社会、历史、哲学、文化等相融相通，符合我国社会主义法治发展要求的完整体系。由教育部法学教学指导委员会确定的16门法学核心课程是对中国法学体系的一个浓缩，也是为适应普通高等教育法学本科阶段的教学需要而对中国法学体系所做的一个提炼。为了在教学活动中更好地表达这个经过浓缩的法学体系，我们编写了这套教材——“普通高等教育法学核心课教材”。这是一个与我国的法学体系相一致的较为完整的教材体系。

法学的每个学科，比如法理学、民法学、刑法学、环境法学等，都是从事相关学科教学、研究的学者们在对古往今来的相关法律现象，对古今中外的相关法律实践总结、提升的基础上，通过对相关法学理论以及相关哲学、经济学、历史学等的研究结论的批判、吸收、借鉴等而形成的。它们都凝结了学者们的心血和汗水，同时，它们也都不可避免地带有创建、发展或阐述、加工相关学科的学者们所赋予的某些特点。每个学科都有自己特定的研究对象、基本理论、基本知识体系等，但作为主观创造物的学科也都因“创造者”对对象的理解的不同而存在解说上的某些差异。我们这套教材在总体设计上力求反映我国学界最通行的理解，目的在于给教学第一线的教师和受教育者一个能获得最大认同的知识体系和理论体系。同时，我们也注意发挥法律实践、学术研究对学科发展的推动作用，支持在学科系统既定情况下对学科的发展完善，赞成在基本理论体系不变的前提下对学科具体知识、观点等作适应实践需要的调整、补充。在这个意义上，这套教材是参加编写的教授、专家们的作品，是他们的精神产品。

创造这些精神产品的教授、专家是以下各卷主编及其所率领的编写组成员：

《法理学》，主编：李瑜青（华东理工大学法学院教授、博士生导师）、苗金春（潍坊学院法学院院长、副教授）

《中国法制史》，主编：袁兆春（曲阜师范大学法学院院长、教授）

《宪法学》，主编：王德志（山东大学法学院教授、博士生导师）

《行政法与行政诉讼法》，主编：孟鸿志（山东工商学院法学院院长、教授）

《刑法学》，主编：于阜民（中国海洋大学法政学院教授、博士生导师）

《刑事诉讼法》，主编：姚莉（中南财经政法大学科研处处长、法学院教授、博士生导师）

《民法学》，主编：胡家强（中国海洋大学法政学院法律系主任、教授）、苑敏（济南大学法学院法学系主任、教授）

《民事诉讼法》，主编：王国征（青岛大学法学院副院长、教授）

《商法学》，主编：李光禄（山东科技大学法学院院长、教授）、袁晓波（哈尔滨理工大学法学院教授）

《知识产权法学》，主编：姜一春（烟台大学法学研究所所长、法学院教授）

《经济法学》，主编：李响（青岛科技大学政法学院副院长、教授）、任以顺（中国海洋大学法政学院教授）

《劳动与社会保障法学》，主编：张荣芳（武汉大学法学院副教授）

《环境与资源保护法学》，主编：徐祥民（中国海洋大学法政学院院长、教授、博士生导师）

《国际法学》，主编：赵海峰（哈尔滨工业大学法学院院长、教授）、杨惠（中国民航大学法学院教授）

《国际私法学》，主编：王利民（大连海事大学法学院教授、博士生导师）

《国际经济法学》，主编：赵云（香港大学法律学院副教授）

李响教授、巩固博士作为本套教材编委会的秘书长和秘书，也为本套教材的出版付出了辛勤的劳动。

总主编　徐祥民

2008 年 5 月 15 日于青岛海滨寓所

目　　录

第一章　人类环境与环境保护

环境保护、环境法学都是人类文明史上新生的概念，它们所包含的思想或所指代的事物都不是非常明确的。年轻的环境法学就是以这些新生的概念为基础，并以明确这些概念的内涵、界定这些概念的外延为己任的一门学问。本章就从环境保护以及比它更基本的概念——环境，开始环境法学基础理论的探讨。

第一节　人类环境

环境是环境法学最基本的概念。这个概念并不像刑法学中的刑、婚姻法学中的婚姻、合同法学中的合同等那样容易把握。原因在于：第一，环境法学中的环境概念与人们在日常生活中使用的环境概念之间有相当大的距离；第二，作为环境法学研究对象的环境本身还在变化着，人们对这个对象的认识远未结束。对环境概念难以把握的最好说明是，到目前为止还没有形成被学者们普遍接受的环境概念。

一、对环境的一般理解及分类

环境（environment）是一个常用的词汇，人们对它并不陌生。在我们的生活语言中经常出现学习环境、生活环境、文化环境、自然环境、人文环境、语言环境、投资环境等说法。它的基本含义有两个要素：一是环绕，或静态上的一定中心的周围；二是情况或条件。《元史·余阙传》中“乃集有司与诸将议屯田守战计，环境筑堡寨，选精甲外捍，而耕稼于中”中的“环境”可以理解为“境”之“环”，这里的环境就是“环”之内的全部区域。英语中的环境“environment”由动词“environ”延伸而来。“environ”源于法语的“environ”和“environner”，而后者来源于拉丁语中的“in（en）”加“circle（viron）”，其原意都是包围、环绕。环境除了这种平面的解释之外，还有周围的情况和条件的含义，构成环境要素的便是这类情况或条件。

环境科学中的环境以人类为中心，所以也被称为人类环境。最早使用人类环境概念的国际文件是1972年在斯德哥尔摩人类环境会议上通过的《联合国人类环境宣言》（以下简称《人类环境宣言》）。它所用的人类环境概念包括“天然和人为的两个方面”[①]。

人们可以把环境划分为不同的种类。

（1）按照环境要素的形成与人类活动关系的不同，环境可分为自然环境和人为环境两种。《人类环境宣言》《阿拉伯联盟环境与发展宣言》《中华人民共和国环境保护法》（以下

① 《人类环境宣言》第一条

简称《环境保护法》）等都采取了这种分类。

自然环境，也称天然环境，是指对人类的生存和发展产生直接或间接影响的各种自然形成的物质和能量的总体。一般认为，野生动植物、原始森林也是自然环境的要素。

人为环境，也称人工环境，是在自然环境的基础上经过人类的改造或由人类利用自然环境所提供的材料所创造的各种物质实体的总称。一般认为，城市、乡村、人工水库、公园、名胜古迹、人造的风景游览区、房屋、道路、工作场所等都是人为环境的组成部分。

社会环境的含义与人为环境是不一致的，不宜把它与自然环境放在一起讨论，也不宜将其加入以自然环境为主要内涵的环境概念之中①。

这里有一点需要注意，在以自然环境为主要内容的环境概念中，名胜古迹等所包含的丰富的文化内涵以及它们所具有的"无价之宝"的地位是完全被忽略的。

（2）按照环境要素的不同，自然环境可以分为大气环境、水环境、土壤环境、生物环境等。大气环境是指随地心引力而旋转的大气层；水环境是指地球表面的各种水体，包括海洋、湖泊、河流、沼泽以及埋藏在土壤和岩石孔隙中的地下水等；土壤环境是指地球表面能够为绿色植物提供肥力的表层；生物环境是指地球表面除人类以外的其他生物组成的生态系统。

人为环境一般不按环境要素再进行剖分，因为人为环境也是由自然环境的要素组成的。一些人为环境可以被按自然要素划分的环境种类所涵盖。例如，人工湖泊与自然的湖泊一样，都主要由水体构成。

（3）按照对人类生存的意义的直接与间接的不同，可以把环境分为生活环境和生态环境。

生活环境是与人类生存直接相关的环境，如城市、街道、公园等人为因素和空气、水等自然因素都是生活环境的要素。

生态环境是指对人类的生存发展具有基础支持作用的环境。它是指动物、植物、微生物等赖以生存繁衍的温度、湿度、食物、氧气、二氧化碳、其他相关生物等各种生态因子及其所构成的系统②。生态不是以人类为中心事物的概念，但是，我们仍然可以把生态看成是人类环境的组成部分，这是因为，生态构成人类生活环境的基础，作为人类生产生活直接条件的生活环境离不开各种复杂生态系统的支持。我国宪法接受了生活环境和生态环境的划分③。

（4）按照环境在空间上展开范围的大小以及与人类活动关联的大小可以把环境分为聚落环境、区域环境、全球环境和宇宙环境等。

聚落环境（settlement environment）是指人群聚居和生活的具体场所的环境。聚落是人类活动的中心，与人类的生产、生活关系最密切、最直接，因而也是环境损害发生最集中的区域，或者是更大范围的环境损害的引发区域。许多重大公害事件都发生在聚落环境中。

区域环境（regional environment）是指由一定自然条件和社会因素所形成的一定地

---

① 王灿发先生把社会环境分为"物质环境"和"精神环境"两部分，并明确指出"精神环境不是环境法所要保护的环境"。资料来源：王灿发．环境法学教程．北京：中国政法大学出版社，1997：2

② 李博等先生认为："所有生态因子构成生物的生态环境（ecological environment）。"资料来源：李博．生态学．北京：高等教育出版社，2002：13

③ 《中华人民共和国宪法》（以下简称《宪法》）第二十六条

域的环境。区域环境可以根据行政区划、自然区域或经济区域等来划分。流域环境属于区域环境。一定行政区可以分为几个不同的自然环境区域，同一自然环境区域也可以覆盖若干个行政或经济区域[①]。

地球环境（global environment）也称全球环境，是指大气圈中的对流层、水圈、土壤圈、岩石圈和生物圈。

宇宙环境（space environment）是在超出大气层以外的视野中的环境。宇宙环境与地球环境具有相关性，因而也成为环境科学研究的对象。一些学者所探讨的“星际环境”[②]，近年来引起一些学者关注并为一些国际法律文件所规范的“外空环境”[③] 就属于宇宙环境的组成部分。

此外，还有的学者按照环境的经济功能不同把环境分为农业环境、工业环境、交通环境、旅游环境等[④]。在环境科学工作者的研究中还存在微环境、内环境等[⑤]。

二、环境法中的环境

环境科学是环境立法的自然科学基础，环境法中的环境概念自然应当以环境科学对环境的理解为依据。但是，环境法中的环境概念与环境科学中的环境概念是有区别的。

凡是人类生存发展所依赖的周围情况或条件都是环境科学研究的对象，都是环境科学中环境概念的应有内涵。环境法中的环境没有这样宽泛的内容。环境法，准确一点的表达应当是环境保护法。环境法中的环境就是这种法律所要保护的环境，它是环境科学所要研究的环境中需要环境法加以保护的那一部分环境，也就是“法律的效力所能及”[⑥] 的那一部分环境。这种环境，在不同的时代，其外延是不同的。这个外延的“辐射半径”是由人类对环境的影响能力决定的。在人类改造自然的能力，实际上也就是影响环境的能力还比较弱时，如在 20 世纪 50 年代，需要法律加以保护的环境主要是聚落环境和区域环境，而当人类的科学技术发达到可以影响大气层以外的外层空间的时候，遥远的外空环境也不得不被纳入法律保护的范围。一般说来，人类活动影响的范围只是人类生存繁衍和人类文明进步所依赖的环境的一部分，后者在范围上总是大于前者。法律是人类的法律，环境法对于环境的主要意义在于规范人类的那些影响环境的行为。环境法中的环境就是人类影响力这一“辐射半径”所及范围内的环境。太阳及其光和热是人类生存繁衍所绝对不可缺少的环境要素，但它们不是环境法所关注的环境。迄今为止，人类没有能力对太阳施加影响，法律也不可能通过对人类行为的调整对太阳产生这样或那样的作用。

不仅环境法中的环境概念与环境科学中的环境概念不同，而且不同国家（有时也包括同一国家不同地区的立法机关）环境立法中的环境概念、国际会议或国际组织文件中的环

---

① 徐祥民．关于建立排污权转让制度的几点思考．环境保护，2002，(12)

② 林肇信，刘天齐，刘逸农．环境保护概论．北京：高等教育出版社，1999：10

③ 徐祥民，王岩．外空资源利用与外空环境保护法律制度的完善．中国人口、资源与环境，2007，(4)

④ 周珂．环境法．北京：中国人民大学出版社，2000：6

⑤ 李博．生态学．北京：高等教育出版社，2002：12

⑥ 张孝烈，钟澜．环境保护法基础．安徽：安徽人民出版社，1985：15

境概念也有差异。

（一）国际法律文件中的环境

自《人类环境宣言》发布以来，许多国际法律文件都规定了与环境相关的内容，对环境作出界定。《人类环境宣言》没有直接给环境下定义，但该文件表达了对环境的基本理解。《人类环境宣言》第一条所说的“人类环境”包括“天然和人为的两个方面”。《阿拉伯联盟环境与发展宣言》对环境的界定比较明确。该宣言第一条规定：“环境乃指环绕人周围的一切。自然环境由水、空气、土地及土地中所含的所有物质组成，它们由真主安拉惠赐给他的造物们为他的利益享有和使用。人造环境指房屋、工作场所、道路和所有其他真主安拉召唤我们建立的旨在方便生活及其方式的东西。”

（二）外国环境法中的环境

一些国家的环境法都有对环境概念的界定。澳大利亚塔斯马尼亚州《1973 年环境保护法》所定义的环境比较简单，只有三项内容，即“地球的土地、水和大气”。《加拿大环境法》规定的环境就复杂一些。该法第三条规定：“环境是指地球的组成成分，包括：①大气、土地和水；②所有大气层；③所有有机物质、无机物质和生物体；④互相影响的自然系统，包括第①项至第③项所提到的成分。”澳大利亚新南威尔士州《1991 年环境保护管理法》在各种自然因素之外列举了“人类制造的或修改的结构和区域”。

（三）我国环境法中的环境

我国《环境保护法》第二条给环境下的定义是：“影响人类生存和发展的各种天然的和经过人工改造的自然因素的总体，包括大气、水、海洋、土地、矿藏、草原、野生生物、自然遗迹、人文遗迹、自然保护区、风景名胜区、城市和乡村等。”

从以上情况可以看出，在各国和国际组织的环境立法中，尚未形成统一的环境概念，不同国家和国际会议或国际组织，甚至同一国家的不同机关赋予环境的含义也不统一。尽管如此，我们还是可以从上述不同的定义或解释中寻找出一些共同性：第一，这些解释都以人类为环境的中心。这一方面是由法律的特点所决定的，法律无法脱离人类这个中心。另一方面，是因为这些立法者们都注意到了环境对于人类的重要意义。第二，这些定义都涉及自然环境和人为环境，而多数法律文件除了列举自然的环境因素之外，还把人为的环境因素纳入环境概念。第三，在这些定义中，我们可以看到环境因素，也可以发现立法者对各种环境因素之间的交互作用及其所形成的系统的重视。

三、环境法学中的环境概念及其特点

按照“环境法学是以环境法这一新兴部门法为其主要研究对象的科学”[①] 的理解，环境法学中的环境概念应当是来自于环境法的环境概念。一般说来，这一判断没有错，因为

① 金瑞林．环境法学．北京：北京大学出版社，1999：28

一门"学问"不能不与其研究对象有直接的联系，必须是对对象的科学规定性及其发生发展规律的反映。但是，"学"作为一种理论形态，作为研究者对客观事物及其发展规律等的主观反映的结果，它与实践形态的研究对象之间又一定是有区别的。环境法中的环境概念是一种事实概念，尽管它也来自立法者的理性思考，而环境法学中的环境概念是科学概念，尽管它未必一定是最后的科学结论。法学不是，至少不只是对法典的解释，而是对包括法典在内的对象的理性思考，包括批评性思考。环境法学中的环境概念就是环境法学研究这种理性思考或批评性思考所要寻求的对环境的正确理解。

如果说在环境法中存在对环境的多种界定，那么，在环境法学中，对环境概念的解说更是多种多样。学界或许一时还不能找出一个可以被普遍接受的概念，但我们可以从现有的学说、主张中发现环境法学中的环境概念的一般特点。

（1）环境法学中的环境概念带有明显的主观性。一门学问中的基本概念既然是这门学问的研究者思考的结果，就不能不受研究者的某种主观因素的影响或在其身上留有研究者的思想观念、价值追求等印记。上述不同国际会议和国际组织，不同国家，甚至同一国家的不同立法机关使用具有不同内涵和外延的环境概念就充分反映了环境概念的主观性。

（2）环境法学中的环境概念带有明显的"物"的属性，也就是说，它更关心的是人类所处的世界（不管这个世界是否经过了人类的加工）的物的方面。尽管人类给自己创造的环境的重要方面是精神性的，如文学艺术、社会制度、风俗习惯以及名胜古迹等，但环境法学对物质性成果和精神性成果这两个方面，只关心"物质"。

（3）环境法学中尚未形成被普遍接受的环境概念。美国环境法学家威廉·H. 罗杰斯（William H. Rodgers）认为，"发现环境法的一个可操作的定义有点像寻找真理：你离它越近，它越变得使你难以理解"[①]。罗杰斯所说的困难首先表现在对环境的理解上。例如，对环境概念是否包含资源内容，学者们的看法就不一致。与此相应，对表达环境概念的语词的选择也不同。有的学者使用"环境"，有的学者使用"环境资源"[②]。美国密执安大学法学院约瑟夫·L. 萨克斯（Joseph L. Sax）教授主张："环境法由为同污染、滥用和忽视空气、土地和水资源作斗争而设计的法律战略和程序所组成。"[③] 他的环境概念中就包含了资源。

我们认为，环境概念中包含资源要素。我们的基本认识是：环境科学和生态科学视野中又处在人类影响力"辐射半径"之内的环境和环境要素，都是环境法学的环境概念的内涵。尽管自然资源最先是因其经济价值而受到人类重视的，但不能因此排除其环境价值。

（4）环境法学中的环境概念还是一个不断丰富发展着的概念。这是因为，一方面，环境科学和生态科学都是年轻的学科，它们还都处在成长的过程中，而由这些科学去解释的环境还有待进一步的推敲。科学家们会随着研究的不断深入加给它一些新的内容。与之相应，环境法学中的环境概念也应随着科学的发展而发展；另一方面，人类环境正在发生着与人类活动及其影响有关或无关的变化，或者随着科学研究的不断深入，已经出现的环境

---

① Rodgers Jr W H. Environmental Law. Vancouver：West Publishing Co.，1977：1

② 吕忠梅，高利红，余耀军．环境资源法学．北京：中国法制出版社，2001：1-4

③ Fleming L. Encyclopedia Americana. New York：Glolier Incorporated，1981：488

损害越来越清楚地暴露在人们面前，这些新的变化或新的发现会改变人们已经形成的环境概念，或者在环境概念中增加或减少内涵。环境在变化，环境科学在发展，环境法学中的环境概念不应一成不变。

第二节 环境损害

人类是环境的产物，同时也参与了人类环境的创造。这种创造活动曾给人类环境带来了许多积极的影响，同时也对环境产生了一些副作用。当这种副作用大到一定程度时，就造成了环境损害。环境损害是环境本身所遭受的损害，是环境的不利变化。环境法和环境法学关心的环境损害由人类活动的影响或者人类活动与自然过程的共同作用引起的对人类有不利影响甚至给人类带来灾难的环境不利变化。空气污染、水体污染、资源枯竭、土地沙化、水土流失、草原退化等，以及最近出现的基因污染等，都是环境损害的不同表现形式。环境损害的发生说明地球是一个有限的空间，这个空间的容纳能力、承受能力、自然物的再生能力等都有一定的极限，而环境损害实质上就是由人类活动给这个空间施加的影响超出了这种极限造成的。

一、环境损害的种类及表现

环境损害根据不同的标准可以分为不同的种类，并且有不同的表现形式。

（1）按对环境的影响形式的不同，环境损害可以分为破坏型环境损害和污染型环境损害。破坏型环境损害是指人类的活动造成的对自然环境原有状态的破坏，表现为水土流失、土地沙化、草原退化等。污染型环境损害是指人类活动向环境输送了超出一定量的物质，造成了环境的原有品质的不利改变，主要表现为水体污染、空气污染、海洋污染、噪声污染、放射性污染等。

一般来说，污染型环境损害可以通过物质循环、降低污染物质的浓度、某些污染物质自身的衰变等来化解，而破坏型环境损害的救治则需要更长的时间和投入更多的恢复性工作，如恢复植被等。

（2）按受影响的环境要素的不同，环境损害可以分为大气环境损害、水环境损害、土壤环境损害、资源环境损害、生物环境损害等。大气环境损害和水环境损害主要表现为污染；土壤环境损害主要表现为土壤污染和土地沙化；资源环境损害主要表现为不可再生资源枯竭和可再生资源短缺；生物环境损害主要表现为生物多样性破坏和生物污染等。

（3）按照人类行为对环境的予取，环境损害可以分为取竭性环境损害和放累性环境损害。人类向大自然索取资源而造成的资源枯竭、生物多样性减少、环境退化、土地沙化等都是取竭性环境损害的表现。人类向大自然排放生产、生活的废物而使环境不堪负累，如水体污染、空气污染等，属于放累性环境损害的表现。

（4）按影响所及的空间范围的大小，环境损害可以分为聚落性环境损害、区域性环境损害、全球性环境损害等。城市空气污染是聚落性环境损害的表现；河流污染、海域污染属于区域性环境损害的表现。全球性损害表现为臭氧层破坏、全球变暖、酸雨、沙漠化和干旱、生物多样性降低或破坏、资源枯竭等。

聚落性环境损害和区域性环境损害体现了环境损害爆发初期的状况，著名的“旧八大公害事件”[①] 是其典型表现。这两类环境损害引起了有关各国对环境的关注。“新八大公害事件”[②] 的出现，使人类认识到环境损害的全球性。全球性环境损害较之聚落性和区域性环境损害具有危害范围大、持续时间长且后果更加严重的特点。

二、环境损害的特点

由于人类赖以生存的地球环境是一个有机的整体，这种整体性是一种客观事实，既不因行政区划的改变而改变，也不因国界的变更而变更[③]。环境损害指的就是这种整体性环境本身所遭受的不利变化，因此环境损害具有以下特点。

第一，环境损害的致害主体具有广泛性与多样性，包括所有的人。环境损害的致害人不仅有自然人、私法人以及公法人，还有广泛的非法人组织，正是这些人的相互作用最终导致环境损害的发生。尽管在通常情况下，环境损害都表现为由广大的公司、企业及政府的环境行为直接造成，但这些环境行为的背后都隐藏着更广泛的个人动因。个人的消费需求是企业生产的直接动因，政府组织开发利用资源的行动也是为了更好地满足广大人民的各种需求。只要生活在地球上，人们对自然的各种需求就不会停止，对自然环境的影响程度也会随着人口的增多和科技的发展而日益加剧，最终超出自然环境自身的承载能力，造成环境损害。正是由于所有人的需求及活动造成了环境损害的发生，所以所有人都是环境损害的致害人。

第二，环境损害的受害主体也是所有的人。环境损害对整个人类的生存构成了确确实实的威胁，其所损害的是全体人类的环境利益[④]。环境损害受害主体的全人类整体性是生态环境本身的整体性与不可分性使然。局部的环境损害也许没有让我们紧迫地感觉到整个

---

① 它们分别是：a. 马斯河谷事件，1930 年 12 月 1 日至 5 日，比利时马斯河谷工业区，60 人死亡，几千人呼吸道发病，大批家畜死亡。b. 多诺拉烟雾事件，1948 年 10 月 26 日至 31 日，美国宾夕法尼亚州多诺拉镇，4 天时间内 5511 人发病，占该地区总人口的 43%，17 人死亡。c. 洛杉矶光化学烟雾事件，1940 年，美国洛杉矶市，形成 5 万米长的烟雾带，给全市居民造成不同损害。d. 伦敦烟雾事件，1952 年 12 月 5 日至 8 日，英国伦敦，4 天死亡 4000 人，支气管炎、冠心病、肺结核、肺炎、肺癌、流感死亡率成倍上升，毒雾发生后的两个月内，还有 8000 多人陆续死亡。e. 水俣病事件，1953～1956 年，日本熊本县水俣市，水俣氮肥厂排泄大量含汞废水，致大量居民出现中枢神经性疾病，共有数百人患病，22 人死亡。f. 米糠油事件，1968 年 3 月，日本北九州市、爱知县，由于生产管理不善，多氯联苯污染物混入米糠油，人畜食用后中毒，造成 13 000 多人中毒，16 人死亡，数十万只鸡死亡的严重污染事件。g. 富山骨痛病事件，1955～1972 年，日本富山县神通川流域，由于三井金属矿业公司排放大量含镉污水，导致河流生物大量死亡，稻田大面积死秧减产，患病居民骨骼软化萎缩断裂，疼痛而死。共有患者 258 人，死亡 207 人。h. 日本四日市哮喘事件，1955 年以来，该市石油冶炼和工业燃油产生的废气，严重污染城市空气。重金属微粒与二氧化硫形成硫酸烟雾。1961 年开始有人哮喘病发作，1967 年一些患者不堪忍受而自杀。1972 年该市共确认哮喘病患者 817 人，死亡 10 多人

② “新八大公害事件”是指意大利塞维索化学污染事故、美国三里岛核电站泄漏事故、墨西哥液化气爆炸事件、印度博帕尔农药泄漏事故、前苏联切尔诺贝利核电站泄漏事故、瑞士巴塞尔赞多兹化学公司莱茵河污染事故、全球大气污染、非洲大灾荒

③ 徐祥民．环境法学．北京：北京大学出版社，2005：33

④ 徐祥民，巩固．环境损害中的损害及其防治探析．社会科学战线，2007，(6)

人类都是受害者，但是全球性环境危机的爆发让我们确实感受到我们每一个人都是环境损害的受害人。地球环境的整体性与不可分性把人类紧密地联系在一起，无论我们能否感受到环境损害的发生，每一个环境损害都确实侵害了人类整体的环境利益。

第三，环境损害的客体，即人类的环境利益，具有价值上的不可量化性。环境利益是人类一切利益存在的基础和源泉。如果人类失去了环境利益，人类也就失去了立命之本，更不用提发展与文明了，其他所有的利益对人类也将失去意义，人类也会处在崩溃与灭亡的边缘。环境损害的内容，无论是自然的资源价值损害、生态价值损害、精神价值损害还是生物多样性的减少和丧失①，哪一项都无法用金钱来衡量，再多的金钱也无法弥补人类生态利益的损害。

第四，环境损害本身具有难以恢复性，甚至是不可逆转性。自然环境本身具有一定的张力去应对和容纳来自外部的各种影响，只要各种影响的合力不超过环境自身的张力，自然环境就能够继续保持相对的稳定状态。也正是环境自身具有应对外界的一定程度影响的张力，才导致大多数环境损害都是经由相当长时间的不断积累和相当广范围的物质积聚，才最终显现出来。但是环境损害后果一旦显现，往往就难以消除和恢复，甚至是不可逆转性的，如物种的灭绝、臭氧层空洞的出现等都是不可逆转的环境损害，重金属造成的污染以及地下水的污染等也都是难以消除和恢复的。

三、环境损害的发生、发展及其实质根源

人类是环境的创造者，其生产和生活活动不能不对环境产生这样或那样的影响。人类对环境的影响可能是积极的，这种影响使环境更适合人类的生存和发展；也可能是消极的，消极的影响不利于人类的生存和发展。当人类影响环境的能力还比较低下时，人类对环境的消极影响给人类生存和发展造成的危害不明显，而当人类的能力有了大幅度提高之后，他们施加给环境的消极影响就变得越来越大，而这种消极影响带给人类的可能就是灾难。环境法学中的环境损害，从表面上看，是反映在立法中的各种环境问题；从深层次上看，其已经对人类的生存和发展构成威胁，是在人类的自身生产和科学技术进步这两个方面都取得了巨大的发展，人类拥有或掌握改造环境的巨大力量之后才出现的。具体说来，环境损害就是在世界上发生了工业革命之后出现的问题①。在工业革命之前，尽管人类对自然环境也造成了局部的破坏，但由于那时人口对自然的压力不大，人们可以通过转移居住地等方式避开局部环境恶化所带来的不利影响。

工业革命是人类发展史上的一次飞跃，它带来社会生产力的巨大进步和人类改造自然能力的空前提高。人类在这场空前规模的开发自然的运动中创造了无数的财富，科学技术

---

① 不少教科书都考查过原始社会时期、农牧业社会时期等的环境损害现象——“环境问题”。把这种考查当作与工业革命以来的环境损害现象（即环境问题）的对照，对正确认识各种环境损害现象是有益的。但我们应当明确，那时所谓的环境损害现象与今天的环境损害现象有着本质的不同。对那时所谓的环境损害现象，人类完全可以置之不理，因为它们对人类的生存和发展的影响都是局部的和暂时的、非根本性，而今天的环境损害现象是对人类的生存和发展构成了严重威胁的且绝对无法逃避的问题

的发展使人类获得了“以无数方法和在空前的规模上改造其环境的能力”[①]。在人类还没有对其改造环境的能力加以正确使用的时代，这种能力同时也就是破坏人类环境的能力。环境损害，在很大程度上就是由这种能力的不当使用造成的。其最明显的危害有：①人类在挥霍自然财富的同时把昔日美好的家园变成了堆积各种废物的垃圾场；②化学工业产生的许多有毒有害和难以降解的制品和副产品直接或间接地危害人类健康，或造成其他方面的环境破坏。20 世纪 60 年代发生的八大公害事件就是这种灾难的典型事例。这引起了一些科学家和政治家的关注。然而，这种关注并不能使环境损害立即得到遏制，甚至也不能阻止环境损害的进一步加剧。一方面，人们并没有因为发现了环境损害便立即停止一切有害于环境的行为，而是继续给环境施加新的压力，使环境损害更加严重；另一方面，一些环境损害在经过了长期的潜伏和蔓延恶化之后逐渐爆发。

从环境损害的发生、发展来看，环境损害的实质是人类活动及其影响超出了环境能力或环境承受能力的极限（简称环境极限）而导致的一种后果。随着科学的进步，人类越来越充分地认识到，人类生活的空间和宇宙中适合人类生活的空间是有限的，它有一个并不十分巨大的可计算的量。这也就是说，人类活动存在由自然决定的极限。这个极限主要不是指地理、空间，而是在有限的人类生存空间中自然所具有的不可改变的特性或者功能。自然告诉人类，它作为人类生存绝对不可缺少的支撑条件，其承受人类影响的能力是有限的。人类给予它的影响超出一定的限度，就会给自身的生存带来巨大的甚至无可挽回的损害[②]。

环境损害在现代社会之所以引起全世界的普遍重视，是因为人类造成的环境影响已经突破环境承受能力的极限，构成了对人类生存和发展的威胁。这种威胁的可怕之处在于，越来越多的环境损害表现出越来越明显的全球性特点。臭氧层空洞、全球变暖、土地荒漠化等，都是全球性环境损害的表现。环境损害的全球性对人类来说是这样一种危机：在空间上，人类无世外桃源，在地球上找不到可以逃避环境灾难的港湾；在时间上，解决环境损害已经刻不容缓，因为普遍的迫在眉睫的危机意味着已经没有可以用来换取解决环境损害的时间和空间资源。

第三节 环境保护

环境保护是由环境损害加给我们的任务。从起点上来看，没有环境极限就没有环境损害，没有环境损害就没有环境保护，环境保护是为了应对环境损害而实施的，目的是解决人类生存、发展与环境极限的矛盾。随着对环境损害，对环境、资源与发展等关系的研究的深入，人们所关心的环境保护，国际社会、各国政府、社会组织等所开展的环境保护已不再只是医治创伤，不再只是简单的应对，而是变成了一个面向未来的大工程，变成了国家和国际社会制定发展政策和发展规划所不能忽视的重要内容。

---

① 《人类环境宣言》第一条

② 徐祥民．极限与分配——再论环境法的本位．中国人口、资源与环境，2003，(4)

一、环境保护的概念及主要内容

在人类社会发展的相当长的历史时期内，人类只是自然环境的享受者。环境损害大规模出现之后，环境保护便成了压在人类肩头的担子，而且这副担子有越压越重的趋势。

环境保护是指为了解决现实的和潜在的环境损害，处理人类对环境的利用与维护、人类社会的生存与发展同自然的固有秩序之间的关系而采取的各种措施，实施的各种行为的总称。环境保护作为一个明确的概念，最早是在1972年联合国人类环境会议上正式提出来的。会议通过的《人类环境宣言》在分析人类所遇到的环境损害以及环境、资源、人口等的关系的基础上，发表了“保护和改善人类环境”的宣言。从此之后，环境保护这一术语被广泛接受和使用，越来越多的国家和地区也在《人类环境宣言》的指导和鼓舞下，为解决本国或本地区的环境损害采取环境保护措施，制定环境保护规划。

环境保护的主要内容有以下四个方面。

（一）环境污染防治

在人类遇到的诸多环境损害中，最首要的是环境污染，包括水体污染、大气污染、土壤污染、生物污染等。这些污染成为人类首先必须认真对待和加以解决的环境损害。在环境保护的实践中，污染防治主要包括：防治工业生产中排放的“三废”、粉尘和所产生的噪声、振动、恶臭、电磁辐射等污染；防治交通运输，包括海上运输活动中产生的有害气体、噪声、废液污染和装载物泄露所造成的污染；防治工农业生产过程中和人们日常生活中使用的有毒有害化学品、放射性物质污染；防治城乡居民生活中排放的烟尘、污水、生活垃圾（包括消费品及其包装物）所造成的污染；防治生物制品进出口以及生物技术使用所造成的生物污染。

污染防治不只是针对局部环境的，如酸雨之类的环境损害现象也需要通过污染防治来加以解决。

（二）环境破坏、环境退化的预防与修复

人类的建设和开发需要改变环境的自然状态，如开掘地下矿藏、采伐森林、开荒种地等都要使自然的原有状态发生变化。这种改变常常造成环境破坏或环境退化。环境保护的任务之一是促使人类在不破坏或少破坏环境的前提下实施建设开发活动。这方面的任务主要有：防止水利工程，铁路、公路、港口、机场建设工程对环境造成的破坏；防止矿产资源开发，森林采伐，沼泽地、海岸带开发等对环境造成的破坏；防止城镇和工业区建设对环境造成破坏。此外，还包括防止草原放牧、干旱区土地开垦造成的环境质量下降。

环境保护不仅要防止环境破坏和环境退化，还要对已被破坏的环境进行修复。例如，对已经荒漠化的土地恢复植被等。

（三）生态保护

生态保护的目的是维护生态平衡和生态系统的稳定。生态系统是指“植物、动物和微

生物群落和它们的无生命环境作为一个生态单位交互作用形成的一个动态复合体”[①]。在实践中，生态保护主要通过两个方面的工作来实现：一是保护生物多样性，二是防治生物入侵。

保护生物多样性的基本方法是“就地保护生态系统和自然生境，维持恢复物种在其自然环境中有生存力的群体”[①]。就地保护是指对生态系统与其自然生境一起加以保护。在就地保护难以实现时，也可通过移地保护的办法实现生物多样性保护的目的。所谓移地保护是指“将生物多样性的组成部分移到它们的自然环境之外进行保护”[②]。生物多样性的内涵之一是遗传多样性，生物多样性保护也包括对遗传资源的保护。遗传资源是指“具有实际或潜在价值的遗传材料”。而遗传材料包括“来自植物、动物、微生物或其他来源的任何含有遗传功能单位的材料”[②]。

防治生物入侵是指要求尽可能“防止引进、控制或消除那些威胁到生态系统、生境或物种的外来物种”[③]。外来入侵物种是指“从自然分布区通过有意或无意的人类活动而被引入，在当地的自然或半自然生态系统中形成了自我再生能力，给当地的生态系统或景观造成明显损害或影响的物种”[④]。外来入侵物种防治工作需要坚持“预防为主、防治结合”的原则，落实风险评估制度、检疫封锁制度、监测普查制度、入侵物种监测和报告制度。

（四）自然资源保护

人类在自己的童年时期对自然的利用和在具备了改造自然的能力之后对自然的开发和利用，最重要的就是向自然要资源，包括工业革命之后向自然要能源。因为人类对资源有越来越多的需求，而可供人类利用的资源又是有限的，所以人类遇到的最大的环境损害之一也与资源有关。相应地，环境保护自然也以资源保护为重要内容。已经被有关国家列入保护范围的资源主要有土地资源、水资源、矿产资源、风力等能源资源、森林资源、渔业资源和野生动植物资源等。

二、环境保护的基本方法

实现上述环境保护并不是把环境封存起来，而是在利用环境的过程中采取对环境的自身发展和改善有利的措施。保护环境的措施和行为既有主动地对环境做些什么，如对沙化的土地实施绿化工程；也有人类的自我克制，即在对自然的开发利用上设置某些限制，规定某些条件等。环境保护的具体方法和手段是多种多样的，如工程技术手段、经济手段、行政管理手段、法律手段等。环境资源保护法是环境保护的法律手段。

保护环境既需要采用这些具体的措施、手段，更需要明确其基本方法。这个基本方法

① 《生物多样性公约·序言》

② 《生物多样性公约》第二条

③ 《生物多样性公约》第八条

④ 徐海根，王健民，强胜，等．《生物多样性公约热点研究》：外来物种入侵·生物安全·遗传资源．北京：科学出版社，2004：17

是中国古人贡献的“分”，即分配的方法。

掌握分配的方法需要明确两个基本概念：其一，环境容量。与聚落环境损害、区域环境损害等相对应的聚落、区域等都是一个环境单位，而每一个环境单位的环境容量都是有限的。其二，普遍联系。处在同一环境单位中的各种环境要素及其运动、人类的各种活动等都是互相联系的，它们既共处于同一个环境单位之中，又都对这个环境单位造成这样或那样的影响。所谓环境损害，说到底就是由人类活动引起的环境变化超出了一定环境单位的某个方面的容量。所谓分配，就是对处于同一个环境单位内的各个社会主体在不超出环境极限的前提下分享环境容量。例如，同一流域内的所有企事业单位和个人在不对河流或湖泊、海域等造成严重污染的前提下各自排放一定数量的污水。这种分配的直观形式是对环境、资源的分配。

环境资源分配与传统的股东分配、劳动所得分配（以下称收益分配）相比具有以下特征。第一，环境资源分配是由自然因素决定的。收益分配存在于人与人之间的社会关系中，与自然无直接关系；环境资源分配虽然也是处理人与人之间的社会关系，但这种关系的成立是由自然因素决定的。可以这样说，收益分配是人定的，而环境资源分配是天定的。后者是人类在发现了客观存在的“天数”之后不得已作出的适应性选择。第二，环境资源分配关注的是分配既定的环境容量。收益分配的着眼点是为取得分配成果而采取的行动（如立军功），而环境资源分配更关注的是可分配的总量。前者基本逻辑是“只要……即可……”，如只要付出一定的劳动，就可以获得一定的酬劳。后者的基本逻辑是“无论……不得……”，如无论在什么样的条件下，无论什么样的主体，都不得造成珍稀物种的灭绝。第三，环境资源分配是社会主体行动的起点。在收益分配中，分配是结果，是过程的结束，而在环境资源分配中，分配是起点，是过程的开始。前者是根据已经实施的行动分配，后者是根据确定的份额采取行动。第四，环境资源分配是一种界限。收益分配指向的是一种可能性，这种可能性是人们所希望的，而环境资源分配指向的是一种界限，这种界限对追求最大利益的人们来说是一种障碍。

环境资源的分配作为一定环境单位内的环境保护措施以环境单位为分配集体。聚落环境的分配集体是聚落，其分配个体是聚落中的每一个人、每一个企事业单位。区域环境的分配集体是区域，其分配个体是区域内的所有个人、企事业单位、国家行政区，有时也包括国家。实行这种分配，需要区域内的各个主体采取集体行动。跨国河流的环境保护就需要沿河各国采取分配的保护办法。全球环境的分配集体是国际社会，其分配个体是国家。共同但有区别的责任原则就是全球环境的分配原则。

第四节　环境保护的主体与环境保护的义务

以限制为基本特征，以分配为基本方法的环境保护，是不同于人类以往的各种发明、创造、进步、繁荣的事业。就参与者而言，其基本特点有二：一是参与主体广泛；二是所有参与者都负担义务或责任。

一、广泛的环境保护主体

人类环境的共同性决定了所有主体都应参与对环境的保护。环境保护主体主要有以下几种。

（一）个人（自然人）

个人与环境息息相关，既是环境的享用者，又对环境施加一定的影响。不管是对由自己施加给环境的影响负责，还是为了继续享受环境的惠益，个人都是理所当然的环境保护的责任主体。

（二）企事业单位

从产生污染的行业的角度看，可以把污染大致分为工业污染、农业污染、运输业污染、商业污染和生活污染等类型，从这一划分中可以看出，污染主要是由企业和事业单位造成的。同一切个人的活动都会对环境施加或大或小的影响一样，一切企事业单位的生产、管理及其他形之于外的活动，尤其是企业的生产活动都会给环境带来一定的影响，而提取资源、排放废物的活动一般都会给环境带来不利的影响。因此，要减轻人类对环境施加的压力，改善环境，各种企事业单位都责无旁贷。

（三）地方各级政府

地方各级政府等国家机关也是环境保护的主体。这是由政府的职责决定的。作为掌握公共权力的机关，不管是城市政权机关、乡镇政权机关，还是一定行政区的政权机关，都有责任处理相应管辖区域的公共事务，而环境保护是最具有公共属性的事务。地方各级政府等之所以是环境保护的主体，还因为一定的城市、乡镇和行政区域往往有特殊的环境利益，也具有承担环境保护义务的能力和法律上明确的主体资格。

地方各级政府是环境保护的主体，它们必须履行保护环境的职责；但这些区域或机关对环境保护职责的履行并不仅表现为它们所属的环境保护主管部门实施环境管理。保护环境的责任主体是这些政府，其所属机关不过是代其分管环境工作而已。

（四）国家

国家作为环境保护的主体具有双重意义：一方面，国家作为国际关系的主体参与国际环境事务，是国际环境关系中的主体；另一方面，国家作为一个国家最高的公共管理机关，担当组织、规划、实施环境保护的任务，是国内环境保护事务中最重要的主体。

作为环境保护主体的国家，在国内关系中指的是整个政权，而不只是国家环境保护主管机关；在国际关系中是指由一定地域和人口构成的且有统一的公共权力机关管理其公共事务的实体。之所以说国家是最重要的环境保护主体，是因为它对内既可以通过行政权的行使推动环境保护工作，又可以通过立法的手段为环境保护建章立制，规范个人、企事业单位、地方政府的环境行为；对外可以参与国际环境保护事务，代表国家主张和维护环境利益，把国际环境义务和责任转化为国家的环保政策和法律，并进而转化为公民和企事业单位等的环保行动。

二、普遍的环境保护责任和义务

环境容量的有限性决定了人类对环境的需求的无限性必须受到限制。这种来自自然的限制反映到社会关系中表现为与人们的利益扩张心理相冲突的两种要求：其一，整体的环境利益要求每个分享环境利益的社会主体对环境尽维护的责任，包括同过分使用环境的人作斗争，反对不当环境决策的实施等；其二，要求每个人从我做起，对环境的保护和改善尽义务，包括不污染或少污染的义务、提取自然资源服从科学规律的义务等。

环境责任和环境义务不是某一种或某几种社会主体特有的，它们属于所有的社会主体，包括上述自然人、企事业单位、地方政府、国家等。各种主体都在一定的自然环境中存在，都对由一定的环境区域，如聚落、流域等所决定的环境共同体负有不可推卸的责任，都有义务为环境保护有所付出或有所克制。用“天下兴亡，匹夫有责”这句话来表达环境保护责任和义务的普遍性是再贴切不过了。

第二章　环境法与环境法学

环境法是为保护环境，满足人的环境保护需要而产生的法律部门，环境法学则是以环境法为研究对象，以推动环境法制建设为研究目的的法学学科。正确认识环境法与环境法学的概念、特征、历史发展和现状，了解其具体内容，把握其发展规律，对于学好环境法具有十分重要的意义。本章通过对环境法与环境法学基本情况的介绍，为学好环境法打下基础。

第一节　环　境　法

究竟什么是环境法，环境法有哪些特征，它何时产生，如何发展而来，又有什么样的发展趋势？这是环境法学习的基础，也是本节所要介绍的内容。

一、环境法的概念与特征

概念是法律学习的起点，特征是把握法律事务的关键，环境法的概念和特征对于我们加深对环境法的认识，区别环境法与其他部门法具有重要作用。

（一）环境法的概念

对于与环境资源保护相关的法律，各国有着不同的概念，甚至同一国家的不同时期所使用概念也不尽相同。例如，过去欧洲国家多称污染控制法、自然资源法，日本多称公害法、国土法，俄罗斯多称自然保护法、土地法。但目前他们在保留过去概念的同时，也开始使用环境法或环境资源法等概念。美国一般使用环境法概念。我国法学界则多使用环境法或环境保护法，另外还有环境与资源保护法、环境资源法、环境资源和国土法等概念。这些不同概念，反映了各个国家所面临的环境损害的阶段性差异和环境立法侧重点的不同，但这些概念在本质上并没有很大差别，都是指一国所确立的对环境资源加以保护的法律规范。目前，我国法学界普遍采用的是环境法这一概念。本书也采用这一概念。

所谓环境法，就是指国家出于实现保护环境的目的而创制的，用以调整因开发、利用、保护、改善环境而发生的社会关系的法律规范的总称。这一定义包含以下含义。

（1）环境法在本质上是法律的一种。环境法同其他法律一样，是国家制定或认可的，以法定形式颁布，并以国家强制力保证实施的行为规范。它具有国家强制性、普遍性、阶级性、社会性等一般特征。

（2）环境法的目标是保护环境。应对环境损害，满足人的环境保护需要是环境法的根本目的。

（3）环境法的调整对象是环境社会关系，即在开发、利用、保护和改善环境过程中所发生的社会关系。

（4）环境法是与环境保护相关的法律规范的总称，而非规范性环境法律文件的集合。

（二）环境法的特征

一般认为，环境法有如下特征。

（1）综合性。作为一个交叉、边缘性法律部门，环境法具有鲜明的综合性特征。环境法的保护对象和保护范围具有综合性，包括水、土地、森林、草原、滩涂、湿地、海洋等环境要素和这些环境要素所组成的环境整体，以及生活在这些环境中的生物，存在于这些环境中的生态系统整体。环境法调整的社会关系和具体内容具有综合性，涉及生产、生活、流通各个领域，包括对环境的开发、利用、保护、改善等各种活动。环境法的调整手段具有综合性，它综合运用民事、刑事、行政等传统法律部门的调整方法，并根据环境保护的需要创设各种新型方法，综合运用经济、技术、行政、教育等多种手段。在法律规范构成上，环境法律规范常常同时兼具其他部门法的性质，也呈现出一种综合性。

（2）科学技术性。环境社会关系是以自然环境为中介的社会关系，环境法对环境社会关系的调整必须遵循自然生态规律，依靠科学的手段、方法和成果，具有科学技术性的特征。环境法的科学技术性典型地体现在环境标准这样一种技术性法律规范在环境法中的大量应用。同时，许多的环境法律制度都建立在一定的科学原理之上，其实施也有赖于科学技术的应用和科技手段的配合。

（3）公益性。环境法是以社会公共利益的维护为立法目的的法。环境损害给人类带来的危害具有普遍性，它所侵害的不是某个社会个体的一己私利，而是危及社会公众的共同利益。环境保护是对全体社会成员利益的保护，惠及全体社会成员及子孙后代。环境法具有典型的公益性。

（4）国际关联性。一国的环境法在法律措施选择、技术标准、保护强度等方面都与其他国家的环境法保持同步或保持其他有目的设置的关联关系。从立法的角度来看，一国建立环境法时往往要考虑其他国家对环境的态度和采取了或将采取怎样的法律措施等，而不是简单地使用国内立法权设置某种规范。这一特征是由环境的整体性特点所决定的，其突出表现就是国际间大量使用国际条约规定国家在环境保护上的国际义务。

二、环境法的产生与发展

任何法律都是为解决特定问题、满足特定的社会需要而生的，环境法也不例外。从本质上说，环境法就是为应对环境损害、满足社会主体的环境保护需要而产生的法律部门，正是人类的环境保护需要催生了环境法。但需要注意的是，从历史的角度来看，尽管环境损害一直伴随着人类社会的发展，但真正意义上的环境法却是直至现代才正式确立的，它是人类应对工业文明带来的环境危机的产物。

人类对于环境损害的法律反应很早就有了。早在我国古代，就有不少有关环境保护的法律记载。秦《田律》规定："春二月，毋敢伐材木山林及雍堤水。不夏月，毋敢夜草为灰……"① 到封建社会，有关自然资源保护的法律规定更多。但这些涉及环境资源的法令与我们今天所说的环境法有所不同。首先，古人并无今天科学的环境意识，他们对环境的保护主要是将之作为财产，从节约利用的角度加以规制，有时甚至是出于轮回报应等迷信思想。其次，古人面对的环境损害，主要是渔猎、采伐等农业生产带来的不利变化，其解决方案无非是顺应农时，适度采伐、渔猎、耕作。最后，这些规定只是国家整个律令体系中的零星规定，不成体系，也无独特的调整方法。因此，这些法令不过是与环境、资源相关，顶多可以称为环境资源相关法②。

现代意义上的环境法诞生于现代西方，是伴随着工业革命所带来的"现代环境问题"而产生的。18世纪中叶，以蒸汽机的发明和广泛应用为开端，西方国家拉开了现代工业文明的序幕，机器大工业生产和资本主义生产方式在全球逐步蔓延，最终改变了世界的面貌。工业文明对环境的影响是空前深远的，它一方面极大增强了人们控制自然、改造自然、消耗自然的能力，使人类生产活动对自然的影响大大加深；另一方面产生了污染这一新问题。公害开始成为率先发展的工业国家所面临的严重社会问题，并逐步呈现出影响广、危害重、频率高的特点③。在巨大的环境灾难面前，各国统治者不得不出台法律加以应对。英国1863年的《制碱业管理法》、1876年的《河流污染防治法》、1913年的《煤烟防治法》，美国1864年的《煤烟法》、1899年的《河流与港口法》、1912年的《公共卫生法案》都是这一时期的典型立法。

早期环境法调整领域狭窄，主要针对当时社会影响最为严重的大气污染、水污染等问题。这些法律手段单一，主要通过限制性行政管理手段加以管制。其保护标准宽松，以不对人体健康产生严重危害为已足，并呈现出"头痛医头，脚痛医脚"的特点。这些特点决定了这些法律不可能给予随着工业化进程的日益发展而愈演愈烈的环境损害以真正有效的解决。

自20世纪以来，随着人类两次规模空前的世界大战及战后经济的飞速发展，地球环境也以前所未有的速度迅速恶化。以"旧八大公害事件"为标志的环境灾难的频频爆发，宣告西方世界环境危机时代的到来，也惊醒了沉浸在盲目发展的迷梦之中的西方人。自20世纪60年代以来，西方社会掀起了一场范围广泛、影响持久的"环境保护运动"。广大社会成员联合起来走上街头进行大规模的集会和抗议，要求政府正视环境损害，采取有效手段加以应对。为回应公众的要求，西方国家纷纷出台了大量环境法律法规，建立起较为完备的环境法律体系。以美国为例，其在1969年制定了《国家环境政策法》这样一部对全国环境保护具有普遍指导意义的环境基本法，继而又制定或修订了《清洁大气法》《清洁水法》《联邦环境杀虫剂控制法》《安全饮用水法》《有毒物质控制法》《资源节约与回收法》《综合环境响应、清除和责任法》等法律④，设立国家环境保护总局、总统环境

① 睡虎地秦墓竹简．北京：文物出版社，1978：26

② 徐祥民，陈书全．中国环境资源法的产生与发展．北京：科学出版社，2007

③ 例如，1873年、1880年和1891年，英国伦敦发生三次因燃煤造成的毒雾事件，造成上千人死亡。1882年起运营的日本足尾铜矿，几十年间向周边地区排放大量废气、废水、废渣，导致田园荒芜，几十万人流离失所。资料来源：金瑞林．环境法学．北京：北京大学出版社，2002：32

④ 克里斯·郎革．美国环境管理的历史与发展．廖红译．北京：中国环境科学出版社，2006：143

质量委员会等环境机构，创建了环境规划、环境影响评价、污染物总量控制、公众参与、环境责任、排污收费等重要制度。“现代环境法”就此诞生。

与早期环境法相比，现代环境法更有利于环境损害的应对和解决，更符合环境保护的要求。首先，它涉及范围广泛，几乎一切对环境可能产生不利影响的行为都被纳入调整范围，避免了早期环境法“头痛医头”的弊端。其次，它手段多样，方法综合，综合利用行政、经济、技术等多种方法共同作用于环境行为，有助于环境损害的全方位解决。再次，它责任严格、目标先进，对污染和破坏行为施以严厉惩罚，并把环境保护的目标由仅保障人体健康扩展到环境的清洁、优美。最后，它的法律规范数量庞大、种类繁多，形成了以环境基本法为核心，以面向不同领域、针对不同问题的各专门立法为主体的有机体系。

环境立法数量的激增推动了环境法律汇编的兴盛，现代环境法在总体上呈现出向体系化演进的态势，这在欧洲表现得尤为明显。欧洲国家自 20 世纪 70 年代以来环境立法经历爆炸式发展，单行法规数量激增导致法规之间产生大量冲突、重叠，产生了对不同立法进行简化、协调的需要。在世纪之交，瑞典、法国等国家纷纷对其环境单行法进行清理、整合，编制了“环境法典”，这也是环境法体系化的一种形式。

三、我国环境法的历史发展

我国虽然早在古代就产生了大量有关环境、资源保护的法律规范，但现代意义上的环境法却起步很晚。到 1949 年中华人民共和国成立时止，仅有寥寥数部从未被认真付诸实施的资源保护法。

1949～1972 年，是我国环境法的萌芽期。新中国成立后相当长的一段时间里，我国的环境法制建设基本处于空白。当时的中国，仍是农业经济占主导地位的农业国，工业化程度不高，环境污染只在工业集中的个别大城市出现，尚未成为普遍问题。但因无视自然规律，盲目开发造成的环境资源破坏已经初现端倪。在这一阶段，国家颁布了《建设征用土地办法》（1953 年)、《中华人民共和国矿产资源保护试行条例》（1956 年)、《中华人民共和国水土保持暂行纲要》(以下简称《水土保持暂时纲要》，1957 年)、《生活饮用水卫生规程》（1959 年）等相关立法，环境保护的思想有所萌芽，但尚未受到充分重视，立法也非常零散。这一阶段值得一提的环保大事是 1972 年中国派出代表团参加了在斯德哥尔摩召开的人类环境会议。这次会议使中国领导人认识到环境保护的重要性，标志着中国现代环境法制事业的开端。

1973～1978 年是我国环境法制的初创期。受人类环境会议的影响和“官厅水库治理”[①] 的推动，国务院于 1973 年召开了首次全国环境保护会议。该次会议研究了我国的环境问题，并拟定了《关于保护和改善环境的若干规定（试行草案）》。这一草案成为后

---

① 官厅水库是北京重要的水源地，自 1971 年起，水质明显恶化。1972 年，国家计划委员会、住房和城乡建设委员会向国务院提出《关于官厅水库污染情况和解决意见的报告》，建议成立官厅水源保护小组，采取紧急治理措施。国务院当即批转了该报告，同意报告提出的建议，并强调随着我国工业的发展，必须更加重视防止污染，特别是对于关系到人民身体健康的水源和空气污染问题，应尽快组织力量进行检查治理。这是中华人民共和国成立后国务院第一次向全国发出注意环境污染的警告和提出对水污染和大气污染进行规划和治理。资料来源：金瑞林．环境法学．北京：北京大学出版社，2002：32

来我国《环境保护法》的雏形。1974 年，国务院又颁布了《中华人民共和国防治沿海水域污染暂行规定》（以下简称《防治沿海水域污染暂行规定》），对我国沿海水域的污染防治作出了较为详细的规定。该规定成为我国首部对特定领域的环境事务作出专门规制的单行法规。1978 年《宪法》规定“国家保护环境和自然资源，防治污染和其他公害”，首次把环境保护写入国家根本大法。在这一时期，国家还制定和颁布了一批环境标准，如《工业“三废”排放试行标准》《生活饮用水卫生标准》《食品卫生标准》等，使国家环境管理有了定量指标。

1979～1991 年是我国环境法制的大发展时期。在这一阶段，我国颁布了大量环境立法，现行重要的环境法律法规主要都是在这一时期创立的。其中，1979 年的《环境保护法（试行）》（1989 年正式颁布）是我国第一部由国家立法机关通过的环境法。1982 年《宪法》继续保留了国家有关环境保护的规定。这一时期，大量与污染防治和自然资源保护有关的单行法律法规相继颁布，主要有《中华人民共和国海洋环境保护法》（以下简称《海洋环境保护法》，1982 年）、《中华人民共和国水污染防治法》（以下简称《水污染防治法》，1984 年）、《中华人民共和国大气污染防治法》（以下简称《大气污染防治法》，1987 年）、《中华人民共和国环境噪声污染防治法》（以下简称《环境噪声污染防治法》，1989 年）、《中华人民共和国森林法》（以下简称《森林法》，1984 年）、《中华人民共和国草原法》（以下简称《草原法》，1985 年）、《中华人民共和国土地管理法》（以下简称《土地管理法》，1986 年）、《中华人民共和国渔业法》（以下简称《渔业法》，1986 年）、《中华人民共和国水土保持法》（以下简称《水土保持法》，1991 年）等。一个以环境保护法规定基本原则和基本制度为核心，以污染防治法和自然资源法为主体的环境法律体系基本成形。

1992 年至今是环境法的可持续发展变革时期。1992 年的联合国环境与发展大会是世界环境保护历史上的一件大事，此次大会最为重要的成就是正式确立了可持续发展理念，并将之作为各国处理环境损害、追求社会发展的指导思想。联合国环境与发展大会之后，可持续发展为我国领导人所接受，成为国家发展的战略指导思想。1996 年，我国第八届全国人民代表大会第四次会议通过《国民经济和社会发展“九五”计划和 2010 年远景目标纲要》，明确提出实施可持续发展的战略思想。在可持续发展思想的影响下，我国对不符合这一理念的既有立法进行了大幅度修改或者重新制定，并制定了大量新法①，使我国环境立法质量进一步提高，立法体系进一步完善，立法理念更加先进，调整手段更加科学。进入 21 世纪以来，党和国家对于环境资源保护的重视程度进一步提高，《中华人民共和国国民经济和社会发展第十二个五年规划纲要》明确提出走绿色发展道路，建设资源节约型、环境友好型社会。党的十八大报告把生态文明作为中国特色社会主义事业总体布局的组成部分并作出具体部署，强调要加强生态文明制度建设。这对环境法制的建设和发展提出了更高的要求。

---

① 新法包括《中华人民共和国固体废物污染环境防治法》（以下简称《固体废物污染环境防治法》）、《中华人民共和国矿产资源法》（以下简称《矿产资源法》）、《中华人民共和国节约能源法》（以下简称《节约能源法》）、《土地管理法》、《大气污染防治法》、《海洋环境保护法》、《中华人民共和国海域使用管理法》（以下简称《海域使用管理法》）、《中华人民共和国防沙治沙法》（以下简称《防沙治沙法》）、《中华人民共和国清洁生产促进法》（以下简称《清洁生产促进法》）等

第二节 环境法学

何为环境法学，环境法学的对象和内容是什么，其发展历程如何，与其他学科是何关系？这些内容有助于环境法学习的深入，本节主要介绍这些内容。

一、环境法学的研究对象和研究内容

环境法学就是研究环境法的学科。它是伴随着环境法的发展、壮大而产生和发展起来的一门新兴学科。环境法学是一种部门法学，是整个法学理论体系中的一个分支。同时，作为一门法学和环境科学相结合的边缘学科，环境法学又具有自然科学和社会科学交叉渗透的特点。

（一）环境法学的研究对象

对于环境法学的研究对象，有学者认为主要是“环境保护法方面的法制”①，有学者认为环境法学也应当将古今中外的环境立法和环境司法经验作为研究对象进行比较研究②，还有学者认为环境法学要着重研究环境法律规范及其实施的特点，认识和概括其发展规律③。这些观点都有道理，分别道出了环境法学研究对象的不同部分。概括而论，环境法学的研究对象是环境法的现象与观念。其中，环境法现象是指包括环境法的制定、实施、实效、影响等在内的与环境法有关的一切客观事实，环境法观念则是指与环境法现象密切相关的各种思想、价值与观念。具体而言，环境法学的研究对象包括下列几类。

（1）环境法律体系，即由一国现行环境法律规范构成的法律规范系统，它是环境法的现实规范形态，是实然的环境法。环境法律体系是环境法学最重要、最基本的研究对象，对现行法律进行阐释、评价就是对环境法律体系的阐释、评价。环境法学对环境法的制度建设的贡献，主要是通过对环境法律体系的研究进行的。

（2）环境法律活动，即包括环境立法、环境执法、环境司法、环境法律监督、环境法律规避在内的，围绕环境法的制定、实施所开展的各种活动。对环境法律活动的研究，有助于提高环境法的创制水平，提高环境法实施、运作的效率。

（3）环境法的历史与发展，各国的环境法制状况及效果等。通过对古今中外的环境法制状况的了解、比较，能够加深对环境法的认识，发现环境法制建设的一般规律。

（4）环境法律观念，即贯彻于环境法律体系和环境法律活动中的各种思想、价值、观念、态度、文化等。这是环境法的精神层面的内容，它们对整个环境法制建设具有思想指导意义，是环境法哲学、环境法基础理论所要重点研究的。

（5）环境法律效果，即环境法的制定、实施所产生的实际效果，包括对社会主体权

① 文伯屏．环境保护法概论．北京：群众出版社，1982：9

② 戚道孟．环境法．北京：中国环境科学出版社，1990：20

③ 马骧聪．中国环境法学的发展与展望．中国环境科学，1989，(5)

利、义务、利益、环保积极性的影响以及对环境保护事业所起到的实际作用。这是环境社会法学所要重点研究的。

（二）环境法学的研究内容

环境法学的内容是环境法学研究的具体事项，其与环境法学的研究对象基本对应，包括下列几点。

（1）环境法律体系的构成、合法性、正当性、实际效果、需要改进和完善的地方。

（2）环境法的理论基础，包括政治学基础、社会学基础、伦理基础、经济学基础、自然科学基础等。其研究目的是从法律之外对环境法的正当性和必要性进行论证，提供合法性证明，进行评价和预测。

（3）环境法的基础理论，即与环境法有关的基本法律理论，包括环境法的概念、特征、性质、价值理念、立法目的、体系构成、法律渊源、调整方法、基本功能、基本原则、基本制度、责任方式等。其研究目的是从法学的角度认识和分析不同的环境法现象与环境法观念，运用法学原理对环境法进行阐释和分析，归纳其特征，总结其规律，作出评判。

（4）古代和外国的环境法现象与环境法观念的客观状况、发展脉络、理念、制度、方法、效果，总结其成败得失，归纳其经验教训。

（5）其他部门法学与环境保护有关的内容及其与环境法和环境法学的关系，对环境法制实践和环境法学研究的影响。

（6）其他社会科学（如环境政治学、环境社会学、环境伦理学等学科）中有关环境法、环境保护、环境治理、环境政策的相关内容及其与环境法和环境法学的关系，对环境法制实践和环境法学研究的影响、借鉴、启示和指导。

（7）自然科学（如环境科学、生态学、天体物理学、地理学等学科）中可能对认识环境、保护环境产生根本影响的相关成果及这些成果与环境法和环境法学的关系，考查其对环境法制实践和环境法学研究的影响，提供借鉴和指导。

二、环境法学的历史与发展

与环境法的出现时间相比，环境法学的诞生时间更晚，它是直到环境法发展到相当规模，即现代环境法正式诞生之后才姗姗来迟的。有学者研究，“从 20 世纪 70 年代中期开始，系统的环境法学论著首先出现在经济已经高度发达的西方国家”。这些著作大都设专章或专篇结合现行立法研究环境法的概念和特点、法律渊源、环境法的历史沿革、环境法的方法、环境法的原则等问题，形成了鲜明的环境法学总论的理论研究模式。归纳起来主要有“欧洲大陆法系国家模式、美国模式和日本模式”[①]。

欧洲大陆法系国家的法学研究具有古典的法典化传统和强烈的体系化理论色彩。欧洲学者擅长从财产所有权的角度来研究环境法，比较注重研究环境权利的依据及其与传统法

① 汪劲．环境法律的解释：问题与方法．北京：人民法院出版社，2006：12

律部门的关系，从而系统地归纳环境法的基本原则和一般概念。他们注重研究生活环境保护中的权利义务关系问题。近年来，他们开始重视环境立法中的经济和技术问题，并注意协调国家环境立法与欧盟法的关系。

美国的环境法学研究则主要是从判例研究着手，其最初倾向于从侵权法角度进行研究，着重于对受害人私人权利的救济，后来随着政府行政干预的增强和行政管理法律的增多更多地转向公共政策分析。美国环境法学的特点在于，注重对环境立法和执法的成本和效益的研究，注重对环境保护科学和技术规范的研究，注重从保护公民权的角度开展对环境法学的研究。

日本环境法学也是以研究公害控制和受害人救济为开端的，后来渐渐转向以环境保护管理为中心。日本环境法学研究的特点是，注重对法律规定的阐释，注重运用传统部门法理论进行研究，注重对公害和环境判例的研究①。

我国的环境保护事业和环境法制建设起步于 20 世纪 70 年代。1979 年的《环境保护法（试行）》的颁布带动了我国环境法学研究的发展。在该法的制定过程中，一些法学学者参与法案起草并开展了一系列与环境保护立法相关的研究活动，成为我国最早的环境法学研究者。中国的环境法学研究就此起步。

从 20 世纪 80 年代开始，中国的环境法制建设十分活跃。在短短十几年间，我国的环境法律体系已经粗具规模，成为我国社会主义法制建设中的一个突出成就。与此同时，我国的环境法律教育和环境法学研究活动也蓬勃发展。1979 年，国家首次招收环境法学硕士研究生。1984 年，环境法学被教育部列为法学专业选修课。1990 年，金瑞林教授主编的全国高等教育自学考试教材《环境法学》出版，该书用“总论”一编专门讨论环境法的理论。肖乾刚、肖国兴教授编著的《自然资源法》（1992 年版）开始了我国系统的自然资源法学研究。1997 年，国务院学术委员会正式确立“环境与资源保护法学”为法学二级学科。1999 年，中国法学会环境资源法学研究会成立。目前，环境法学已经被教育部列为法学专业本科阶段核心课程之一，全国几乎所有法律院校都在讲授、研究环境法。环境法学已经成为法学教育和理论研究的一个重要领域。

由于我国的环境法学研究活动几乎与环境立法实践相伴而生，所以其始终体现出围绕中国环境法制建设和环境法学教育的实践需要而展开的特点，并因所处历史阶段、社会背景及面临任务的不同，呈现出不同的阶段性特征。

在 20 世纪 80 年代初，中国环境立法与法学研究均处于初创期。那时环境法学研究的首要问题，一方面在于对国家环境立法和相关政策给以阐释和说明；另一方面又要对环境法学的基本问题进行探讨，回答环境法作为独立法律部门存在的合法性问题。为此，学者们主要围绕环境法的概念、任务、功能、立法目的、部门独立性、阶级性、科学基础等基本问题进行研究，并译介国外环境立法和理论的相关成果，为我国环境法学的创建提供参考和借鉴。

20 世纪 80 年代中期至 90 年代末，我国环境法制粗具规模，但立法质量不高。这一阶段环境法学研究的重点在于探索和确立我国环境法的基本原则和基本制度。对有中国特

① 汪劲．环境法律的解释：问题与方法．北京：人民法院出版社，2006：12-15

色的社会主义环境法律体系的建立和对环境污染行政法律制度的研究成为环境法学的重点内容，其中有关环境行政司法和执法、国家环境管理基本职能、环境法基本制度、民事责任在环境法中的运用和发展、危害环境犯罪等问题的研究等曾一度成为我国环境法学研究的热点[①]。值得注意的是，在20世纪90年代中期，随着可持续发展思想的传入，对可持续发展理论的介绍、阐释与宣传也成为环境法学研究的一大热点。

进入新世纪以来，我国环境法制建设继续深入发展，理论研究水平进一步提高。与此同时，愈加严峻的环境资源形势也使环境保护的迫切性进一步增强。科学发展观和生态文明的提出使中国环境法制建设的使命由单纯的环境治理跃升到为社会全面、协调、可持续发展提供保障，推动文明转型的高度，从而对我国环境法学研究也提出了更高的要求。当前环境法学研究，面临着诸多挑战。

第一，在基础理论方面，需要对环境法学的一些重大理论问题进行重新审视和反思，加以补充、修改和完善。过去的环境法学研究是在迫切的法制实践推动下匆忙发展起来的，在一些重大理论问题上还存在许多值得推敲、没有彻底解决的地方。一些基础理论所贯彻的理念和精神已不适合社会发展总体目标和环境法律实践的需要，亟待结合时代精神进一步完善。环境法学的一些基本概念和理论推导还存在许多不规范、不科学的地方。环境法基础理论与科学发展观、生态文明等蕴涵深刻生态智慧的治国方略和政治纲领之间还缺乏有效衔接，没有实现向法学理论的转化。这都要求环境法学者对传统理论加以反思，厘清谬误、去伪存真，为环境法学打造坚实的理论基础，赋予环境法学新的时代精神，推动研究的理论化、规范化、科学化。近年来，环境法学者围绕环境法的核心范畴、伦理基础、逻辑起点、体系构成等内容，就环境权、义务本位、环境伦理学、环境公共利益等问题展开了热烈探讨，就是对这种需要的一个回应，但仍需进一步加强。

第二，在制度研究方面，环境法制实践迫切需要更加完备的制度、更具可操作性的措施、更具针对性的建议，这要求环境法学研究必须更加务实、更加细致，注重对现实问题、具体问题的研究，尤其是制度层面的系统研究。近年来，环境法学界对排污配额交易、环境影响评价、生态补偿、生态损害赔偿、循环经济、环境公益诉讼等具体制度的研究，是顺应这一需要的产物，也需要继续加强。

第三，在研究视角方面，应注重一般化与本土化的协调，全球视野与本国视角的统一。环境损害既有全球共同性，又有地方特殊性，作为一个发展中的社会主义大国，中国的环境法制有自己的问题、任务和特色，中国环境法学研究应首要针对自己的问题和任务，体现出自己的特色，形成“中国气派”，也为世界环境法学的发展作出自己的贡献。

第四，在研究方法方面，需更加多元化和规范化。环境议题既涉及多个主体，又涉及多种学科，需要运用多种方法进行多角度、全方位的研究和论证。近年来，在传统的注释方法、价值分析方法之外，经济分析、社会分析、规范分析、历史分析等研究方法在环境法学研究中也得到尝试运用。许多学者以生态学为基础，在整体主义、系统论等理论指导下进行研究，推动法学研究的“生态化”，体现了环境法学方法论的觉醒和革新，是一个可喜的现象。但是，当前环境法学研究还没有形成自己的独特方法，已经尝试的诸多方法

---

① 金瑞林，汪劲．20世纪环境法学研究述评．北京：北京大学出版社，2003：10

缺乏主次之分，不利于学术共识的达成，影响到学科的独立和成熟。一些其他学科方法在环境法领域的运用还较初级和浅层，还需要结合环境法自身特点进行创造性运用。总体来看，环境法学研究方法有待于进一步规范。我们主张应“以环境损害作为环境法学的逻辑起点、以整体主义作为环境法学的研究立场、以环境责任作为环境法学的道德基础”①。同时，作为一种法学研究，在强调生态价值取向的基础之上，环境法学研究还应强调规范分析方法的运用。

第五，在研究重心方面，应注意从立法向法律实施的转变。三十年来的中国环境法学基本上是一种“立法中心主义”的研究，这是中国环境法制建设初级阶段的历史任务所决定的。但到今天，当中国的环境立法和环境法学已走过三十多年历程，“环境法面临的主要问题已由‘无法可依’转变为‘有法不依’或‘有法难依’”② 之时，环境法学研究的重心也应从法的制定向法律适用转移。提高环境法的实效性，使环境法从抽象的“纸面规定”真正落实到人们的现实行动中，是未来环境法学应着力解决的核心问题。

总之，我国环境法学已顺利走过初创阶段，搭建起基本框架，并形成了一定的理论基础和学术共识。下一阶段的核心任务就是在巩固既有成果的基础上加快向实践化发展。如何使研究更规范、更科学、更经得起理论推敲和实践检验，增强对环境实践的解释力和制度建构力，是环境法学面临的历史课题和未来发展方向。

三、环境法学与相关学科的联系

作为一门新兴学科，环境法学与传统法学学科之间存在着类似于母体与子体的关系。环境法学不是一朝一夕形成的，它经过了一个孕育成长的过程。由于这个过程是在其他法学学科以及其他社会科学乃至自然科学学科早已成熟之后才开始的，所以它一定是不断获取相关学科滋养的过程。不管是民法学、刑法学，还是行政法学等法学学科，都曾关心过环境损害现象，从事这些学科研究的许多学者都曾把环境损害现象作为自己所从事的学科的当然研究对象。这种从民法学、刑法学、经济法学、行政法学的角度所开展的关于环境损害的研究为环境法学这门崭新的学科的产生提供了思想资料和成长动力。

但是，尽管关于环境损害的法学思考最早发生在民法学、行政法学等传统法学学科之内，今天已经成长起来的环境法学却已不再是这些学科相关成果的零星拼凑：一方面，环境法学已具有独立于传统学科的自身特点和研究规律，是传统学科的哪一门都无法包容的；另一方面，环境法学也不是不同法学学科关于环境损害的研究成果的简单汇集，它是一个具有自体完整性和独立的知识创造能力的知识系统。由此，可以说，环境法学是一个独立的法学学科，是整个法学学科体系中的重要组成部分。

作为一门独立学科，环境法学相对于传统学科具有独立性。但同时，作为一门新兴、交叉、综合性学科，环境法学又与传统法学以及其他社会科学、自然科学学科有着不同程度的联系。

---

① 徐祥民，刘卫先．环境法学方法论研究的三个问题．郑州大学学报，2010，(4)

② 巩固．环境法律观检讨．法学研究，2011，(6)

首先，环境法学以自然科学，尤其是环境科学、生态学的原理和知识为认知基础。环境法学是研究如何运用法律手段解决环境损害的学科，正确认识环境损害，把握自然规律是正确应对环境损害的前提，而这有赖于自然科学知识。环境法学要想有效解决环境损害，就必须充分掌握环境科学、生态科学的相关知识，关注环境科学、生态科学的进展，随时准备吸收这些学科的最新研究成果。

其次，环境法学需要吸收、借鉴其他社会科学的研究成果。作为一门社会科学，环境法学必须建立在了解社会知识，掌握社会规律的基础上。它必须吸收和借鉴其他社会科学，尤其是环境哲学、环境伦理学、环境社会学、环境政治学、生态史学等与环境直接相关的社会科学的研究成果。

最后，作为法学学科的一个分支，环境法学与法学其他学科分享共同的基本知识、原理、价值观念等。环境法学有自身的特点，但其特点不足以造成它与其他法学学科的脱离。如同环境法与其他法律部门体现共同的国家意志一样，环境法学与法学其他学科也有共同的意识形态基础。在这个意义上，环境法学与其他法学学科也具有共兴衰的关系。环境法学家应该关心其他法学学科的发展，并担当推动整体法学进步的责任。

除此之外，环境法学与民法学、行政法学等部门法学之间在研究内容上也有重合。例如，民法学研究损害赔偿，其中包括环境侵权损害赔偿；环境法研究环境责任，其中也包括环境侵权所应承担的赔偿责任；行政法学研究行政管理中的法律问题，包括环境行政管理中的法律问题，而环境法学所研究的环境保护也无法回避环境行政管理中的法律问题。这种情况的存在为环境法学与行政法学、民法学等学科的更经常的交流提供了条件，同时也向研究者和学习者提出了关注相关学科研究状况的任务。

第三章　环境法的体系

环境法体系就是环境法这个法律部门的内部结构体系。由于环境法是一个新生的法律部门，它自身还处在成长、完善的过程之中，因而我们还必须等待法制建设的实践去慢慢描绘这个部门的完整形态。本章要探讨的环境法体系就是这个正处在不断完善过程中的法律部门的内部结构体系。本章主要学习：①环境法体系的特点；②环境法体系的结构。

第一节　环境法体系的概念及特点

对环境法的学习，从法律体系构成的角度来看就是对环境法部门的学习。因此，我们应当对这个法律部门的内部结构有清楚的认识。以往不少学者都对环境法体系进行过研究，在不少的教科书中也都有对环境法体系的论述，但学界并没有对环境法体系的界定达成一致。我们应从环境法制发展的实际情况出发，从法律体系与环境法体系关系的角度把握环境法体系的概念与内涵。

一、环境法体系的概念

对环境法体系的认识涉及对作为环境法体系上位概念法律体系的理解，所以，要正确界定环境法体系还必须先进行正本清源的工作，厘清法律体系这个上位概念的含义[①]。

法律体系不是一个已经形成定论性界定的概念。但同时为多数学者所接受的观点是把法律体系理解为“由一个国家的全部现行法律规范分类组合不同的法律部门而形成的有机联系的统一整体”[②]。沈宗灵就持这种观点。他把法律体系定义为“由本国各部门法构成的、具有内在联系的一个整体，即部门法体系”[③]。

法律体系不同于立法体系，后者也被称为法律渊源体系。胡秋江先生明确地对两个概念作了区分。他给法律体系的定义是：“法律体系也称为法的体系、部门法体系，通常是指由一个国家现行的各个部门法构成的有机联系的统一整体。”他给立法体系的定义是：“立法体系主要是指与国家立法体制相关联的，由各个有权机关以法定权限和程序制定的各种规范性法律文件所构成的整体。”这个体系就是法的渊源体系。立法体系与法律体系是两个不同的概念，两者之间有明显的区别。胡秋江先生解释说：“法律体系的基本因素

---

① 金瑞林先生认为，环境法的体系是“居于国家法律体系的第二层次的部门法体系”。（资料来源：金瑞林．环境法学．北京：北京大学出版社，1999：63）根据这个判断，为了准确定义环境法的体系，我们需要先搞清什么是法律体系，也就是金先生所说的“国家法律体系”的第一层次的体系

② 沈宗灵．法理学．北京：高等教育出版社，1994：324

③ 沈宗灵．法理学．北京：高等教育出版社，1994：325

是法律规范，而立法体系的基本因素是法律文件及其条文；法律体系是由法的部门、法律制度及法律规范构成，而立法体系与发布文件的国家机关的等级相同；法律体系根据法调整的社会关系和调整的方法不同建立法律部门，而立法体系是按不同形式法律规范性文件分类的……法律体系建设的重点是建设相对完备的部门法，立法体系建设的重点是创造完备的法律渊源和各种规范性法律文件。”①

如果说立法体系的结构是由立法权的分配决定的，立法权的层次越多，立法体系的法律文件的层次便越多，那么，法律体系的构成是由纳入法律调整范围内的事务或社会关系领域的多少决定的，社会关系领域越多，法律体系的法律部门就越多。立法体系由立法权的分配来决定，所以在立法权高度集中的国家，立法体系会十分简单，如只有中央政权的立法；法律体系是由纳入法律调整的社会关系领域的多少决定，所以，在社会关系更加复杂的现代社会，法律部门也较多。在古代社会既没有社会保障法，也没有环境保护法。立法体系与立法权的分配相联系，因此，它是一个纵向展开的系统；法律体系与社会关系领域相联系，所以，它是一个横向分布的结构。

环境法体系应当是法律体系意义上的体系，应当是作为一国法律体系中的一个特定法律部门的内部系统，应当是由其所调整的社会关系领域决定的呈横向展开状态的法律系统，应该是以法律规范、具体的法律制度为构件组成的体系。根据以上分析，我们可以将环境法律体系定义为：环境法体系是由为实现保护环境的目的而创制的用以调整因开发、利用和保护环境而发生的社会关系的法律规范所构成的法律系统。

二、环境法体系的特点

根据如上对环境法体系的定义，我们可以发现环境法体系具有如下几个特点。

（1）环境法体系是一国法律体系的组成部分。一国的法律体系由若干个部门法组成，环境法便是现代国家法律体系中的法律部门之一。环境法部门形成一个环境法体系，而这个体系又是国家的整个法律体系的组成部分。如果把一国的法律体系视为一个大系统，那么，环境法系统则是这个系统中的一个子系统。

（2）环境法体系主要是由现行的环境法律规范构成的系统，这个体系并不十分关注规范的由来，因而在这个系统中既有中央国家立法机关创制的规范，也有地方国家机关建立的规范；既有出于立法权的行为准则，也有产生于司法活动的有约束力的法律原则、处理办法。从理论上说，环境法体系不拒绝判例和习惯，在实践中承认判例和习惯的法律效力。

（3）环境法体系的社会基础是环境社会关系。没有环境社会关系的时代，便不存在环境法，从而也就无所谓环境法体系。从环境法发展的历史角度来看，环境社会关系是新近发生的社会关系，所以反映这种社会关系的环境法也是新近发生的，因而环境法体系也是初步形成尚待完善的。同样，随着人们对环境损害认识的加深和错综复杂的环境社会关系的逐渐明晰，环境法体系也将变得更加复杂。

① 徐显明．法理学教程．北京：中国政法大学出版社，1994：203

(4) 环境法体系由为实现环境保护的目的而创制的法律规范构成，其创制的途径有立法（产生制定法）和判决（产生判例法），而在立法这种创制途径中，除制定法律法规等之外，还包括缔结或参加国际条约。也就是说，环境法体系的构成成分的载体除国家有权机关制定的法律法规等法律文件和审判机关制定的判决之外，还有国家缔结或参加的国际条约。

(5) 环境法体系的创立服务于保护环境的目的。这一目的来自于调整环境社会关系的需要，国家有了保护环境的要求才创立了环境法部门。一般来说，国家保护环境的基本法律主张落实在《宪法》中。因此，环境法体系是以《宪法》关于保护环境的有关规定为指导原则，以环境基本法为主体的法律系统。在这个意义上，《宪法》的有关规定所体现的不是法律渊源上的最高权威，而是对于整个环境法体系的统帅地位。同样，环境基本法（如果国家制定了环境基本法的话）的所谓“基本”所要表达的不是这一法律文件是否出于国家最高的立法机关，而是设定国家环境法体系的基本框架，规定这个法律系统中的基本制度、基本原则等。

第二节　环境法体系的构成

环境法体系的构成是指环境法体系的内部构造，这是一个边界先定的论题。但要回答这个本身已划定了边界的论题，我们却面临两个方面的任务：一方面是对边界内的各有关元素及其相互关系等进行分类处理，以找出环境法律体系的内部结构；另一方面是厘清边界，因为所谓环境法体系，其边界并不是这个概念本身就能说清楚的，尽管从逻辑上来看它是有明确边界的。

一、环境法体系的内部结构

如果说一国的法律是由若干部门法，有时也包括环境法等构成的法律系统，那么，环境法体系作为独立于其他法律部门之外的一个法律系统也由若干个子系统组成。

环境法体系是由几个子系统组成呢？学界有不同的看法。比较传统的看法认为，环境法有两个子系统：一是环境污染防治法；二是资源保护法。有的学者认为，环境法体系由三个子法律部门构成，即污染防治法、自然资源法、生态保护法。还有的学者认为有四个子法律部门，这种看法是在三个子法律部门观点所说的污染防治法等三者之外再加上一个防灾减灾法。

本书认为，环境法体系这个大系统包括两个子系统：一是环境事务法系统；二是环境手段法系统。环境事务法中的事务是指直接作用于防治对象或保护对象的具体环境事务，如对水污染这种防治对象的具体的防（如减少污水排放量）和治（如清除排入河流的油污）等，事务法就是与具体的防治或保护对象直接相关的法律规范所组成的规范系统。环境手段法中的手段是指服务于对环境对象保护的系统方法，如环境规划、环境税收、环境影响评价等，环境手段法就是由规范这些手段使用的法律规范所组成的规范体系。

下面分别讨论环境事务法系统和环境手段法系统。

（一）环境事务法子系统

环境事务法子系统有四个支系统，即污染防治法支系统、资源保护法支系统、环境退化防治法支系统和生态保护法支系统。

污染防治法支系统又可分为几个亚系统。按污染对象的不同划分，可以分为水污染防治法、大气污染防治法、土壤污染防治法、海洋污染防治法和太空污染防治法等；按污染物质的不同划分，可以分为噪声污染防治法、固体废物污染环境防治法、放射性污染防治法和生物污染防治法等。

资源保护法支系统也可分为几个亚系统，其中包括土地资源保护法、水资源保护法、矿产资源保护法、森林资源保护法、草原资源保护法和渔业资源保护法等。

环境退化防治法支系统目前有以下几个亚系统，即水土保持法、沙漠化和石漠化防治法、气候变化防治法等。

生态保护法支系统也包括几个亚系统。按保护对象不同，分为生境保护法、生物多样性保护法和濒危物种保护法等；按保护方法或手段不同，分为自然生境保护法、自然保护区法和物种入侵防治法等。

（二）环境手段法子系统

环境手段法子系统中，目前建有环境规划法、环境管制与许可法、环境税法、环境监测法、环境信息法、环境影响评价法、清洁生产促进法、循环经济促进法、环境诉讼法等支系统。

环境手段法子系统中的支系统也都可以包含一些亚系统。例如，环境规划法支系统有若干亚系统，包括环境规划法、土地规划法和海域使用规划法等。

环境管制与许可法也有若干亚系统，如排污许可法、倾废许可法和矿产资源勘探开发许可法等。

环境税法可以分为污染税法和资源税法等亚系统。

环境监测法支系统按监测对象不同可以分为若干个亚系统，包括海洋环境监测法、草原环境监测法和河流环境监测法等。

环境信息法或环境信息公开法支系统，按照掌握信息的主体划分，可以分为企业环境信息公开法和政府环境信息公开法等。

环境影响评价法子系统，按照评价对象不同可以分为若干亚系统，如建设项目环境影响评价法和规划环境影响评价法等。

（三）环境法体系与环境法律法规的关系

环境法体系是因调整特殊的社会关系，即环境社会关系而形成的法的系统，社会关系的特殊性造成了特殊的法律部门。环境法体系的子系统也是以特殊的调整对象为基础而形成的，如对与污染相关的社会关系的调整形成污染防治法子系统。同样，环境法体系的子系统也可因调整对象的种类不同再分解为更小的系统，如在海洋污染防治法中，按照污染源可以再分为陆源污染防治法、船源污染防治法、海洋倾废污染防治法、海洋工程污染防治法和海岸污染防治法等。

环境法体系的内部结构不是环境法律法规等法律文件的简单组合。环境法体系的子系统并不等于单行环境法律法规。我们说环境法体系的子系统之一是污染防治法，这并不意味着一定存在一个被命名为污染防治法的法律文件。反过来，国家虽然有废品回收法，我们也不一定把它提升为法律体系中的一个系统，更不必一定把它确定为环境法体系中的一个系统，因为废品回收说到底无非出于两个目的：一是防止废品污染环境；二是节约资源。在环境法体系中，服务于这两个目的的法律规范分别属于污染防治法和循环经济法。总之，环境法体系及其各级子系统不等于被冠以某个称号的法律法规。当然，在各国立法中常见的土地管理法、森林管理法等法律文件就更不同于本书所讨论的环境法体系及其子系统。

二、环境法是一个独立的法律部门

当我们通过解剖法律体系从中析解出环境法律体系的时候，环境法取得了一个独立的法律部门的身份。环境法体系的内部结构也显示了环境法自成体系足以构成一个独立的法律部门的特点。那么，环境法究竟是否可以构成一个独立的法律部门呢？或者说，法制实践中产生的环境法是否具有构建独立法律部门的条件呢？我们认为，环境法可以构成一个独立的法律部门，具备构建独立法律部门的条件。从环境保护的需要来看，也有必要把环境法积极培育成独立的法律部门。

第一，环境法有特殊的立法目的。任何一个法律部门都是服从一个统一的立法目的而形成的法律规范的体系。民法以维护公民、法人的人身权、财产权，调整平等主体间的人身和财产关系为目的或宗旨。刑法以保护国家、集体和个人的人身、财产和其他权益，打击犯罪为目的。环境法也有自己特殊的立法目的，那就是保护环境。所谓保护环境包括保护和改善生活环境和生态环境，防止环境污染和环境破坏，增强资源开发、利用的合理性，实现人与自然的和谐相处①。

第二，环境法有特定的调整对象。所谓调整对象也就是特定的社会关系领域。沈宗灵先生指出，“划分部门法的标准主要是法律所调整的不同社会关系，即调整对象”，而不同“社会关系”“实际上是指社会关系的不同领域”②。环境法有自己特定的调整对象，这个调整对象就是开发、利用、保护和改善环境中形成的社会关系，简称环境社会关系。

第三，环境法有独特的学理基础。任何一个法律部门都有自己的学理基础，而环境法更有其独特的学理基础。环境科学、生态科学构成了环境法独特的学理基础。在 21 世纪初，由中国政府和中国执政党所提出的科学发展观和生态文明也应该成为环境法的学理基础。在这种学理基础上只能生长出环境法，不能产生其他的法律部门，与这个学理基础相适应的只有环境法，其他任何法律部门都缺乏这种适应性。

第四，环境法有特殊的社会需求的支撑。任何一个法律部门都是某种强烈的社会需求

① 蔡守秋．环境资源法学教程．武汉：武汉大学出版社，2000：159

② 沈宗灵．法理学．北京：高等教育出版社，1994：326-327

的产物。惩治犯罪的社会需求推动刑法的发展。维护婚姻、家庭关系的社会需求是婚姻家庭法长盛不衰，永不枯竭的动力。人类环境状况的不断恶化给人类提出了保护环境的历史任务。保护和改善环境既是具体的国家，也是全人类的共同需求。这种强烈而又普遍的需求不仅会催生出保护环境的政策、培育起普遍的环境伦理，而且也必然影响到法制建设，创造出能够满足保护环境需要的法律。这种法律只能是环境法，其他任何一个法律部门都无法满足人类保护环境的需要。事实上，随着环境损害的逐步加剧，人类保护环境的任务越来越急迫，环境法作为一个独立的法律部门也正逐渐走向成熟。

第五，环境法的调整方法具有独特性。调整方法是划分法律部门的重要依据，对此法理学界已达成共识。对法律调整方法，胡秋江先生的解释是“法律在调整社会关系时用以影响社会关系的方法”①；也有学者解释为“影响”社会关系的“手段或方式”。最典型的调整方法是法律规定的制裁方法，即民事制裁、刑事制裁和行政制裁。但制裁方法显然不是法律调整方法的全部。沈宗灵先生就曾指出：“确定法律所调整的社会关系的不同主体以及确定这种主体之间权利和义务关系的不同形式也属于法律调整方式。”其实，作为“影响社会关系的方法”的调整方法不只是“对违法行为制裁的形式”② 和沈先生所说的“确定”，那些对法律关系发生、变更和消灭有影响的各种法律手段或方法都是法律的调整方法。例如，一些国家宪法上规定的副署有效、一些国家诉讼制度中实行的决斗等，都是法律调整方法。

环境法的调整方法独特性表现之一是这个法律部门使用一些特殊的调整方式。环境影响评价法所规定的环境影响评价，濒危物种保护法采用的异地保护、设置保护区等，都是仅在环境法中使用的调整方法。

环境法调整方法独特性表现之二是调整方法具有明显的科学性。环境法学界普遍注意到环境法的科学技术性特点。如果说科学技术性是环境法的特征，那么这个特征更明显地体现在环境法的调整手段上。不管是各种环境标准，还是排污总量控制制度；不管是环境影响评价，还是自然保护区的设立；不管是为恢复渔业资源而采取的伏期休渔，还是为“恢复和保持”及“水体化学的、物理的和生物方面的完整性”而采取的“开发必要的技术”，实施“非点源污染控制计划”“禁止排放达到毒害数量的有毒污染物”等③，都是以科学为依据的。可以说，离开科学就没有完整意义上的环境法，没有科学的支持，环境法就无法走向完善。同样，没有科学，环境法将失去有效的调整手段。

环境法调整方法独特性表现之三是各种调整手段所具有的主动性和预防性。作为调整手段，不管是刑法中的刑罚，还是行政法中的行政处罚、民法中的损害赔偿，都是对已经发生的某种结果或已经形成的状态的反映，它们对于所发生的事项来说是被动的、后发的。环境法的调整手段则不然，它们一般都具有主动性的特点。尤其是在人们发现了早期的污染防治法的“末端控制”模式的不足之后新制定的环境法，其调整方法的主动性特点更是越发明显。环境影响评价对于有关行为可能引起的环境影响、自然保护区对于可能出

① 徐显明．法理学教程．北京：中国政法大学出版社，1994：206

② 沈宗灵．法理学．北京：高等教育出版社，1994：327

③ 《美国联邦水污染控制法》第一二五一条

现的物种灭绝，都是主动性的措施，而不是等待某种结果或状态出现之后才有所反应。环境法调整手段的主动性，也可以叫做预防性。这种调整手段对于可能出现的不利后果来说，都具有预防的作用。这与环境法所贯彻的预防为主的原则是一致的。

环境法调整方法独特性表现之四是调整手段的多重性及其与环境行为的伴随性。刑法的基本调整手段是刑罚，它的调整手段是单一的。环境法不是这样，它的调整手段是多重的。例如，建立造纸厂，不管是生产工艺流程，还是污水处理设施等的设计，都必须遵守有关环境标准。环境标准这种调整方法一定要发挥影响作用。造纸厂要开工建设，须进行环境影响评价，环境影响评价是要发挥影响作用的第二种调整方法。即使在过了这两道关之后，造纸厂的建设和生产也并非从此一路绿灯。它的排污活动有时须以缴纳排污费（第三种调整方法）为条件；有时还须先购买排污配额（第四种调整方法）才能排污。如果排放污水达不到国家规定的标准，还可能受到罚款（第五种调整方法）、限期整改（第六种调整方法）、停业整顿（第七种调整方法）等的处理。

行政法也具有多种调整手段，如罚款、拘留、发放许可证、吊销营业执照、征收税费等，但行政法的调整手段与环境法的多重调整手段又有不同。行政法的调整手段具有关卡或惩罚的特点，如许可证、营业执照，都是不经此关不能有所作为的关卡，而拘留、罚款等则是惩罚。在环境法调整手段中也有具有关卡性（如许可证）和惩罚性（如罚款）的手段，但用过程的观点来看，环境法的多重调整手段又具有与环境行为相伴随的特点。上述造纸厂建设的例子便反映了环境法调整手段与环境行为“结伴而行”的特点。所谓伴随性可以解释为凡有环境行为的地方便有环境法的调整手段；环境行为延续，环境法的调整手段便持续做功；环境行为改变，环境法的调整手段也随之改变。上述造纸厂的建设是调整手段随环境行为而变的例子，而环境信息公开是调整手段与环境行为伴随持续做功的例子。

三、环境法体系的边界

环境法是后起的一个法律子系统，是在刑法、民法等法律部门已经充分发达、自由扩张之后才突然出现的一个法律系统。由于诞生时曾借用成熟的法律部门的形式，这个法律系统难免给人以从其他法律部门夹缝中冒出来的感觉，以及与其他法律部门彼此粘连，难分彼此的模糊印象。一些学者所说的环境私法、环境刑法等就是这种模糊印象引起的模糊概念。它们不是环境法，而是与环境有关联的民法和刑法。

（一）一些学者所称的“环境私法”“环境刑法”不是环境法体系的组成部分

中国内地和中国台湾地区的一些学者曾使用过“环境私法”这一概念。他们把处理“环境损害应适用之私法规范”，包括“侵权行为法、产品责任法、契约法、消费者保护法”等“可适用于环境损害之其他民事规范”都称为“环境私法”①。这些“私法”都是传统民法体系中的内容，是民法因处理环境侵权等新兴民事纠纷而作出的反应，是为应对

① 陈慈阳．环境法总论．北京：中国政法大学出版社，2003：155-156

“因果关系之难题与举证责任之分配”，基于传统民法的“民事责任基础理论”而创造出来的民事“救治制度”和民事“请求权”。总之是“民事法上之重要事项”[①]。

一些学者所称的环境刑法仍然是刑法。陈慈阳先生的《环境法总论》有专节论述“环境刑法”，中国内地和中国台湾地区都有学者出版专论环境刑法或环境犯罪的著作。刑法是国家设定罪名规定刑罚的法，不管罪名涉及的领域多宽，刑种多么繁多，进入这个领域的法律规范都属于刑法。打击环境犯罪的法律规范，不因涉及环境损害而变成环境刑法，就像打击杀人犯罪的法律规定不因涉及剥夺人生命的问题而变成生命刑法或生命权刑法，打击侵犯财产犯罪的法律规定不因涉及财产就称为财产刑法一样。

（二）环境法体系与其他法体系之间存在交叉

由于事务上的关联性、调整手段上的相同性或相近性，环境法体系和其他法体系之间存在着交叉。例如，环境管制与许可法和行政许可法之间、绿色采购法（环境法）与政府采购法之间、环境税法与税法之间、环境规划法与宏观调控法（经济法）之间、许可配额（如排污配额）交易法（环境法）与合同法（民法）之间、环境信息法与政务公开法（行政法）之间，都存在交叉关系。这种交叉不影响环境法及有交叉关系的其他法律部门作为一个法律部门的独立存在。我们可以按照目的性（环境法以保护环境为目的）标准把相关法律规范纳入环境法体系，也可以以其他法律部门特点为标准把它们列入另外的法律部门。

---

① 陈慈阳．环境法总论．北京：中国政法大学出版社，2003：169

第四章　环境法的指导思想

环境法指导思想是环境法的基本理念和原则，正确、科学的立法指导思想是构建环境法的前提要件。本章从三个方面来探讨：①环境法指导思想及其发展演变；②环境法的基本指导思想；③可持续发展指导思想对环境法制建设的基本要求。

第一节　环境法指导思想及其发展演变

环境法作为一个独立的法律部门的特殊性决定了环境法的指导思想应该集中反映环境法的本质特征，尊重环境损害的特殊性。同时，也要符合世界环境保护立法活动的发展趋势，唯此才能有效指导环境法的发展。

与环境法的发展阶段相适应，环境法指导思想也经历了一个从公害防治到可持续发展的演变过程。

20 世纪 50～60 年代，随着环境污染问题的出现，人们积极立法，开始对环境污染进行防治。1972 年，联合国人类环境会议的召开使人们进一步认识到环境损害的严重性和环境保护的重要性，国际组织和世界各国纷纷加强对环境保护的立法活动。但这一时期环境立法的指导思想是为应对环境公害和其他环境损害而做的“末端治理”，偏重于消极、被动的单纯环境污染防治，而没有从源头上将经济社会发展与保护环境、治理污染有机地联系起来。在立法内容上，这一时期的环境法强调和突出治理污染的技术性措施与污染损害的惩罚性措施，对环境污染的预防性措施规范较少；在立法形式上，主要采用单行性的专门立法，缺乏从生态系统整体规范各环境要素的统一立法；在调整方式上，大多采用民事救济方式，注重对污染损害和对侵害自然资源财产权利的赔偿，不关注对自然生态系统本身所造成损害的补偿和赔偿。

20 世纪 80 年代，随着环境恶化的进一步加剧，环境危机成为威胁人类生存、制约经济发展和影响社会稳定的直接因素。人们逐渐认识到自然资源、环境容量的有限性，也认识到各种环境要素是相互联系的一个整体，单纯的防治污染不能真正解决环境损害，于是提出了预防为主和综合治理的环境保护政策。1992 年，里约联合国环境与发展大会不但拓展了对环境损害认识的广度和深度，而且把环境损害与经济、社会发展结合起来，确立了环境与发展相互协调的“可持续发展战略”，环境立法也由此进入到了一个全新的发展阶段。这个时期环境法的指导思想强调在环境承载力内发展经济，追求经济、社会和环境的协调与可持续发展。在立法内容上，强调从源头规范人类的环境行为，并在产品的生产、流通、消费等全过程中努力保全环境。环境法所涉及的对象和范围从最初的对个别环节的“末端控制”发展到对包括决策过程在内的全过程控制（如污染的“源头控制”、“从摇篮到坟墓”的全过程控制）；在立法形式上，也从专门性的单项立法发展到综合性、全面性的立法；在调整形式上，强调多种环境救济方式，并开始注重对生态系统本身的损害补偿。

从总体上看，环境法的指导思想符合世界环境立法的发展趋势，经历了从公害防治到可持续发展时期的逐渐演变。我们从日本环境法的发展中便能发现这种演变。第二次世界大战后，日本国家经济的发展正好经历了发达国家经济发展的一般过程，其环境法的发展可以说是整个世界环境立法发展的一个缩影[①]，其环境法指导思想的演变也影响着世界环境立法的发展。20 世纪 80 年代，日本环境法学者原田尚彦注意到日本环境法所发生的阶段性变化，并把这个变化概括为从公害法向环境法的转变[②]。1958 年，日本出台了《关于公用水域的水质保全的法律》和《关于工厂排水等限制的法律》，这昭示着日本环境法开始进入第一阶段，即公害防治阶段。1967 年，日本制定了《公害对策基本法》，该法的立法目的是保护国民的健康和维护生活环境，并且这种对生活环境的保护还必须与经济的发展相调和，即发展经济为第一位，环境保护为第二位。里约联合国环境与发展大会后的 1993 年 11 月，日本颁布了《环境基本法》，该法使日本的环境法及环境行政的目标和指导思想与以往立法相比发生了很大转变，明确规定了其立法的最终目的是为了当代人类和子孙后代对环境利益的享受和继承而保护自然环境，确保现在以及将来国民的健康和文化的生活，贡献于人类的福利，强调社会经济发展的可持续性。这标志着日本环境法进入了第二阶段，也就是可持续发展阶段。

正是在这种可持续发展思想的指导下，许多国际组织和国家纷纷制定贯彻可持续发展战略的环境立法和行动计划，掀起了一场可持续发展的社会变革运动，世界环境法开始进入“可持续发展时期”。

第二节 环境法的基本指导思想

随着环境法从公害防治时期到可持续发展时期的转变，可持续发展思想成为环境法的基本指导思想。有关国际文件和各国环境法律政策也在实践中践行和推动着可持续发展思想的进一步深化。

一、环境法的基本指导思想——可持续发展

人们对环境损害、环境危机的逐步认识和热切关注催生了可持续发展思想的提出。经济、社会的快速发展导致人类赖以生存发展的环境和资源基础遭到日益严重的破坏，经济社会发展日趋临近生态系统承载能力的极限，自然生态系统与经济系统的矛盾不断加剧。可持续发展思想正是人类对环境损害本质认识深化的必然结果[③]。

---

① 汪劲．环境法律的理念与价值追求．北京：法律出版社，2000：76

② 原田尚彦．环境法．于敏译．北京：法律出版社，1999

③ 自然有极限是环境法学的基本判断，是规划、环境管理、设计环境法律制度的重要理论前提。我们应牢固地树立环境极限观念。资料来源：徐祥民．从全球视野看环境法的本位．环境资源法学论丛，2003，3；徐祥民．极限与分配——再论环境法的本位．中国人口、资源与环境，2003，(4)

事实上，地球生态系统与人类经济系统之间的矛盾并非始于当代。从一定意义上说，人类对地球生态系统负有“原罪”，自从有了人类社会经济活动，人类经济系统与地球生态系统的矛盾就产生了。然而，在过去漫长的经济社会发展过程中尤其是农业文明时代，虽然人类创造物质财富的活动在一定程度上影响和改变了局部地区的自然生态系统，也产生了一定的环境损害，但是由于用手工劳动进行生产，人口和社会生产力都处于一种非常缓慢的增长状态，经济和社会发展对环境的需求和作用相对狭小，人类对自然的破坏作用尚未达到造成全球环境损害的程度。在那种历史条件下，就人类社会总体而言，自然环境与人类发展之间没有出现不和谐的问题，地球生态系统与人类经济系统的矛盾不突出。

自工业革命以来，随着科技进步和生产力水平的提高，人类创造了前所未有的物质财富。与此同时，人类为追求经济增长而大肆掠夺环境资源，造成资源短缺、环境污染、生态失衡等一系列严重的问题，并逐步发展为全球性的重大问题。环境资源危机与地球人口的日益膨胀并存交织，导致了资源稀缺、能源耗竭，经济发展难以为继；全球资源分配不均，公共财富利用不公平，一些国家或地区为寻求自身经济发展，不惜危及他人生态环境资源需要；在日趋严峻的生态环境中，人们在利润最大化的原则下越来越激烈地竞争着短缺资源，导致贫富两极化严重，富国越来越富，穷国越来越穷。工业文明时期对生态环境资源的索取、掠夺、污染与破坏，使生态环境和资源进入了极限的门槛，导致地球生态系统达到或接近崩溃的临界线。

环境资源危机反映了当今人类所面临的一个基本矛盾——人类经济系统与地球生态系统的矛盾。一方面，人类社会经济活动不断扩大，对自然资源能源的需求迅速增加，超过了自然资源的再生能力，导致资源急剧耗损甚至枯竭，地球生态系统的生产力下降，从而造成人类经济活动需求的无限扩大与生态系统负荷过重而供给能力相对缩小之间的矛盾日益尖锐与不断加深；另一方面，人类社会生产和生活排放废物的迅速增长，超过了自然生态系统本身的净化能力，导致生态环境污染日益严重，从而造成人类排污量迅速增长与生态系统净化能力及环境承载力下降的矛盾日益尖锐与不断加深。

总之，人类经济系统与自然生态系统的矛盾已上升为现代人类生存与发展的主要矛盾，是当今经济发展不可持续的深刻根源。环境资源危机早已成为制约人类经济发展的瓶颈，这是现代经济运行过程中无法回避的客观现实。面对日益严峻的环境资源危机，人类不得不进行反思和重新审视自己的社会经济行为。正是这种审视发现了传统发展观的不足。人们认识到，发展不应只是经济上量的增长，而应该是“包括经济增长、产业结构、社会结构、人的素质以及生态环境诸多方面在内的多元的、多层次的进步过程，是整个社会体系和生态环境的全面推进”①。正是这种审视让人们发现了一种新的发展战略和模式——可持续发展。

二、可持续发展思想的形成与发展

20世纪六七十年代，公害的显现和加剧以及能源危机的爆发，引起了全世界对环境

① 刘大椿．科学技术哲学导论．北京：中国人民大学出版社，2000：81

损害的广泛关注。1972 年，联合国在瑞典首都斯德哥尔摩召开了第一次人类环境会议，这次会议产生了对现代环境法具有重大影响的《人类环境宣言》和《人类环境行动计划》。虽然此次会议并未提出“可持续发展”的概念，但会议主题报告《只有一个地球》提出的让“地球”不仅现在适合人类生活，而且“将来也适合子孙后代居住”① 的口号已经包含了让发展可持续的思想。可以说，这次会议或这次会议的这一主题报告为可持续发展思想的提出奠定了基础。

明确说明“可持续发展”概念的第一个国际政治文件是 1980 年的《世界保护战略》，其副标题是“为了可持续发展的生物资源保护”。该战略确定了三个主要保护目标：①保持基本的生态过程和生命维持系统；②保存遗传的多样性；③可持续地利用物种和生态系统。这些保护目标反映了可持续发展的要求。所谓“保持”“保存”，是对丧失的反对。如果生态过程丧失、生命维持系统丧失，那也就很难再有新的发展，甚至也难以维持现状。不管是生态系统、生命维持系统，还是遗传的多样性，都是持续发展所必须具备的条件，保存或保持它们就是维护发展的条件。

1982 年 10 月 28 日，由联合国大会通过的《世界自然宪章》（以下简称《宪章》）在可持续发展思想形成过程中具有重要的里程碑意义。可以说，《宪章》已经具备了可持续发展思想的各种要素。

首先，《宪章》对人类发展与自然关系的判断为可持续发展思想奠定了认识基础。《宪章》明确宣布，“人类是自然的一部分，生命有赖于自然系统的功能维持不坠”。这揭示了人与自然最基本的关系，也是人类发展与自然之间最不可动摇的基本联系。这种关系或联系不是人类对自然的超越，而是人类及其发展对自然的依赖。《宪章》还提出，“人类的行为或行为的后果，能够改变自然，耗尽自然资源”。从这个方面来看，人类对于自然是主动的，不仅有能力影响自然和自然过程，而且还可能对自然实行“过度开发”甚至“破坏生境”。这是人类与自然关系的两个方面，而这两个方面却是矛盾的——人类的“开发行为”破坏、危害着人类赖以生存的条件。

其次，《宪章》提出了人类在追求发展的过程中对自然应取的态度。在人类与其生存环境之间的矛盾中，显然人类行为是矛盾的主导方面，是人类的“过度”“滥用”才导致了人类与其所依赖的自然条件之间的矛盾。因此，为解决这个矛盾，必须从这个矛盾的主导方面做工作。既然矛盾是由“过度”“滥用”引起的，那么，解决矛盾的起码要求便是使人类的行为适度、合理。

再次，《宪章》提出了保护自然，实现自然的可持续利用的一般原则，而且提出了体现这些原则的一些具体要求。例如，“在规划和进行社会经济发展活动时，应适当考虑到养护自然是这些活动的一个组成部分”；“在制订经济发展、人口增长和提高生活水平的长期计划时，应适当考虑到自然系统须确有使有关人口生存和居住的长期能力”。又如，“不得浪费”“自然资源”，“有节制地”“使用”自然资源；对“生物资源的利用，不得超过其天然再生能力”；“应采取措施保持土壤的长期肥力和有机分解作用，并防止侵蚀和一切其

① 芭芭拉·沃德，勒内·杜博斯．只有一个地球．《国外公害丛书》编委会译．长春：吉林人民出版社，1997：173

他形式的退化，以维持或提高土壤的生产率”；对水资源等“使用时并不消耗的资源”“应将其回收利用或再循环”①。

最后，《宪章》还规定了实施的办法。例如，“本《宪章》载列的各项原则应列入每个国家的以及国际一级的法律中，并予以实施”；“在充分照顾到各国对其自然资源主权的情形下，每个国家均应通过本国主管机构并与其他国家合作，执行《宪章》的各项规定”；“人人都应当有机会按照本国法律个别地或集体地参加拟订与其环境直接有关的决定；遇到此种环境受损或退化时，应有办法诉请补救”②。

像斯德哥尔摩《人类环境宣言》一样，《世界自然宪章》并不具有法律约束力。然而它的产生却说明，国际社会在对环境与发展关系的处理上所做的选择距离提出明确的可持续发展的发展模式已经不远了。

1983 年，联合国第三十八届大会通过 38/161 号决议，决定建立世界环境与发展委员会（World Commission on Environment and Development，WCED），负责制定“为实现转变的全球议事日程”。联合国秘书长任命当时挪威工党领袖格罗·哈莱姆·布伦特兰夫人为该委员会主席。该委员会于 1987 年 4 月发表了《我们共同的未来》这一著名报告，该报告对可持续发展原则作了明确的阐述。另外，该委员会的国际环境法专家组还提出了《环境保护和可持续发展的法律原则》，并于 1986 年 9 月哈拉雷会议上提交委员会进行讨论。该原则强调“在利用生物资源和生态系统时，应遵循最佳可持续产量的原则”，并提出了有关环境保护和可持续发展的原则和制度③。

1989 年 5 月，联合国环境署第十五届理事会期间发达国家和发展中国家对可持续发展概念达成共识，并且在《环境署第十五届理事会关于“可持续发展”的声明》中记载了这一共识。所谓可持续发展，就是“既满足当代人的各种需要，又保护生态环境、不对后代人的生存发展构成威胁的发展”。这一共识包含了子孙后代的需要、国家主权、国际公平、自然资源、生态抗压力、环境与发展相结合等重要内容。1989 年联合国代表大会期间，经过一系列南北谈判和磋商，通过了具有重大意义的联大 44/228 号决议。该决议明确指出“全球环境”不断恶化的主要原因，是不可持续的生产方式和消费方式，特别是发达国家的这种生产和消费方式；指出发达国家应对全球环境恶化负主要责任；强调环境与发展不可分割。

第一次人类环境会议之后，尤其是《我们共同的未来》报告发表后，尽管世界各国政府和人民积极响应联合国的号召，采取了许多措施保护生态环境，但从全球来看，生态环境继续恶化的势头并未得到遏制。1992 年 6 月 3 日至 14 日，联合国在巴西里约热内卢举行了世界环境与发展大会，全世界 178 个国家的 118 位国家首脑和上万名政府官员参加了会议，再度商讨环境与发展的大计。这次会议以可持续发展为指导方针和中心议题，进行了严肃、热烈、认真的讨论。会议通过并签署了《里约环境与发展宣言》《21 世纪议程》《联合国气候变化框架公约》《生物多样性公约》和《关于森林问题的原则声明》五个文

---

① 《世界自然宪章》第二条“功能”

② 《世界自然宪章》第三条“实施”

③ 蔡守秋．可持续发展与环境资源法制建设．北京：中国法制出版社，2003：7

件，这五个文件以可持续发展为指导思想，充分贯彻实施了可持续发展的战略精神。会议还号召各成员国制定和实施本国的可持续发展战略与政策。这次会议可以说是可持续发展思想被各国普遍接受并上升为国际环境法律基本指导思想的一次重要会议。

2002 年 8 月 26 日至 9 月 4 日，为纪念人类环境会议 30 周年、里约联合国环境与发展大会 10 周年，联合国在南非约翰内斯堡举行了可持续发展世界首脑大会（又称第二届地球首脑会议）。此次大会共有 190 多个政府、100 多个国家的元首或政府首脑、5000 多个非政府组织、2000 多个媒体组织出席。会议通过了《约翰内斯堡可持续发展宣言》和《可持续发展世界首脑会议实施计划》，形成了 220 多项“伙伴关系倡议”，提出要将可持续发展由理论变为具体行动，在实践中解决具体问题；并突出强调了经济增长、社会发展和环境保护这三个可持续发展的支柱相互促进和相互协调的重要性。这次会议是可持续发展思想进一步丰富的会议，也是推动可持续发展思想在更大规模上转化为国际法律或各国的政策和法律的盛会。

中国一直十分关注和重视可持续发展问题，在国内和国际社会贯彻可持续发展战略、发起可持续发展社会变革运动方面发挥了重要作用。联合国环境与发展会议召开后不久，党中央和国务院就批准了外交部和国家环境保护局关于出席联合国环境与发展会议的报告，并提出了环境与发展十大对策，明确宣布“实行可持续发展战略”。1994 年 3 月 25 日，由国家计划委员会等部门联合参与编制的《中国 21 世纪议程》经由国务院第十六次常务会议讨论通过。该议程集中了政府各部门正在进行和将要组织实施的各类计划，包括 184 个方案领域，内容涵盖了中国人口、经济、社会、资源、环境的可持续发展战略、政策和行动框架，具有综合性、指导性和可操作性。该议程既是中国对 1992 年联合国环境与发展大会的承诺，也是中国第一个系统的可持续发展战略，是中国制定国民经济和社会发展中长期计划的指导性文件。

科学发展观的提出进一步推动了可持续发展思想在中国的落实。科学发展观是中国根据新的发展要求提出的新的战略指导思想。它强调“自然、经济、社会”复杂关系的整体协调；揭示“整体、内生、系统”的本质内涵；强调“发展、协调、持续”的系统运行本质；反映“动力、质量、公平”的有机统一规则。党的十七大报告指出，科学发展观，是对党的三代中央领导集体关于发展的重要思想的继承和发展，是马克思主义关于发展的世界观和方法论的集中体现，是同马克思列宁主义、毛泽东思想、邓小平理论和“三个代表”重要思想既一脉相承又与时俱进的科学理论，是我国经济社会发展的重要指导方针，是发展中国特色社会主义必须坚持和贯彻的重大战略思想。这一思想是立足社会主义初级阶段基本国情，总结我国发展实践，借鉴国外发展经验，适应新的发展要求提出的，它既是对以往科学发展理论的精辟总结，又是对这一崭新发展思想的提升，我国政府机关、执政党和学界、新闻舆论普遍用科学发展取代传统的发展理念，这是政治家、学者和管理者对发展的符合时代要求的新的诠释，是发展在环境时代的特殊表现形式。党的十八大报告对生态文明建设的强调将科学发展观进一步深化。面对资源紧缺、环境污染严重、生态系统退化的严峻形势，党的十八大报告强调必须树立尊重自然、顺应自然、保护自然的生态文明理念，把生态文明建设放在突出地位，融入到经济建设、政治建设、文化建设、社会建设各方面和全过程，努力建设美丽中国，实现中华民族永续发展。由此看来，生态文明作为科学发展观的重要内涵，已成为社会主义文明体系的基础，是中国建设物质文明、政治文明和精神文明的前提，也是可持续发展的前提条件之一①。

三、可持续发展思想的基本内涵

“发展”在英文中为 development，其基本含义是经济增长和社会进步。“可持续”或“可持续的”在英文中为 sustainable，其词根是 sustain，意为持续。据学者考查，它来自拉丁语 sustenere，后者的意思是“维持下去”“保持继续提高”②。从这个构成我们可以看出，可持续发展这一概念是通过对发展概念设定限制而形成的，因此可以认为可持续发展是受可持续限制的一种发展。到目前为止，最权威且流传最广的可持续发展的定义是世界环境与发展委员会在《我们共同的未来》这份报告中提出的。报告认为，“可持续发展是既满足当代人的需要，又不对后代满足其需要的能力构成危害的发展。它包括两个重要的概念：一是需要的概念，尤其是世界上贫困人们的基本需要，应将此放在特别优先的地位来考虑；二是限制的概念，技术状况和社会组织对环境满足眼前和将来需要的能力施加的限制”③。报告还指出，“可持续发展寻求满足现代人的需要和欲望，而又不危害后代人满足其需要和欲望的能力”④。这一定义被世界环境与发展委员会于 1987 年 2 月 27 日发表的《东京宣言》进一步浓缩。《东京宣言》认为，可持续发展“可以简单地定义为，既满足当代人的需要，又不对子孙后代满足其需要的能力构成危害的发展方式”⑤。

可持续发展对人类活动提出的要求在于：第一，可持续发展的前提是发展，其目的是增进人类的福利，改善人类的生活质量；第二，要实现发展以满足需要，但同时应当维持生态系统的完整性，而不致因当代人类的发展而损害后代人满足其需要的能力；第三，应当把经济发展与生态的可持续性有机地结合起来。对人类发展的基础——环境、资源与能源的开发和利用，应当维持和建立在利用效率最大化以及废弃、污染物质最小化的基础之上。

但是，以可持续发展作为指导思想，要求决策者在制定政策时，必须确保经济增长不伤害生态基础，确保这些基础受到保护和发展，以使它可以支持长期的增长。因而环境保护是可持续发展思想所固有的特征，它集中解决环境损害的根源而不是症状。可持续发展号召人们在增加生产的同时，注意生态环境的保护与改善，以确保发展的可持续性。它明确提出要变革人类沿袭已久的生产方式和生活方式，并调整现行的国际经济关系。这种调整与变革要按照可持续性的要求进行设计和运行，调整变革的范围几乎覆盖了经济发展和社会生活的所有方面⑥。这些调整和变革不仅涉及一般的社会制度、生产方式，而且还包括人们的伦理道德和价值观念。这种调整、变革的具体内容是丰富的，而其基本特点却是

---

① 蔡守秋．我国环境法治建设的指导思想与生态文明观．宁波大学学报（人文科学版），2009，(2)

② 胡涛，陈同斌．中国的可持续发展研究——从概念到行动．北京：中国环境科学出版社，1995：15-18

③ 世界环境与发展委员会．我们共同的未来．王之佳，柯金良，等译．长春：吉林人民出版社，1997：52

④ 世界环境与发展委员会．我们共同的未来．王之佳，柯金良，等译．长春：吉林人民出版社，1997：48

⑤ 世界环境与发展委员会．我们共同的未来．王之佳，柯金良，等译．长春：吉林人民出版社，1997：475

⑥ 金瑞林，汪劲．中国环境与自然资源立法若干问题研究．北京：北京大学出版社，1999：65

《我们共同的未来》所宣布的“限制”，是对人们所熟悉的生产方式、消费方式的限制，对人们已经习惯了的价值追求的限制。

第三节　可持续发展指导思想对环境法制建设的基本要求

如前所述，可持续发展思想包括两个重要的概念：发展与限制。发展是前提，是基础，是有史以来人类社会所孜孜以求的最基本的目标。然而，经济发展总是带来环境破坏的危险性，造成对环境资源的压力增加，因此必须对发展加以节制，转变发展方式，按照可持续发展的原则安排发展。可持续发展指导思想为环境法制建设指明了方向，它要求环境法律制度必须有利于人类环境的保护，有利于对环境污染和破坏的救治，有利于对人们环境权利的救济，有利于保全自然的原有状态。

一、保护

环境法的主要目的就是保护人类环境。然而，由于环境是一个充满内在联系的生态系统，环境的污染和破坏一旦形成，生态系统的内在联系性和稳定性就会被打破，生态系统就会出现恶性循环，即使停止新的污染和破坏，危害后果在短期内也难以消除，甚至根本无法恢复原来的状态和功能。另外，环境污染和破坏具有影响范围大、作用时间长、潜伏期长和治理费用高的特点，对它们的治理将耗费极大的人力、物力和财力。如果提前有效预防环境危害的产生或将其控制在最小范围内，则可以避免各方面的损失，节约治理成本。“环境保护之基本目标和内涵是，欲使生态之整体免受由人类之侵害行为所引起（产生）之有害（破坏）的影响之规范”，这就是“预防”的概念[①]。“最佳的环境保护措施就是在环境危害还没有发生，而有发生之虞的时候，甚至仅有预见可能性时，就已经被排除或使之不存在。”[②] 预防概念是针对可能会产生的环境危害，应当采取积极的事前防止措施以避免环境危害性行为或事件的发生，或将不可避免和已经产生的环境危害控制在法律允许的范围内。预防原则是与以“先污染、后治理”为特征的末端控制原则相对应的危害控制原则，是人类在消极治理的道路上付出巨大的环境代价后总结发展起来的一种积极防治的环境法基本原则。

二、救治

“对于已经对生态有所受损害或人工化——系指人为之行为所造成的——之情形者，应将之予以排除之规范，此乃为‘行为管制’与‘事后整治’概念。”[①] 因此，环境法对环境损害事件的发生承担着救治的任务。环境法所救治的对象是受到损害的生态环境，包含环境损害发生时采取紧急应变措施和损害发生后的整治措施。紧急应变措施是在突发状态

① 陈慈阳．环境法总论．北京：中国政法大学出版社，2003：42

② 陈慈阳．环境法总论．北京：中国政法大学出版社，2003：207

下发生环境损害时采取的应急机制，在概念上应该包括“环境损害”“紧急”“应变措施”三要件。具体制度包括环境风险预警工作机制、环境污染与损害报告制度及预警发布制度、环境损害应急监测制度和环境事故应急处理制度以及环境损害的评估原则和指标体系。事后整治措施是在环境损害发生后，对环境污染和破坏的治理以及对退化生态系统的修复措施，具体制度不仅包括环境污染和破坏的行政管制制度，如限期治理制度、排污收费制度，还包括兼具市场手段的排污配额交易制度、生态系统修复与重建制度等。

三、救济

环境损害一旦发生，就会涉及受害人要求获得环境损害赔偿，加害人承担环境责任的法律救济途径。环境责任制度是环境法救济环境权利的主要表现形式，它是相关主体因违反环境法律或其他相关法律上的权利义务关系而承担法定强制的不利后果的法律制度。环境责任制度是一个综合性的法律责任制度，其外延非常广泛。从承担不利后果的类型来看，环境责任制度可以划分为民事责任制度（如环境损害赔偿制度、基金制度及责任保险制度等）、行政责任制度（行政处分及处罚等）和刑事责任制度；以违法主体为标准，环境责任制度又可以划分为公民的环境责任制度、企业的环境责任制度和政府的环境责任制度；按商品生产和流通过程进行划分，环境责任制度还可分为生产责任制度和消费责任制度。完善的环境责任制度既可以有效制裁环境违法行为，又可以对各种主体产生警示和教育作用，从而把事后补救与事前预防结合起来，将环境保护落到实处。

四、保全

环境资源作为人类社会生存绝对不可缺少的支撑条件，其承受人类影响的能力是有限的，存在着环境容量的极限、资源供给能力的极限等。如果人类给予它的影响超出了这些极限，就会造成环境的损害，如资源衰竭、环境污染、生物多样性减少等，这些都是人类活动超出了人类环境资源承载力而导致的严重问题。因此，可持续发展思想要求环境法应该尊重环境资源承载力，限制人类活动使之不超过环境资源的承载力范围。同时，自然环境和资源一旦遭到破坏，导致生态失衡后，要使生态环境恢复正常十分困难，有的甚至难以恢复。例如，滥砍滥伐、滥垦草原、破坏植被引起的水土流失、土地沙化问题要想得到解决需要很长的时间，因为土壤的形成过程非常缓慢，土壤一旦流失或沙化，就很难恢复。“生态破坏具有时间上的深远性、空间上的广延性以及后果的综合性、不可逆性，其危害要比环境污染严重、深远得多。”[①] 基于此，在不确知人类对自然干预行为的后果时，或以现有科学知识无法推测是否可能损害生态环境时，人们应该采取不作为的方式，以保全自然的原有状态，以防贸然行事给生态系统造成无法挽回的后果。

---

① 何茂斌．环境问题的制度根源与对策——一种新制度学的分析思路．环境资源法论丛，2003，3

第五章　环境法的基本原则

环境法的基本原则贯穿于整个环境法体系，是环境法建立时由立法者注入其中的原则和精神，因而了解环境法的基本原则有利于理解环境法的内容，正确认识环境法的立法目的和价值追求，分析辨别具体的环境法制定、规范的合理性等。准确、科学地概括、分析和掌握我国环境法基本原则，对于我国环境法理论和实践具有重要意义。本章主要学习：①环境法基本原则的概念、特征和确定依据；②环境法的若干基本原则。

第一节　环境法基本原则概述

各个法律部门都有自己的基本原则，因为在一个法律部门形成和发展的过程中，立法者总会形成某些稳定的和对立法的形成具有普遍影响力的立法动机和价值尺度等。这些基本原则未必是在法律文件上写明的，但却一定是法律部门不可缺少的内在精神。环境法这个法律部门不仅有其基本原则，而且其基本原则还因这个法律部门所带有的时代特征而表现出自己的特色。

一、环境法基本原则的概念

环境法的基本原则是指在环境立法过程中逐渐形成的，表达我国环境法的基本价值追求和立法目的，被已经建立的环境法律文件所包含，落实在主要环境保护制度之中，体现我国环境保护基本方针政策要求的那些基本准则。

环境立法有一个不断完善的过程。环境法的基本原则也有一个推敲、升华的过程。我国现有环境法中被学者们总结出来的基本原则是在我国环境法过去几十年建设完善过程中逐步形成的。随着立法者对环境法认识的丰富和提高，环境法的基本原则也会在新的立法活动中得到某些调整或充实。

二、环境法基本原则的特征

环境法是一个富有科学技术性的法律部门，它所要调整的社会关系与以往的法律部门也有明显的不同。这些特点决定了环境法基本原则与以往的法律部门相比有以下三点区别。

(1) 内容特殊性。环境法必须遵循一些技术原理，必须把科学和技术手段引入自己的制度之中，这便决定了某些科学原理或技术要求有可能成为环境法的基本原则，或者给环境法的基本原则加进一些新的成分。

(2) 法定性。环境法确定其基本原则的方式有两种：第一种是直接在环境法条文中明确将某项原则规定为基本原则；第二种是通过环境法规有关法律条款间接体现该原则的精神。

(3) 适用的广泛性。环境法的基本原则是一种具有普遍指导意义的准则，它的效力必须贯穿于环境法律规范的始终，贯穿于环境法的实施的全过程。

三、环境法基本原则的意义

对于已经成立的环境法律文件来说，基本原则是内在的，即基本原则已经落实在法律之中。从这个角度看问题，明确环境法的基本原则对把握环境法的内容，尤其是对排除因个别规定的不明确而引起的判断错误等，都具有积极的意义。

环境法的基本原则对于环境法的实施和发展也有能动的意义。首先，已经确定的环境法的基本原则对环境法的修改、补充等立法活动具有指导意义。一般说来，立法者应当在遵循已经形成的基本原则的前提下开展立、改、废的工作。所谓环境法的完善在这个意义上说就应当是对环境法的基本原则更加广泛和缜密的落实。其次，环境法的基本原则对国家行政机关正确行使环境管理权具有约束作用。例如，环境法体系中存在许多具有很大弹性空间的规范，给行为人和环境管理机关提供了“随意”行为的空间，在这种情况下，环境管理机关更多的是依据环境法的基本原则而不是具体明确的规定行使权力。再次，环境法的基本原则对司法活动具有“参照”价值。例如，在环境法领域中常常发生一些在现行法中难以找到具体处理依据的纠纷，在这种情况下，环境法的基本原则会给司法机关提供“原则性”的审判依据。最后，环境法的基本原则对指导公众参与环境保护具有重要意义。公众参与环境保护既有依法开展对环境影响评价、环境立法等的参与，也有对法无明文规定的环境事务的关心和干预，更有对国家管理机关一般说来都是依法进行的管理活动的抵制和反对。这些活动如果以环境法的基本原则为依据就应当得到肯定。

第二节 环境法的若干基本原则

学者们对环境法的基本原则的总结不尽相同，环境法自身的发展也在“更新”其基本原则。本节主要讨论为学界所普遍接受且在环境法体系中影响范围比较大的四项基本原则：协调发展原则、预防为主原则、开发者养护、污染者治理原则、公众参与原则。

一、协调发展原则

协调发展原则是指经济建设、社会发展和环境保护要统筹兼顾、有机结合、共同进行，以实现人类与自然的和谐共存，使经济和社会发展持续、健康地进行。我国在1983年召开的第二次全国环境保护会议上制定了“经济建设、城乡建设和环境建设同步规划、同步实施、同步发展，做到经济效益、社会效益、环境效益的统一”的方针。可以说，这是协调发展原则的进一步具体化。

环境法是保护环境的法，但要想保护环境，必须正确处理环境保护同经济、社会发展的关系。在可持续发展思想提出之前，人们对环境保护与社会发展的关系存在两种错误的认识，即“零增长”和“先污染后治理”。前一种理论主张通过停止经济发展的方法达到维持生态平衡和防止环境污染的目的；后一种理论则认为应优先发展经济，为了让经济发展起来可以牺牲环境，当经济发展到一定程度时，再去解决环境损害。这两种观点均不可取。协调发展原则建立在可持续发展思想的基础上，是既满足经济、社会的需要又满足环境保护的需要的发展。它是解决环境保护与经济、社会发展之间关系的一条基本原则。

协调发展原则是环境法首要的基本原则，它反映了环境法的本质和价值取向，符合现代环境法的发展趋势，具有十分丰富的内容和非常深邃的思想。

首先，该原则反映了现代环境法的实质。现代环境法将实现人类社会的可持续发展作为环境立法的终极目标加以规定，而环境保护同经济、社会协调发展原则正是以强调在环境的承载力内发展经济为出发点，要求使用自然资源时，应将排放的废物量减到最小限度；要求在生产过程中和过程结束后最大限度地回收利用各种废料；要求维护生态系统的完整性；要求制定经济增长、合理利用资源与环境效益相结合的长期政策；要求制定协调经济增长与环境保护之间关系的长远规划。

其次，该原则体现了现代环境法的价值取向。现代环境法通过法律形式保证合理开发和利用自然环境和自然资源，保护和改善生活环境和生态环境，防治污染、环境破坏和其他环境损害现象，把人类对环境资源的开发利用限制在环境的承载力之内，从而达到人与自然的共存共荣。环境保护同经济、社会协调发展原则正是以追求人与自然的和谐为核心，要求当代人在创造与追求今世的发展与消费的时候，应当照顾到未来的发展，不能因今世的发展与消费而葬送将来的发展机会。

最后，该原则符合现代环境法的发展趋势。如前所述，1992 年联合国环境与发展大会确立了可持续发展的新战略和新观念，对环境法的发展产生了极其深刻的影响。它要求环境法应围绕“可持续发展”这一中心来确定其立法目标和任务，完善其环境法体系。而环境保护同经济、社会协调发展原则正是通过调整因开发、利用、保护、改善环境所发生的社会关系，执行环境保护的各项政策，维护和促进有利于可持续发展的行为，禁止和处罚不利于可持续发展的行为，以实现可持续发展的目的，从而符合现代环境法的发展趋势。

二、预防为主原则

预防为主原则是预防为主、防治结合、综合治理原则的简称，其基本含义是：在环境保护工作中要把防止产生环境损害放在首位，先采取防范措施，防止在生产、生活等人类活动中对环境、生态、自然资源造成污染、破坏，做到防患于未然；对不可避免的或已经发生的环境污染和破坏，采取积极的治理措施。

“预防为主”中的“预防”，包括损害预防和风险预防，是在预测人为活动可能对环境产生或增加不良影响的前提下，事先采取预防措施，防止环境损害的产生或扩大，或把不可能避免的环境污染和环境破坏控制在许可范围之内。

“防治结合”中的“治”是指对已经产生的环境污染或破坏，利用工程技术手段进行治理，或采取技术和管理手段进行控制，以消除或减轻有害影响。“防”和“治”都是保护环境的方法和措施，预防固然可以对各种可能发生的环境污染或破坏起到防患于未然的作用，但对于通常发生的环境污染或破坏仅依靠预防显然是不够的，还必须对其加以治理，才能确保人体健康，防止环境恶化。因此，在强调预防为主时，绝不能忽视治理，而应坚持防治结合。

“综合治理”中的“治理”，又称综合整治，是指根据环境污染或者破坏的具体情况，对预防和防治进行统筹安排，综合运用行政调整机制、市场调整机制、社会调整机制，即行政、市场、社会、经济、科技、宣传教育、道德、法律等各种手段来保护和改善环境①。

鉴于西方发达国家“先污染后治理”的失败教训，我国在20世纪70年代开展环境保护工作时，一开始便将预防为主、防治结合作为防治工业污染的方针政策。在此之后，中国制定的环境法律法规大都规定或体现了预防为主、防治结合的原则。

预防为主原则需要通过具体的环境政策和法律制度予以明确才能得以贯彻。预防为主原则的具体内容与适用体现在以下三个方面。

首先，全面规划与合理布局。全面规划就是对工业和农业、城市和乡村、生产和生活、经济发展与环境保护各方面的关系作统筹考虑，进而制定国土利用规划、区域规划、城市规划和环境规划，使各项事业得以协调发展。合理布局主要是指在工业及其发展过程中，对工业布局的合理性作出专门论证，并且对老工业不合理的布局予以改变，使得工业布局不会对周围环境和人民生活环境造成污染和破坏的不良影响。

其次，增强风险意识，谨慎对待具有科学不确定性的开发利用活动。由于预防的本意在于防患于未然，因此增强风险意识尤其是决策者和管理者的风险意识是非常重要的。应在我国环境法律体系全面构筑起一道道预防重大环境风险的制度防线。

最后，制定和实施具有预防性质的环境法律制度，包括加强环境监测和制度改革创新；运用环境标准控制和减少生产经营活动向环境排放污染物；推广清洁生产，提高资源利用率，减少和避免污染物的产生；加强环境影响评价制度的执行等。

三、开发者养护，污染者治理原则

对于开发者养护，污染者治理原则有多种表达。例如，污染者付费原则；开发者养护，污染者治理原则；污染者付费，利用者补偿，开发者保护，破坏者恢复原则等。尽管表达有所不同，但其思想内容基本一致，其核心包括开发者养护和污染者治理两个方面。开发者养护，是指一切开发利用自然资源的单位和个人，都有责任养护环境；污染者治理是指一切造成环境污染的人都有治理污染的义务。

开发者养护的原则确认开发利用环境资源的合理性，同时又要求开发利用环境资源者履行养护环境的责任。这一原则体现了开发利用与保护增殖并重的方针。按照这一原则，

① 蔡守秋．新编环境资源法学．北京：北京师范大学出版社，2009：98-99

对于可再生资源，应当在不断增殖其再生能力的前提下开发利用这种资源。开发者养护自然资源的责任可以表现为缴纳资源税，而从管理的角度看就是把征收来的资源税用于自然的养护。

因为人们最早注意到的环境损害现象是环境污染，所以法律对环境损害作出的最初反应也是应对污染。相应地，环境法最初形成的原则也更关注污染。我国1979年的《环境保护法（试行）》把这一原则表述为“谁污染，谁治理”。1989年修改《环境保护法》时，把对这一原则的表述修改为“污染者治理”。《里约环境与发展宣言》原则第十三条要求“各国”“制定关于污染和其他环境损害的责任和赔偿受害者的国家法律”。该宣言的原则第十六条也规定：“考虑到污染者原则上应承担污染费用的观点，国家当局应该努力促使内部负担环境费用。”此后，1996年《国务院关于环境保护若干问题的决定》把这一原则表述为“污染者付费”。

污染者治理主要表现在两个方面：一是缴纳排污费；二是治理污染。我国《环境保护法》第二十四条规定：“产生环境污染和其他公害的单位，必须……采取有效措施，防治在生产建设或者其他活动中产生的废气、废水、废渣、粉尘、恶臭气体、放射性物质以及噪声、振动、电磁波辐射等对环境的污染和危害。”该法第二十八条要求排污单位要“依照国家规定缴纳超标排污费，并负责治理”，该法第二十九条还向“造成严重污染的企业事业单位”提出了“限期治理”的要求。

四、公众参与原则

公众参与原则是指公众有权通过一定的程序和途径参与环境保护决策活动，监督环境资源的开发利用、环境管理部门的管理工作和环境保护法律法规的遵守和执行。

公众参与思想于20世纪六七十年代开始形成。1969年美国在《国家环境政策法》中明确提出了公众参与的要求，并通过环境影响评价制度予以落实。1982年的《内罗毕宣言》[①]、1992年的《里约环境与发展宣言》[②]和《21世纪议程》[③]等许多国际法文件也都强调公众参与在环境保护中具有重要作用。我国《环境保护法》第六条规定：“一切单位和个人都有保护环境的义务，并有权对污染和破坏环境的单位和个人进行检举和控告。”这一规定为公众参与环境保护提供了法律依据。《中华人民共和国环境影响评价法》（以下简称《环境影响评价法》）建立了公众参与环境影响评价制度。

---

① 《内罗毕宣言》第九条规定：“还应通过宣传、教育和训练，提高公众和政界人士对环境重要性的认识。在促进环境保护工作中，必须每个人负起责任并参与工作。”

② 《里约环境与发展宣言》原则第十条规定：“环境问题最好在有关市民的参与下，在有关级别上加以处理。在国家一级，每个人能够适当获得有公共当局所持有的关于环境的资料，包括在其社区内的危险物资和活动的资料，并应有机会参与各种决策过程。各国应通过官方提供的资料来便利和鼓励公众的认识与参与，应让人人都能有效地使用司法和行政程序，包括补偿和补救程序。”

③ 《21世纪议程》第三篇的第十章中详尽地阐述了公民参与的内容

第六章　环境法的基本制度

环境法律制度是指为实现环境法的目的，根据环境法的基本原则，通过立法形成的调整某一方面或某一类环境社会关系的一系列环境法律规范所组成的体系，它是环境保护制度的法律化。本章主要学习其中具有普遍意义和在环境管理中起主要作用的环境法律制度，即环境法的基本制度，具体包括：①环境规划制度；②环境预防制度；③环境规制制度；④环境经济制度；⑤环境引导制度；⑥环境救治制度。

第一节　环境规划制度

环境规划是指有权机关根据国家和地区的环境与自然资源状况以及社会经济发展的需要，对环境保护与自然资源的开发、利用与保护所作出的时间上和空间上的总体安排，它将一定时期内国家环境与资源管理所要达到的目标以及为实现目标所应采取的措施加以整合和具体化，是指导国家开展环境与资源管理的重要依据。

环境资源规划具有多种形式，大体上可以分为国土规划、环境保护规划与自然资源规划三类。

一、国土规划

国土规划是指对国土资源的开发、利用、整治和保护所进行的综合性战略部署，它以协调经济发展与人口、资源、环境的关系为宗旨，对国家和地区主要自然资源的开发规模、人口、生产、城乡的合理布局、交通、通信、能源、水源等区域性重大基础设施建设以及环境治理的目标与对策等作出总体性安排，以保证社会经济的可持续发展，防止环境污染和破坏。

国土规划是在土地的空间上合理组织国土资源，任何生产建设和开发活动都需要在一定的空间和地区上进行。因此，从国土规划入手，就能从总体上控制各项活动及其环境影响，实现全面规划、合理布局。国土规划制度是西方国家在总结环境污染被动治理的教训后提出来的一种积极的“治本”的方法。

对国土的规划和控制，一般是通过国土规划法来实现的。我国目前并没有专门的国土规划立法，相关制度主要体现为《土地管理法》规定的土地总体利用规划制度以及《中华人民共和国城乡规划法》（以下简称《城乡规划法》）规定的城乡规划制度等。

二、环境保护规划

环境保护规划是指以防治污染和保护生态环境为目标而制定的各种规划的统称。根据时间、地域和环境要素等可以对环境保护规划作进一步的划分。例如，从时间跨度上，环境保护规划可以分为环境预测与规划、中期环境保护规划和计划以及年度环境保护计划等。从覆盖地域和行政管理上，环境保护规划可以分为全国环境保护规划、省区市环境保护规划、流域环境保护规划、城市环境综合整治规划、区（县）环境保护规划、重点企业污染防治规划等。从环境要素上，环境保护规划可以分为水、大气、固体废物、噪声环境污染防治规划以及生态保护规划等。我国《环境保护法》确立了环境规划制度，《大气污染防治法》《水污染防治法》等也都有环境规划制度的规定。

从环境保护规划的效力看，由于中国现行环境与资源保护法律并未对环境保护规划的编制与执行规定相应的法律后果，所以环境保护规划一般不对行政机关以外的人具有法的强制执行力①。

三、自然资源规划

自然资源规划则是为促进自然资源的合理开发利用与保护而作出的规划。我国现行自然资源法中大都包含自然资源规划制度，如《中华人民共和国水法》（以下简称《水法》）规定了水资源规划，《草原法》规定了草原保护、建设和利用规划等。与环境规划不同的是，自然资源规划一经法定程序批准，即具有法律效力，有关部门、单位必须贯彻实施，违反自然资源规划开发利用自然资源的，应当依法承担相应的法律责任。

第二节　环境预防制度

环境预防制度是“预防为主”的原则在环境保护立法中的具体体现和运用，是为降低决策风险和预防环境损害而采取的一系列规范措施的总称。环境预防制度具体包括环境影响评价制度和“三同时”制度等。

一、环境影响评价制度

环境影响评价是指对环境质量有重要影响的行为，包括开发建设行为以及国家制定规划、政策和法律等行为，应事先对行为所可能造成的环境影响进行分析、预测和评估，提出预防或者减轻不良环境影响的对策和措施，进行跟踪监测的方法与制度。我国环境影响评价包括规划和建设项目的环境影响评价两种②。

---

① 汪劲．环境法学．北京：北京大学出版社，2006：217

② 《环境影响评价法》第二条

环境影响评价具有预测性、客观性和综合性等特点，能够为决策机关的科学决策提供依据。美国在《国家环境政策法》中率先将环境影响评价确立为一项法律制度，以确保政府将对环境的考虑纳入发展活动的计划、决策和实施中，预防不良环境影响的产生。

自 1969 年美国首创环境影响评价制度以来，已被世界各国所效仿，该制度是关于环境影响评价及程序、审批、法律责任的法律化、制度化，包括环境影响评价的适用范围、评价内容、审批程序、法律后果等一系列规定。在我国，环境影响评价是进行开发建设活动的一种强制性程序要求。建设项目的环境影响报告书只有经环境保护行政主管部门批准后计划部门才可批准建设项目设计任务书。

二、“三同时”制度

“三同时”制度是指开发建设项目中环境保护设施必须与主体工程同时设计、同时施工、同时投产使用。“三同时”制度是我国的首创，它是在总结我国环境管理的实践经验基础上，为我国法律所确认的旨在控制和防止新污染产生的一项卓有成效的法律制度。

“三同时”制度的主要内容包括：①建设项目的初步设计必须有环境保护内容，应当按照环境保护设计规范的要求，编制环境保护篇章，并在环境保护篇章中落实防治环境污染和生态破坏的措施以及环境保护设施投资概算。②建设项目主体工程完工后，需要进行试生产的，其配套建设的环境保护设施必须与主体工程同时投入试运行。建设项目试生产期间，建设单位应当对环境保护设施运行情况和建设项目对环境的运行进行监测。③建设项目竣工后，建设单位要向环境保护部门申请该建设项目需要配套建设的环境保护设施竣工验收。经验收合格，该建设项目方可正式投入生产或使用。④防治污染的设施不得擅自拆除或者闲置，确有必要拆除或者闲置的，必须征得所在地的环境保护行政主管部门同意。

“三同时”制度与环境影响评价制度相衔接，将环境保护贯穿于项目开发建设的全过程，共同构成了我国贯彻“预防为主”原则的完整的环境监管制度。

第三节 环境规制制度

环境规制制度是对影响环境的设施、作业、特定物质的生产、贩卖和使用以及对特定地域内一定行为而采取的禁止和限制措施[①]。规制制度通过设定具体义务，对有关行为进行直接控制，是针对污染者采取的最为有效的控制方式。规制制度具体包括环境标准制度、环境许可制度、环境监察制度、环境监测制度和限期治理制度等。

一、环境标准制度

环境标准是为防治环境污染，维护生态平衡，保护人体健康，由有关部门依法制定的

① 宫田三郎．环境行政法．东京：信山社，2001：66

各种技术规范和技术要求。随着我国对于环境保护工作的重视，国家和地方先后制定了众多的环境标准，形成较完整的环境标准体系。在我国，环境标准可以分为国家环境标准和地方环境标准。国家环境标准包括国家环境质量标准、国家污染物排放标准（或控制标准）、国家环境监测方法标准、国家环境标准样品标准和国家环境基础标准[①]。其中，环境质量标准、污染物排放标准和法律、行政法规规定必须执行的其他环境标准属于强制性环境标准。

环境质量标准是对一定区域在限定时间内各种污染物的最高允许浓度所做的综合性规定。环境质量标准是判断环境是否受到污染的依据，也是污染物排放标准的基础。污染物排放标准是为了实现环境质量目标，结合技术经济条件和环境特点，对排入环境的有害物质或有害因素所做的控制规定。

从环境规制的角度看，环境质量标准为环境规制指明了具体的目标，而污染物排放标准则为行为人设置了具体的限定性义务。如果超过污染物排放标准排放污染物，排放者应该承担相应的法律后果，所以污染物排放标准也就是判断行为人是否违法的依据。

在我国，国家环境质量标准由国务院环境保护行政主管部门制定，省、自治区、直辖市人民政府对国家环境质量标准中未作规定的项目，可以制定地方环境质量标准，并报国务院环境保护行政主管部门备案。国家污染物排放标准由国务院环境保护行政主管部门根据国家环境质量标准和国家经济、技术条件制定。省、自治区、直辖市人民政府对国家污染物排放标准中未作规定的项目，可以制定地方污染物排放标准；对国家污染物排放标准中已作规定的项目，可以制定严于国家污染物排放标准的地方污染物排放标准。地方污染物排放标准须报国务院环境保护行政主管部门备案。凡是向已有地方污染物排放标准的区域排放污染物的，应当执行地方污染物排放标准。

二、环境许可制度

环境许可是指国家有关环境管理机关根据公民、法人或者其他组织的申请，经依法审查，准予其从事涉及生态环境保护与资源开发利用等事项的活动的行为。环境许可制度是申请、审查、批准以及监督管理等一系列法律规范的总和，具体包括许可机关及权限、许可范围、申请、审查、决定许可的程序，以及监督检查、撤销、废止、变更、延续许可证和许可证的费用等内容。

环境许可作为环境规制的重要手段得到了广泛运用。其功能主要体现为：第一，便于把各种开发、建设、排污活动纳入国家统一法制的轨道，将其严格限制在国家允许的范围内，从而使国家有效地进行环境资源管理；第二，便于主管机关针对不同情况采取灵活的管理办法，制定具体的限制条件和特殊要求，使环境资源法的目的和目标追求具体化、合理化；第三，便于主管机关全面周详地掌握各方面情况，尽早发现和杜绝违法行为，及时制止不当之规划、开发及其他各种经营活动，从而强化国家环境资源管理部门的监督检查

① 《中华人民共和国环境保护标准管理办法》第三条规定：“环保标准包括环境质量标准，污染物排放标准，环保基础标准和环保方法标准等。”

职能，促进法律法规有效实施；第四，促使企事业经营主体增加环境资源保护方面的考虑，改进技术，改造工艺、设备等，尽量不破坏、不污染环境；第五，为群众参与环境资源管理提供一条便捷的渠道，能最先发现、接触环境损害的群众一有反映，主管机关便利用该反馈信息实施管理①。

相对于其他环境规制制度而言，环境行政许可具有较强的针对性和灵活性，便于环境行政主管机关根据实际情况，因地因时制宜，采取灵活的管理办法，规定具体的限制条件和特殊要求，从而将各种环境法规、标准的要求加以落实。

三、环境监察制度

环境监察制度是指国家环境监察机关依法对污染源排放污染物情况或生态破坏事件实施现场监督、检查，并参与处理的制度。我国环境保护部门对环境保护实行统一的监督监察。环境监察机关是我国环境保护部门设立的代表环境保护部门行使环境监督检查权和行政执法权的行政主体。

环境监察机关依法对排污单位进行现场检查，并要求被检查的单位如实反映情况，提供必要的资料。环境监察机关应当为被检查的单位保守技术秘密和业务秘密。

除了对污染源的环境监察外，以资源开发项目和开发建设活动（包括草原、湿地、矿山、土地资源等）、自然保护区、旅游景区（含风景名胜区、森林公园、地质公园以及文物保护单位、水利风景区等）、生态功能区、海岸地区、非污染性建设项目（包括水利水电、交通建设、生态建设等）、小城镇建设、农村环境综合整治、农村集中式饮用水源地保护及畜禽养殖等为内容的生态环境监察也正逐步得到发展。

四、环境监测制度

环境监测是指依法从事环境监测的机构及其工作人员，按照有关法律法规规定的程序和方法，对影响人类和其他生物生存与发展的环境质量状况进行监视测定活动的制度。环境监测制度的目的是通过环境监测及时掌握环境污染状况，判明环境质量的好坏。

环境监测是县级以上环境保护部门的法定职责，具体可以分为环境质量监测、污染源监督性监测、突发环境污染事件应急监测以及为环境状况调查和评价等环境管理活动提供监测数据的其他环境监测活动。环境保护部门应当依法建设环境监测体系，制定环境监测技术规范，发布环境污染事故、环境质量状况等环境监测信息。目前，我国环境保护系统建有国家级、省级、市级和县级四级环境监测网，由环境监测机构负责运行。

五、限期治理制度

限期治理制度是指国家法定机关对造成严重污染的企事业单位以及特定区域的排污设

---

① 金瑞林．环境法学．北京：北京大学出版社，1999：156

施，限定在一定期限内完成治理任务，达到治理目标的制度。其目的在于强化对现有污染源的污染和区域环境污染的治理力度，改善环境质量状况。

限期治理制度主要适用于严重污染源的治理以及对风景名胜区、自然保护区和其他需要特别保护的区域内污染源的治理两种情况。同时限期治理的适用范围有进一步扩张的趋向，即只要是超标排放，不管是否造成严重污染，都可以要求相关单位进行限期治理。限期治理一般由地方各级人民政府决定，被指令限期治理的企事业单位必须如期完成治理任务。对于逾期未完成治理任务的，除了加收超标排污费外，还可以根据情况对其实施罚款和责令关闭的行政处罚。

第四节　环境经济制度

环境经济制度是以市场为基础，利用经济利益和刺激来达到环境保护目的的一系列制度的总称，它体现了污染者负担、开发者养护原则。一般认为，环境经济制度包括环境税费制度、排污配额交易制度、补贴制度和押金制度等。

一、环境税费制度

环境税是指国家对开发、保护和使用环境资源的单位和个人，按其对环境资源的开发利用、污染、破坏和保护程度进行征收或减免的一种税收。从内涵上看，环境税并非一个独立的税种，而是对用于环境保护目的的各种税收种类的统称。可以按照不同的方法对环境税进行分类。例如，按照征税对象的不同，可以将环境税分为对污染排放直接征收的排放税和对产品或服务间接征收的产品或服务税；按照税收目的的不同，可以将环境税划分为直接为实现某一环境保护目标而征收的环境税，即狭义上的环境税，以及最初为非环境保护目标而设置但却对环境保护目标具有影响的税收。我国目前并没有狭义上的环境税，只存在一些最初为非环境保护目标而设置但却对环境保护目标具有影响的税收种类，如资源税、消费税等。

与环境税类似，环境收费是指对有害于环境和资源的活动和产品，以及对相应的“服务”征收一定费用的制度。环境收费包括排污收费、使用者收费、产品收费和管理收费等多种形式。其中，排污收费的应用最为广泛。

所谓排污收费是指对向环境排放污染物的排污者，按照污染物的种类、数量依法征收费用。我国的排污收费制度包括不同的收费形式。其中，向大气、海洋排放污染物的，按照排放污染物的种类、数量缴纳排污费。向水体排放污染物的，按照排放污染物的种类、数量缴纳排污费；向水体排放污染物超过国家或者地方规定的排放标准的，按照排放污染物的种类、数量加倍缴纳排污费。没有建设工业固体废物储存或者处置的设施、场所，或者工业固体废物储存或者处置的设施、场所不符合环境保护标准的，按照排放污染物的种类、数量缴纳排污费；以填埋方式处置危险废物不符合国家有关规定的，按照排放污染物的种类、数量缴纳危险废物排污费。产生环境噪声超过国家环境噪声标准的，按照排放噪声的超标声级缴纳排污费。收缴的排污费作为环境保护专项资金，纳入财政预算，全部专项用于环境污染防治。

二、排污配额交易制度

排污配额交易是指在环境部门的监管下，排污者将其依法获得的部分或全部污染物排放总量通过交易市场或者法定方式出售给购买者，该污染物排放许可的部分或者全部权利也随之转移的行为。它以科学核算的环境容量为依据，在污染物排放总量控制指标确定的条件下，利用市场机制，通过污染者之间交易排污配额，实现低成本污染治理。

排污配额交易的基本思想，一是给企业提供灵活性，使它们能够以最优成本效益来适应环境约束，从源头削减排污量；二是在不增加总排污量的情况下利用优势条件增加生产，包括新建或扩建企业[①]。

排污配额交易的实质是环境容量使用许可的流转。它是在认识到环境容量有限性的前提下，对排放污染物的总量进行控制，并按照一定的标准确定各排污者的污染物排放量。排污者如果减少了污染物的排放，就可以将结余的排放量储存起来以备今后扩大生产规模时使用，也可以通过排污配额交易市场出售给其他企业。这一方面有利于激发企业实现更多的污染削减以获得经济效益，同时也有利于环境保护部门的监管，即只需对污染物的排放总量进行控制即可达到环境管理目标。

排污配额交易制度源于美国，其主要内容包括补偿政策、泡泡政策、容量结余以及储备政策等。我国目前已经开始进行排污配额交易的试点，并在《大气污染防治法》《水污染防治法》和《海洋环境保护法》中确立了污染物排放的总量控制制度，但还没有真正建立起排污配额交易制度。

三、补贴制度

补贴制度是指政府通过拨款、贷款等方式给予污染者以经济上的刺激，以鼓励其削减污染的制度。由于治理污染需要较多的资金投入，而把全部费用都加在排污者身上或对污染进行过分严格的限制，可能会影响到经济的发展，因此有必要从立法上对各种控制污染的努力给予适当的财政补贴。这一点对于经济和技术较为落后的发展中国家尤显重要。

补贴包括政府的财政援助以及低息贷款等多种形式，主要用于补偿受到环境税费等影响的生产者和消费者以及鼓励开发和推广某些环境友好的产品和技术等[②]。

合理的补贴是鼓励污染者积极开展污染防治的重要手段，但并非所有的补贴都具有正面的环境影响。在实践中，如对渔业的生产补贴等可能会导致过度的资源开发和利用，因此需要将补贴制度限定在必要和合理的范围之内。

---

① 托马斯·思德纳．环境于自然资源管理的政策工具．张蔚文，黄祖辉译．上海：上海人民出版社，2005：130

② 罗勇，曾晓非．环境保护的经济手段．北京：北京大学出版社，2002：146

四、押金制度

押金制度，又称押金返还制度（deposit refund system），是指对于具有潜在污染可能性的产品预先征收附加费（即押金），当这些产品或产品残留物返还后，押金予以退还的制度。该制度旨在通过押金的事先收取刺激产品的使用者不随意将使用后的产品或残留物弃置于环境之中，以达到保护环境的目的。

押金制度主要适用于废弃后处置过程中易产生环境损害的产品，如电池、饮料容器以及有毒有害污染的包装物等。

押金制度可以视为价格和补贴制度的结合，具有一定的预防性，在促进传统线性经济向循环性经济发展模式的转换，提高消费者的环境意识等方面可以起到很好的作用。

第五节 环境引导制度

环境引导制度是指以通过提高行为人的环境意识和环境责任感，引导行为人自觉实施有利于环境保护行为的一系列规范和制度的总称。环境引导制度并无法律上的强制执行力，重在鼓励和引导，并由行为人自主决定采取有利于环境的行动。这些制度主要包括环境契约制度、环境指导制度、环境奖励制度、环境信息公开制度、环境标志、环境管理体系认证制度和环境教育制度等。

一、环境契约、环境指导和环境奖励

环境契约、环境指导和环境奖励是环境行政部门发挥其行政影响力，鼓励和引导行政相对人采取环境保护行动的制度。

（一）环境契约制度

环境契约是环境管理机关与相对人之间为保护和改善环境，合意达成的确立、变更或消灭相互权利义务的协议。它通过协商来确定双方当事人的权利义务，体现出对环境行政相对人意志的尊重，有利于发挥相对人的积极性和主动性。

环境契约在环境保护实践中的运用以日本的公害防止协定最为典型。从其产生背景看，公害防止协定是在公害立法不完善的前提下，为避免与法律的直接规定相抵触而又能够实施有效的公害预防对策，通过协商，自愿订立协议，约束企业实施严格的防止措施。

我国环境保护实践中很早就存在环境契约的形式，2002 年公布的《清洁生产促进法》鼓励企业在污染物排放达到国家和地方规定的排放标准的基础上，自愿与有管辖权的经济贸易行政主管部门和环境保护行政主管部门签订进一步节约资源、削减污染物排放量的协议。然而，环境契约作为一项法律制度，在契约的制定程序、双方权利义务的设定以及违约救济等方面都需要进一步完善。

（二）环境指导

环境指导是指环境管理机关为谋求环境保护目标的实现，对相对人提出劝告、建议、指示等，由相对人自主决定是否接受和采纳的制度。环境指导具有非强制性，它通过环境保护部门在环境管理方面所具有的影响力或者通过向服从指导的相对人提供一定的利益来引导相对人的行为。

日本环境指导的实践为我国完善环境指导制度提供了很好的借鉴。在日本，环境指导包括代替性事前指导和强化限制的指导两种类型。代替性事前指导是在法律上的权限行使之前代替法律限制的行使实施的行政指导，即环境管理机关如果发现工厂等处于违法状态下时，在正式发出限制命令之前，首先给予技术上的建议或发出促进设施改善的警告，以谋求违法状态的消除。而强化限制的指导是为进一步补充法律控制的不足而实施的更为严格的行政指导。[①] 实践中需要防止借环境指导的形式实施超法律规定的强硬限制的现象发生。

（三）环境奖励

环境奖励是指为了表彰先进、激励后进，充分调动和激发人们的环境保护积极性和创造性，依照法定条件和程序，对于保护和改善环境有显著成绩的单位和个人给予奖励的制度。

环境奖励的主体包括人民政府以及有关环境管理机关，奖励的内容包括物质奖励和精神奖励，奖励的对象是对环境保护作出显著成绩的单位和个人，包括外国人和外国企业。

二、环境信息公开制度

环境信息公开制度是指政府或者企业将相关环境信息予以披露的制度，是保障公众环境知情权，促进公众参与环境管理的重要制度之一。根据环境信息的来源，可以将环境信息的公开分为政府环境信息的公开和企业环境信息的公开。

政府环境信息的公开是指环境保护部门应当遵循公正、公平、便民、客观的原则，通过政府网站、公报、新闻发布会以及报刊、广播、电视等便于公众知晓的方式及时、准确地公开政府环境信息。公民、法人和其他组织可以依法向环境保护部门申请获取政府环境信息。

企业环境信息的公开包括自愿公开和强制性公开两种。国家鼓励企业自愿公开其环境保护方针、年度环境保护目标及成效、年度资源消耗总量等相关环境信息；而对于超标排放企业，环境保护部门可以依法强制其公开相关环境信息。

三、环境标志制度和环境管理体系认证制度

环境标志是用来表述产品或服务环境因素的声明，其形式可以是张贴在产品或包装物上的标签，或是置于产品文字资料、技术公告、广告或出版物内，与其他信息相伴随的告

---

① 原田尚彦．环境法．于敏译．北京：法律出版社，1999：123-124

白、符号或图形。环境标志的主要目的是为消费者传递有关产品的环境信息，使消费者在充分了解环境信息的基础上作出是否购买的决定。同时环境标志制度也可以促使和引导生产者生产环保产品。国际标准化组织将环境标志具体分为三种类型。其中，Ⅰ型环境标志是在比较相同组别产品的基础上，对更有利于环境的产品颁布环境标志；Ⅱ型环境标志是由生产者等宣称的产品所具有的环境特性，但这种特性不是具体的规定，只是一般性的宣称，如“可生物降解”之类的宣称；Ⅲ型环境标志是将所有产品环境影响数据加以列明，类似于食品的营养标签。从法律效果上看，环境标志制度以自愿认证为原则，但产品能效标志在我国具有强制性。

环境管理体系认证制度是针对组织的环境要求而设置的制度，它强调污染预防，强调组织对环境法律法规的遵守和系统管理，对于促进组织改善环境绩效具有重要作用。环境管理体系认证制度主要是依据 ISO14001 环境管理体系标准进行的认证。尽管环境管理体系认证属于自愿性质，但是在经济全球化的背景下，环境管理体系认证往往是企业进入国际市场的重要条件，因此对企业具有“事实”上的拘束力。

四、环境教育制度

环境教育制度是指为提高人们的环境意识而采取的一系列宣传、培训等措施的总和，其主要目的是培养公民的环境意识和环境道德，引导其采取有利于环境的行为。

环境教育包括社会环境教育、在职环境教育以及专业环境教育等多种形式。我国环境教育的总目标是：有计划、有步骤、全方位和多层次地发展环境教育事业，调整、充实和提高专业教育，大力发展在职教育、基础教育和社会教育①。

第六节　环境救治制度

环境救治制度是指对已经发生的环境事件和处于危险状态的动植物资源、生态系统等加以控制、保护、补救、治理的制度。主要有两类：一类是指对已经发生的环境污染和环境破坏行为，为减少其不良影响，防止损害扩大而采取的控制和补救措施；另一类是对濒危的动植物资源、生态系统所采取的保护、恢复、补救等措施。环境救治制度主要包括突发环境事件应急预案制度、生态修复制度以及自然保护区制度等。

一、突发环境事件应急预案制度

突发环境事件是指突然发生，造成或者可能造成重大人员伤亡、财产损失、生态破坏和严重社会危害的环境事件，具体包括突发环境污染事件、生物物种安全环境事件以及辐射环境事件等。由于突发环境事件具有突发性、蔓延性以及危害性大等特点，需要事先对如何应对作出安排。突发环境事件应急预案制度是国家为应对突发环境事件而采取的一系

---

① 《中国环境行政二十年》编委会．中国环境行政二十年．北京：中国环境科学出版社，1994：307

列规范性措施的统称，它是对环境事件报告和处理制度的进一步发展和完善。

突发环境事件应急预案制度的主要内容包括突发环境事件的应急组织体系、预防和预警机制、应急响应机制、保障机制和善后处理等。

突发环境事件的应急预案制度的运行机制包括：①进入预警状态，启动应急预案。当突发环境事件即将发生或者发生的可能性增大时，应当按照相关应急预案执行。进入预警状态后，当地县级以上人民政府和政府有关部门应当立即启动相关应急预案，并采取相应措施。②应急响应。应急响应坚持以属地为主的原则，地方各级人民政府按照有关规定全面负责突发环境事件应急处置工作，环境保护部及国务院相关部门根据情况给予协调支援。突发环境事件责任单位和责任人以及负有监管责任的单位发现突发环境事件后，应在1小时内向所在地县级以上人民政府报告，同时向上一级相关专业主管部门报告，并立即进行现场调查。紧急情况下，可以越级上报。负责确认环境事件的单位，在确认重大（Ⅱ级）环境事件后，应在1小时内报告省级相关专业主管部门，特别重大（Ⅰ级）环境事件立即报告国务院相关专业主管部门，并通报其他相关部门。地方各级人民政府应当在接到报告后1小时内向上一级人民政府报告。省级人民政府在接到报告后1小时内，向国务院及国务院有关部门报告。对重大（Ⅱ级）、特别重大（Ⅰ级）突发环境事件，国务院有关部门应立即向国务院报告。根据需要，国务院有关部门和部级联席会议成立环境应急指挥部，负责指导、协调突发环境事件的应对工作。各有关部门和机构应积极做好应急监测、信息发布以及安全防护等工作。③应急状态终止。在事件得到有效控制之后，依法终止应急状态，并做好总结评估。④善后处置。应急状态终止后，地方各级人民政府应做好受灾人员安置、受灾范围评估、补偿以及对遭受污染的环境的恢复建设等各项善后工作。此外，还应建立突发环境事件社会保险机制。

二、生态修复制度

生态修复是在遵循自然规律的前提下，通过人为辅助措施，促进受损的和脆弱的生态系统恢复生物种类和自我维持能力，以达到维持生态稳定，保护环境的目的。生态修复包括对环境影响的回避、减轻等。

根据受损生态系统的成因，可以将生态修复分为对污染环境的修复、对开发建设项目等大规模人为扰动和破坏生态系统的修复、对大规模农林牧业生产活动破坏的森林和草地生态系统的修复以及对小规模人类活动或完全由于自然原因造成的退化生态系统的修复等不同种类。

生态修复制度的主要内容包括：①对生态受损状况进行调查、评估，采取有针对性的措施；②制定生态修复规划，保证生态修复有计划实施；③按照污染者治理、开发者养护原则，落实生态修复的责任；④设立生态修复基金；⑤实行生态修复保证金制度等。

三、自然保护区制度

自然保护区制度是指对有代表性的自然生态系统、珍稀濒危野生动植物物种的天然集中分布区、有特殊意义的自然遗迹等保护对象所在的陆地、陆地水体或者海域等，依法划出一定面积予以特殊保护和管理的一系列措施的总称。自然保护区制度的目的在于从宏观上对生态环境予以救治，使其免受人类破坏。具体包括两个方面：一是将那些具有典型意义的生态系统、珍贵稀有的生物资源以及珍贵的自然历史遗迹等及时有效地保留下来；二是将那些已经遭到破坏亟待恢复和更新的具有典型意义的生态系统及时有效地加以拯救、恢复和养护。

自然保护区制度以整体保护为原则，具体内容包括：①分区管理制度，即将自然保护区划分为核心区、缓冲区、试验区等不同的区域，规定不同的保护要求，以提高保护质量和效率；②基金制度，即国家建立专项基金，用于自然保护区的建设和保护管理；③许可制度，即进入自然保护区从事有关活动需要主管机构审查批准，以严格控制进入自然保护区的人数和活动规模，防止有害自然保护区现象的发生；④征收保护管理费制度，即对经批准进入自然保护区从事某些活动的单位和个人按照标准征收一定的管理费用。此外，还包括对影响自然保护区的污染源进行限期治理等内容。

第七章　环境法的调整方法

依照法学一般理论，法的调整方法是区分不同法律部门的重要依据之一。对于环境法而言，掌握环境法的调整方法不仅便于人们将环境法与其他法律部门进行区分，而且有利于人们理解环境法的具体运行。本章主要学习：①环境法调整方法的概念；②环境法调整方法体系。

第一节　环境法调整方法的概念及其体系的形成

环境法的调整方法是环境法调整机制的基础和核心内容，没有调整方法，环境法就无从发挥具体作用。目前，学界对环境法的调整方法问题尚缺乏系统总结，因此很有研究的必要。

一、环境法调整方法的概念

环境法的调整方法又称环境法的调整手段，其具体含义有广义与狭义之分。广义的环境法调整方法是指环境法通过调整与环境资源有关的社会关系，使环境法的功能得以发挥、内容得到具体落实的手段和方法的总称。从狭义上来说，环境法的调整方法就是指环境法律责任或制裁方式。本书是从广义上使用这一概念的。

环境法调整方法的主要功能和任务是：①确定环境法律关系主体地位。具体来说，就是明确在不同的环境法律关系中政府、企业、个人的法律地位和它们之间的关系。②确定环境法律的保护对象，即确定哪些具有重要生态功能或经济价值的环境要素和自然资源是法律保护的对象。③确定环境法律关系各主体的权利和义务、权力和责任以及它们的设定方式、实现方法和途径。例如，环境法律关系中的权利、义务的内容是由当事人协商确定，还是根据国家的法律或命令而定；针对同一问题，是主要通过公民行使权利、履行义务的方式还是通过政府行使权力的方式来加以解决更为恰当。④确定环境法律事实及环境技术问题。例如，环境损害应采取何种认定方法、环境保护采取何种技术标准等。⑤环境法律责任承担方式，即对于违法者应当适用民事责任、行政责任还是刑事责任予以制裁。

二、环境法调整方法的种类

环境法的调整对象具有特殊性、综合性、科学性等特征，这也决定了环境法调整方法的多样性。依据不同的标准，对环境法的调整方法可以作不同的划分。

（1）根据调整方法发挥作用的阶段不同，环境法的调整方法可以分为预防性调整方法、整治性调整方法和后果性调整方法。预防性调整方法是一种事前调整，其主要功能在于“防患于未然”，环境规划、环境影响评价等方法都属预防性调整方法；整治性调整方法是在环境损害发生后应采取的法律应对方法，如环境事故应急处理、污染物集中处理等；后果性调整方法则主要是指环境责任的认定和负担方法。整治性调整方法与后果性调整方法都属于环境法的事后调整方法。

（2）根据具体调整方式的不同，环境法调整方法又可以分为放任性调整方法、义务性调整方法、强制性调整方法和经济刺激性调整方法等。放任性调整方法主要是法律通过对环境法律关系主体之间约定的效力进行确认的方式来实现的；义务性调整方法则主要是通过对环境法律关系主体设定法律义务的方式来发挥作用的；制裁性调整方法主要是指环境民事责任、环境行政责任和环境刑事责任；经济刺激性调整方法内容丰富，财政补贴、税收优惠、信贷优惠等都是经济刺激性方法的具体运用。

（3）根据调整方法的来源不同，环境法的调整方法又可分为法的传统调整方法和环境法特有的调整方法。前者主要是指行政法、民法、刑法等传统法律部门中已有并为环境法所吸收的调整方法，如环境行政强制、环境行政责任，环境民事赔偿等；后者则是指仅由环境法使用的调整方法，如环境影响评价、生态补偿等生态性调整方法。

三、环境法调整方法的发展

同作为部门法的环境法一样，环境法的调整方法也是在经历了相当长的历史时期演变之后才得以形成的，而且至今仍然处于不断发展变化之中。环境法调整方法体系的演变与形成历史大致可以划分为以下几个阶段。

（一）以民法调整方法为主导的时期

20 世纪 50 年代前后这段时间是现代环境法的萌芽期。这一时期环境法以使用传统民法的调整方法为主。直到 20 世纪 50 年代，现代意义上的环境保护理念并没有真正形成，环境与自然资源主要是作为人们的利用对象存在的。当时一些国家虽然存在保护环境和自然资源的法律，但其主要内容或者是关于自然资源的所有权、利用和分配问题，或者是关于人们如何依照私权及“相邻关系”对环境妨害进行排除，再或者就是关于如何通过法律强制措施来实现公共卫生。显然，这些内容所体现的立法目的与我们今天所说的环境法的目的有相当大的距离。从本质上来说，它们仍然属于传统法律部门尤其是民法的范畴。法律规范的内容直接决定着法律的调整方法，因此在当时的情况下，环境法的调整方法自然也无法超越民法调整方法的范畴，如污染损害赔偿、自然资源财产权的侵权责任等民法调整方法就自然地成为了现代环境法萌芽时期的主导性调整方法。在此之后越发严重的环境危机告诉人们，民法的这些救济性调整方法对环境损害的抑制作用非常有限，依靠这些调整方法来应对环境损害是行不通的。

（二）以行政法调整方法为主导的时期

在第二次世界大战之后，西方资本主义社会迎来了一个新的经济发展期，同时也迎来了一个环境损害的全面爆发期。这一历史背景客观上为现代环境法的产生和发展创造了有利条件，同时也引发了环境法调整方法的转向：从民法调整方法为主导转变为以行政法调整方法为主导。环境法调整方法的转向的直接原因是：环境损害的频发引发了普通民众的不满，各国人民要求政府采取积极对策进行干预。这在给各国政府带来巨大政治压力的同时，也给其带来了更多的环境管理职权和责任。政府从此开始在环境损害的应对中占据主导性地位。从20世纪70年代开始，各国政府依据环境法律设立了专门的环境保护管理机构，并建立起统一的环境监督管理机制。与政府环境管理职权的扩张必然伴随的是，大量的环境行政法律规范成为环境法律规范的主要组成部分，各种行政法的调整方法和手段也被大量使用，由环境行政强制、环境行政许可、环境行政责任等方法构成的“命令-服从”式调整机制逐渐在环境法中确立。当然，环境法的调整方法在这一历史时期还呈现出其他一些特点：环境法独有的调整方法，如环境影响评价等方法开始出现；由于环境标准被纳入环境法律法规之中，环境法调整方法开始表现出一定的科学技术性；随着环境保护水平的不断提高，对环境违法行为的制裁日益严厉，刑法调整方法也开始在环境法调整方法体系中占据重要的地位。

（三）环境法调整方法的多样化时期

无论是在以民法调整方法为主导的时期还是在以行政法调整方法为主导的时期，环境法的调整方法都没有完全摆脱传统法律部门调整方法的束缚而形成自己独具特色的调整方法体系。从20世纪80年代中后期开始，可持续发展思想得到广泛传播，环境立法的指导思想和原则获得新的发展，人们对环境保护的目标和实现途径的认识也更加清晰，环境法调整方法也开始走向多样化、综合化。具体体现在：①在不断完善事后调整方法的基础上，环境法更加重视事前预防方法的运用，事前预防方法已经成为环境法调整方法体系中的中心环节；②环境法调整方法的强制性色彩与上一时期相比有所淡化，促进性调整方法、经济刺激性调整方法受到各国重视，这有利于调动社会主体落实环境保护措施的积极性；③更容易在市场机制中发挥作用的民法调整方法再次复兴，这些方法在环境侵权救济、产品循环利用等方面具有不可替代的作用；④随着环境标准制度、环境标志制度、环境监测制度、环境影响报告制度、清洁生产制度、循环经济制度等环境法制度的建立，环境法调整方法的科学技术性更加明显；⑤随着人们参与环境保护事业热情的不断提高，环境民主制度获得很大发展，公众参与手段不断丰富，鼓励公众参与也成为环境法调整方法的重要内容；⑥更多能反映环境法特色的生态性调整方法陆续产生，如生态示范、生态鉴定、生态补偿等。

第二节　环境法调整方法体系

在不断借鉴和吸收传统法律部门调整方法的基础上，经过长期的发展，环境法的调整方法体系目前已粗具规模，自成一体。

一、环境法的调整方法体系

通过对环境法调整方法形成过程的大致回顾我们很容易发现，尽管环境法调整方法在整体上已经构成一个新的体系，但在这个体系内部，典型的传统法律调整方法仍占据非常重要的位置，而且这种状况在未来很长一段时期内还将持续下去。这主要是由环境法的内容及后发性特点所决定的[①]。这些传统法律调整方法主要有以放任性调整为主要特征的民法调整方法、以义务性调整为主要特征的行政法调整方法和以法律责任为主要形式的强制性调整方法。与此同时，环境法调整方法体系中还有一些在其他法律部门中同样存在但其作用没有得到充分发挥的调整方法，如促进性调整方法和经济刺激性调整方法。与典型的传统法律调整方法相比，这些不具有明显义务性的方法在传统法律部门中主要是作为辅助性手段出现的，不能充分反映传统法律部门的特征，但这不影响它们在环境法调整方法体系中发挥重要作用。除此之外，环境法调整方法体系中还包含环境法独有的调整方法——生态性调整方法。生态性调整方法最能反映环境法自身特色，对环境法作用的发挥有非常重大的意义。

二、环境法调整方法体系的构成

(一) 环境法对放任性调整方法的借鉴与运用

放任性调整方法主要源于私法领域。私法一般指侧重于保护个人或个人利益的法，如民法、商法、民事诉讼法[②]。私法以自由平等为核心，以意思自治为首要原则，国家并不予以过多干预。它的这些特点决定了其法律规范主要是权利规范，调整方法多采取放任性调整。这种放任性调整具体表现在：①以确认性方法确定当事人的主体资格及民事权利；②以任意性方法保障当事人的意思自治；③以补充性方法促使民事法律行为成立[③]。

环境法是以环境社会关系为调整对象的部门法。环境社会关系非常复杂，涉及生产、流通、消费各个领域，并与开发、利用、保护环境和资源的广泛社会活动有关，而且，既有平等主体之间的关系，也有非平等主体之间的关系[④]。环境社会关系的这种广泛性、综合性使得它和私法存在一定的交叉，二者的交叉在物权、债权和人身权领域都有涉及。例如，我们谈环境侵害，既包括环境本身的损害，也包括通过环境损害而侵害人的生命健康权、财产权。这既是民法问题，也是环境法所关心的问题。又例如，如果产品的生产者、销售者与消费者之间通过合同对产品的回收利用问题作出约定，那这一问题就不再仅是一个合同法问题，还是一个环境法律问题。私法与环境法之间类似的交叉有很多，这是环境法借鉴和运用私法调整手段的基本前提。

---

① 需要特别指出的是，传统法律调整方法一旦被环境法所采用，也就成为环境法调整方法体系的组成部分。因为一个后起的法律部门的法律调整方法与其他比较发达的法律部门的法律调整方法出现一定数量的重合是合情合理的。就像人们不会拒绝接受前人创造的先进的技术一样，立法者也不会拒绝接受已经在其他法律部门中被使用且使用效果良好的法律调整方法

② 徐显明．法理学．北京：中国政法大学出版社，1994：67

③ “补充性方法”是说在当事人所实施的私法行为有欠缺时，如果行为的缺陷较小，则可依法进行补充，使之完善并发挥应有的效果。《中华人民共和国合同法》第六十二条对质量、价款、履行地点、期限、方式等约定不明情况下如何补充的规定，即是对“补充性方法”的应用

④ 金瑞林．环境法学．北京：北京大学出版社，2002：24-29

目前，环境法可以在以下与私法的结合领域中借鉴放任性调整方法：①污染物排放配额的交易。污染物排放配额交易制度是在污染物排放总量控制的前提下允许拥有污染物排放配额的主体按照相应的规则在市场上对其排放配额进行交易的制度。对污染物排放总量进行控制可以达到环境保护的目的。而在污染物排放总量确定的前提下，允许不同的排污主体根据各自排污的成本和收益对自己的排放配额进行自由交换，不仅可以实现环境保护的目的，而且使环境保护目的实现的总成本最小化。②与环境有关的民事权利。公民对其与环境有关的民事权利的行使，能够达到部分环境保护的客观效果。在传统民法中，早已存在一些与环境有关的民事权利，如日照权、眺望权等。这些权利被认为是自然人民事权利不可缺少的一部分。但是，随着环境损害的加重和可持续发展思想的提出，与环境有关的民事权利的范围呈现出扩大之势。例如，有人提出了环境使用权、环境相邻权、清洁水权、清洁空气权甚至环境美学权等权利类型。尽管人们目前对这些权利的性质及其是否科学还有很大争议，但对公民与环境相关的民事权利是否需要进行保护这一点应该是不存在问题的。环境法现在需要做的是如何构建一个既能实现内部自洽又能进行制度落实的环境相关权利体系。③在保证合同自由的基础上，通过环境法积极提倡相关主体在私法合同中订立有利于环境保护和资源有效利用的条款。例如，鼓励交易双方在缔约时就产品回收过程中的权利义务作出明确约定。

（二）环境法对义务性调整方法的借鉴与运用

义务性调整方法主要源于公法领域。与私法以放任性调整为主要调整方法不同，公法以义务性调整为主要调整方法。所谓义务性调整，是指法律通过设定必须做或不得做某种行为的法律规范对社会关系进行调整。义务性调整以行政命令、行政许可、行政强制等为具体调整方法[①]，以义务性规范为直接表现形式。行政法、刑法等公法中大量存在的命令性规范和禁止性规范便是对义务性调整方法的典型运用。

在现代环境损害爆发之后很长一段时间里，各国政府一度完全采用公法的调整方法对环境损害进行治理，这使得现代环境法至今为止都带有明显的公法痕迹。利用公法手段进行环境管理最直接的结果是，作为市场经济主体同时也是主要污染制造者的企业开始承担越来越多、越来越严格的环境责任和义务。对一个企业来说，从其设立时起，政府就通过环境行政许可对其进行“门槛”控制；在其设立之后，政府还会对其整个生产过程及产品的回收利用进行监督和监测，实施“过程控制”；直到企业解散，政府都有权对相关设施的处理情况进行检查。抛开政府是否真正尽到这些责任不谈，仅从法律上来说，在企业存在前后及存在的整个过程中，企业的环境义务几乎无处不在。这显然是典型的公法调整模式。在当前新的历史条件下，这种政府权力与企业义务的对应模式不但没有削弱，反而仍在继续加强。“清洁生产”“循环经济”“生产者责任延伸”，这些概念和术语无不昭示着政府更大的环境管理职权及企业更多的环境义务。可以说，环境法对义务性调整方法的运用与公法本身对这些方法的运用相比已有过之而无不及。

同样，个人的环境义务在环境法中也一直被强调，但与企业的环境义务有所不同的

① 行政责任、刑事责任与民事责任都是传统部门法的“强制性调整方法”

是，在很长一段历史时期内，个人环境义务并没有真正落到实处，它与政府环境管理职权的对应关系也不像企业义务与政府权力的对应那样严格。其实，个人作为商品的最终消费者，是生产发展的原动力，个人同样应当对环境的恶化和资源的消耗承担一定责任。更何况，在物质主义、消费主义横行的时代，个人不合理的消费观念和消费行为实际上已经对环境的整体改善造成了极大的障碍。因此，目前世界各国已开始重视个人及家庭在环境保护中的作用，并着力对人们的相关行为进行规范。例如，有些国家在环境法律中建立了押金制度，要求消费者在购买商品时按照商品价格的一定比例交纳押金，只有消费者在使用完毕后能交回该废旧产品，才能全额拿回押金。这其实是政府为实现产品的回收利用而对个人施加的一种法律义务，本质上也是对公法的义务性调整方法的运用。

（三）环境法对强制性法律调整方法的借鉴与运用

强制性是法律的属性之一，因此无论是公法还是私法，在调整社会关系过程中都具有明显的强制性色彩。所谓强制性调整方法，即法律以法律责任的形式对违法行为进行强制、惩治和制裁。根据法律部门的不同，法的强制性调整方法具体表现为民事责任、行政责任和刑事责任。强制性调整方法对环境法来说同样不可缺少，是环境法调整方法体系中的重要组成部分。目前，学者们大都使用“环境法律责任”的概念来表述环境法的这种强制性调整方法，并将其划分为环境民事责任、环境行政责任和环境刑事责任，或者直接将环境法律责任划分为违反环境法的民事责任、行政责任和刑事责任。

环境民事责任是指公民或法人因环境污染或破坏行为造成他人人身或财产损害而应承担的民事方面的法律责任。简言之，就是公民或法人因环境侵权而应承担的民事责任。在我国民法体系中，环境民事侵权是特殊侵权的一种，相关主体承担民事责任不以过错为条件，而采取无过错责任原则，即只要环境污染或破坏行为给他人造成人身或财产损害，行为人即使主观上没有故意或过失，也应当对造成的损害承担民事责任。此外，行为人承担环境民事责任也不以其行为违反环境法律为必要条件，只要给他人造成损害，不管环境污染行为是否符合国家规定的污染物排放标准，都应当承担环境民事责任。换句话说，行为人的污染物排放符合国家规定标准可以构成其承担环境行政责任的免责事由，但不能构成其承担环境民事责任的免责事由。环境民事责任的主要责任形式有排除妨害、赔偿损失等。

环境行政责任是指环境行政法律关系主体因不履行环境行政法律义务或违反环境行政法律规范而应当承担的否定性法律后果。以责任主体为标准，环境行政责任可以分为行政主体的环境行政责任和行政相对方的环境行政责任。前者是指负有环境管理职权的行政主体因不履行或怠于履行环境管理职责，或滥用环境管理职权而应承担的行政责任，其主要责任形式有停止或撤销行政违法行为，履行行政职责、行政赔偿，对直接责任人员的行政处分等；后者是指各种组织和个人因违反环境行政法律义务而应当承担相应行政制裁的法律后果，其主要责任形式有警告、罚款、没收违法所得或非法财物、责令停产停业、暂扣或吊销许可证或执照、行政拘留等。

环境刑事责任是指行为人因故意或过失实施危害环境或破坏自然资源的行为，造成重大后果或情节严重，构成犯罪，从而应承担相应刑事制裁的责任形式。行为人承担环境刑事责任的前提是其行为构成环境犯罪。环境犯罪的构成要件与其他犯罪的构成要件大致相同：环境犯罪的主体既可以是个人，也可以是单位；其主观方面既可以是故意，也可以是过失；环境犯罪的客体是刑法和环境法所保护的、为危害行为所侵害的社会关系或社会秩序；客观方面是有危害环境的行为发生并且行为具有社会危害性。环境刑事责任的主要责任形式有罚金、没收财产、管制、拘役、有期徒刑。环境刑事责任是环境法律责任中最严厉的一种责任形式，具有强大的威慑力和制裁力。

（四）环境法对促进性调整方法的应用与发展

所谓促进性调整方法，是指出于对国民经济薄弱环节、弱势行业或新兴行业的扶植需要，法律不强调权利与义务和责任的对应，而较多采用指导性规范、授权规范对社会主体进行引导的调整方法。促进性调整方法具有较强的政府主导性和政策性，但它强调的是政府的服务功能而不是管理功能，强调和鼓励社会参与。其优点是政策性、灵活性强，有利于弱势行业的逐步推进，是义务性调整方法和强制性调整方法的有益补充。目前，我国已有若干促进性调整方法的立法例，如《中华人民共和国农业技术推广法》《中华人民共和国科学技术进步法》《中华人民共和国民办教育促进法》等。2002年，我国出台了世界上第一部统一规定清洁生产的环境法律——《中华人民共和国清洁生产促进法》（以下简称《清洁生产促进法》），为促进性调整方法在环境法中的应用与发展奠定了良好的基础。

环境法的促进性调整方法主要通过政府的以下促进性行为表现出来。

（1）促进性政策。政府通过制定有利于环境保护总体水平提高的经济政策、产业政策、技术开发和推广政策，编制总体发展规划，加强相关立法，对相关事业和行业进行重点鼓励、扶持和推动。

（2）鼓励公众参与。政府运用各种手段和舆论传媒加强对资源节约和环境保护的社会宣传，鼓励公众和社会团体等社会主体“自我改变”其对环境不利的行为，鼓励公众和社会团体参与到环境保护的宣传、教育、实施及监督中来，尤其是鼓励公众参与环境决策与环境立法。

（3）鼓励环保科技创新、技术推广及国际合作。科学技术是社会发展的关键性要素，是第一生产力。政府优先发展有利于节能减排的领先技术；对环保科技的研发给予更多的投入，为相关研究提供坚实的资金保障；注重环保科技的推广和应用，注重科技成果的转化；加强国际交流与合作，注重借鉴和吸收发达国家的先进环保技术，这些方法对环保科技的研究和运用都会起到积极的推动作用。

（4）奖励措施。在环境保护事业发展过程中，政府奖励是必不可少的促进手段之一。对于在环保科技创新方面作出贡献的机构和个人，对于严格落实环境标准要求的企业，对于对环境保护事业的发展和宣传有较大贡献的社会团体和个人，政府都应该予以物质或荣誉方面的奖励，以促使他们为环境保护事业的进一步发展继续贡献力量。

（五）环境法对经济刺激性调整方法的应用与发展

环境法的经济刺激性调整方法，是指环境法律规定的税收、补贴、价格等经济措施和手段。经济刺激可以分为正面经济刺激和负面经济刺激。正面经济刺激是指通过一些优惠经济政策和手段使某些符合法律要求的社会主体受益，从而调动其实施环境保护的热情。例如，对一些积极推行清洁生产的企业给予税收减免、财政补贴。负面经济刺激则是指通过法律向一些不利于环境保护事业健康发展的社会主体施加一定负担或给予一定限制，从而迫使其转变自身行为。例如，对一些资源消耗较大、污染比较严重的企业征收更高的排污费，不给予银行贷款等。

之所以要在环境法领域充分发挥经济刺激性调整方法的作用主要基于两点原因：第一，环境法曾非常倚重的公法调整方法自身存在资源配置机制、运行方式和动力来源上的不足，往往导致“政府失灵”，造成管理者与被管理者之间的对立关系，对相对方积极性、主动性和创造性的发挥产生消极影响；第二，各种社会主体，主要是作为生产者的企业，他们的“经济人”本质决定了追求利润或利益最大化是其根本目标，而经济刺激性方法意味着接受这种方法引导的企业“有利可图”，在一定程度上与企业的愿望相一致。经济刺激性手段直接把环境保护与企业的切身利益密切联系起来，既可避免行政管理手段的弱点，又可防止对企业经济行为的放任。

环境法的经济刺激性调整方法是通过一系列环境法律制度体现出来的，如排污收费制度、环境税收制度、环境补贴制度、环境信贷制度、执行鼓励金制度等。

（六）环境法对生态性调整方法的应用与发展

在环境法调整方法体系中，有一些调整方法是环境法所独有的，我们统称之为环境法的生态性调整方法。生态性调整方法是一种以生态规律为基础的调整方法，它比环境法其他任何调整方法都更能反映人与自然关系的特点。具体来说，生态性调整方法的特征是：①这些调整方法一般以一定的自然科学知识为基础，具有较强的科学技术性；②这些调整方法大多涉及人与自然的关系，以人与自然的和谐为目标，但从法律调整的角度看，其调整的仍然是人与人的关系；③生态性调整方法既重视正面引导和事前预防，又重视事后控制和补偿，是环境法调整方法体系中最直接、最全面的调整方法；④这些调整方法的应用所直接增进的既不是个人私益，也不是国家或政府利益，而是社会环境利益和人类整体利益。生态性调整方法又可以划分为预防性方法、整治性方法和补偿性方法。

引导性调整方法是针对人们一般环境行为对环境普遍带有负影响的情况而设定的一种调整方法，其基本功能是引导生产者、消费者克制自利欲望实施有利于环境或环保目标实现的行为。生态性引导性调整方法主要有生态示范①、生态标志②等。

预防性方法的采用是现代环境法的一大特征。《内罗毕宣言》第十条指出：“与其花很多钱、费很多力气在环境破坏之后亡羊补牢，不如预防其破坏。”这句话在强调“预防”重要性的同时，也揭示了环境法的中心任务，而预防性方法正是完成这一中心任务的关键

---

① 美国《2005年能源政策法》大量使用示范性调整方法，如“低收入社区节能示范”（第一篇第二章第六节）、土地准入方面的“改进联邦许可协调的示范”（第三篇第六章第五节）、“西部煤气化一体化示范”、“电子清洗示范”（第四篇第二章第三节、第六节）等

② 日本称“生态标志”，加拿大称“环境选择”，德国称“环境标志”。我国于1995年5月成立“中国环境标志认证委员会”，开始实行环境标志认证制度。资料来源：刘国涛．节约型社会建设中的绿色产业与绿色产业法．北京：中国法制出版社，2005：266-272

环节。所谓预防，就是要提前采取各种防范性措施和手段，避免环境损害的发生。目前，国际社会存在很多为各国所广泛接受的具体预防性方法。这些具体的预防性方法有环境影响评价、环境资源规划、环境标准、环境监测、环境信息公开、环境综合决策、清洁生产、设立自然保护区等。除了这些之外，世界各国还有不少符合本国实际并富有特色的预防性方法或制度，如我国的“三同时”制度、俄罗斯的“生态鉴定”制度等。

整治性方法也是生态性调整方法的重要组成部分。尽管预防非常关键，但以人类目前的科技水平，即使预防机制再完善，恐怕也无法完全避免环境污染、生态破坏、资源耗竭等环境损害现象的发生，因此整治性方法是不可缺少的。当然，环境污染、生态破坏、资源耗竭等环境损害发生后，一般要依靠工程技术方法予以恢复、治理和补救，这似乎与法律无关，但是，这并不影响环境法律对环境整治的相关程序、步骤、方法和措施作出具体规定，以使人们对环境损害的治理有章可循，这本身就属于法律调整的范畴。例如，环境应急在环境损害发生后所发挥的作用就是非常关键的，它能及时有效地将损害降低到最小限度，而环境应急机制的成功运行就需要一整套行之有效的法律程序和方法。除了环境应急之外，污染物集中处理、废物循环利用、土地复垦、物种移地保护等都属于具体的整治性方法。

补偿性方法的运用是为了在实现环境主体利益协调的同时实现生态环境的改善。从其发挥作用的阶段来看，它的一些内容本应与环境责任一样属于后果性调整方法的范畴，但从其目的的角度看，它最终还是为了实现对生态环境的整治。因此，有必要把它列为一种单独的生态性调整方法。补偿性方法的典型代表是生态补偿。从国内外经验来看，生态补偿就是对受损社会主体的补偿；既可以是政府主导的生态补偿，也可以是市场主导的生态补偿；既可以是直接补偿，也可以是间接补偿。政府财政补贴、征收生态补偿费、建立生态补偿基金、签订生态补偿协议等方式都可以成为生态补偿的具体实现形式。

第八章　污染防治法

环境污染是重要的环境损害现象之一，它与资源短缺、生态破坏被称为全球三大环境危机。各类环境污染，如大气污染、水体污染、土壤污染、噪声污染、光污染等，越来越频繁，也越来越强烈地影响着我们的日常生活，防治环境污染的必要性和重要性已成为政府、社会及公众的普遍共识。本章主要学习：①关于环境污染及其种类的基础知识；②污染防治法的体系。

第一节　环境污染与防治

环境污染与防治的表述，在学界和法律规范中有所不同。概念的差异可能会导致防治理念、防治规范、防治措施的不同，进而影响防治效果。因此，有必要厘清环境污染与相关概念的区别，以准确分析其类型和成因，进而科学规制人类的行为，有效防治环境污染。

一、环境污染

《俄罗斯联邦环境保护法》（2002年实施）第一条规定，环境污染是指“性能、位置或数量对环境产生不良影响的物质和（或）能量进入环境”。我国《环境保护法》以专章形式规定了污染和其他公害的防治问题，但并未明确环境污染的含义。

学理上，环境污染是指人类生产、生活活动过程中，向自然环境排放废物，其种类、数量、浓度、速度等超过环境自净能力，导致环境的化学、物理或生物特征发生不良变化，危及人类健康、危害生命资源和生态系统，以及损害或者妨害舒适性和环境其他用途的现象。其内涵包括：第一，人的行为活动是引发环境污染的根本原因。第二，废物数量超出了环境自净力限度。正常情况下，环境自净力能够确保生态系统的动态平衡。第三，污染结果是危及包括地球生物在内的生存和发展，人的身心健康是重要但非唯一尺度。

公害与环境污染的内涵十分接近。它最早出现于日本环境法，之后被我国《环境保护法》借鉴使用。日本环境法所称的公害，是指因人类行为所导致的大气污染、水体污染、土壤污染、噪声、振动、地面沉降及恶臭等对人体健康和生活环境所造成的危害[①]。

公害与环境污染强调的侧重点有所不同。公害以人的健康生存为评价指标。与之不同，环境污染以生命资源和生态系统的良好存续为指标。公害与环境污染都会对环境造成

---

① 日本《环境基本法》第二条

不利影响，并且公害必然会对人造成某种不利影响，而环境污染则不一定。所以，环境污染重在强调人类活动对环境的危害，而公害重在强调人类活动通过对环境的影响进而对人类自身造成的危害。

我国环境保护法将环境污染与公害并用，对污染和公害实施双重防治。《环境保护法》第二十四条规定，该法防治的对象是“环境污染和其他公害”，即“在生产建设或者其他活动中产生的废气、废水、废渣、粉尘、恶臭气体、放射性物质以及噪声、振动、电磁波辐射等对环境的污染和危害”。

二、环境污染类型与防治

依据不同的标准，环境污染可被划分为诸多类型，且各类环境污染之间存在一定的交叉。例如，根据遭受污染的客体不同，环境污染可分为大气污染、水体污染、土壤污染等环境要素污染；根据导致污染物质的不同，环境污染可分为重金属污染、放射性物质污染、固体废物污染、化学品污染等有毒有害物质污染；根据污染物的特性不同，环境污染可分为生物污染、化学污染、物理污染、放射性污染；根据污染产生的原因，环境污染可分为生产污染和生活污染；根据污染的范围不同，环境污染可分为全球性污染、区域性污染、局部性污染等。

环境污染导致生态破坏，危及地球生命，损害人类环境安全、舒适和健康，必须进行预防和治理。污染防治需要技术的支撑，因此更需要对人们行为的约束和控制。环境污染因人的行为而起，防治也应从规范人的行为入手。采用包括运用道德、行政、法律等手段调控、规范人的行为，是一种必然的选择。特别是在依法治国的背景下，污染防治的有效实施有赖于法律保障功能的充分发挥。事实上，当今世界各国业已并正在为此尝试各种努力，许多国家都颁布了污染防治方面的法律法规。随着我国社会经济的发展，我国也十分重视环境防治法律法规的创设和完善，目前已颁布多部专门的环境污染防治单行法律，包括《大气污染防治法》《水污染防治法》《环境噪声污染防治法》《固体废物污染环境防治法》《中华人民共和国放射性污染防治法》（以下简称《放射性污染防治法》）等。我国的刑法、行政法、经济法甚至民事法律中，也有防治环境污染的规定和条款，我国《海洋环境保护法》的主要内容即是海洋方面的污染防治。

第二节　污染防治法体系

污染防治是指对可能或已经产生污染的原因活动实施预防和治理，以实现保护环境和人身健康以及财产安全的目的。防治环境污染有各种方式方法，但法律手段具有不可替代的重要作用。法律以国家暴力为后盾，具有强制力，各种技术、经济、行政等的方法或手段都可以通过法律的形式予以确定，各种制裁或补救（补偿、赔偿）等措施也可以通过立法加以明确。因此，依靠法律预防、治理环境污染与其他公害，十分必要和有效。污染防治法体系是指由不同效力等级或防治目的的各种环境污染防治法律法规构成的整体。根据不同的标准，这些法律法规可依据不同的标准划分到不同的“族群”之中。本书将其分为环境要素污染防治法和有毒有害物质污染防治法两大类。

一、环境要素污染防治法

环境要素又称环境基质，是构成人类整体环境的各个独立的、性质不同的而又服从整体演化规律的基本物质组分，它是人类与环境进行物质交换与能量流动的介质，分为自然环境要素和人工环境要素。本书所称的环境要素特指自然环境要素，包括水、大气、生物、阳光、岩石、土壤等，但不仅限于此。此类型下的环境污染防治法主要包括水污染防治法、大气污染防治法、土壤污染防治法和海洋环境污染防治法等。

（一）水污染防治法律制度

水污染是指陆地水体因某种物质的介入，导致其化学、物理、生物或者放射性等方面特性的改变，从而影响水的有效利用，危害人类健康或者破坏生态环境，造成水质恶化的现象。人类生产、生活活动会把大量的无机物、有机物直接或通过生态循环排入水体，当这些物质的含量超过水体自身净化能力时，就可能会引发水体物理、化学或生物群落组成的变化，从而降低其使用价值和本应具有的功能，对工农业生产和人类生活造成不同程度的负面影响。

城市生活废水、工业废水、农业和农村废水以及城镇垃圾等，都是水污染的可能源头。这些水污染源至少包括以下致害因素。

(1) 有机或无机化学品，通常来源于化工厂废水、化学洗涤剂、农用杀虫剂、除草剂等。绝大部分有机化学品具有毒性，它们进入水体后容易导致溪流、池塘和湖泊的水生态系统的正常运行受到损害或破坏。例如，含磷洗衣粉、氮磷化肥的大量使用排放，能够引起水体藻类疯长和水内原生物的死亡。

(2) 重金属，广泛存在于采矿和冶炼过程、工业废物、制革废水、纺织厂废水、生活垃圾（如电池、化妆品）之中。它们对人畜有直接的生理毒性，同时也可通过灌溉转移到农产品中。由于难以分解和难以发现，其现实破坏力日趋显现。

(3) 水体悬浮物，主要由水土流失、垃圾倾倒造成。悬浮物的存在会影响水体采光，其腐烂变质会使水体构成发生异变，破坏水生态系统。

在我国水污染防治实践中，依据水域使用目的和保护目标，水质被划分为Ⅰ、Ⅱ、Ⅲ、Ⅳ、Ⅴ和劣Ⅴ共五类。水污染防治通过水环境质量标准和水污染物排放标准的执行得以实现。

我国《水污染防治法》于1984年5月通过，分别于1996年5月、2008年2月进行了修改，《中华人民共和国水污染防治法实施细则》（以下简称《水污染防治法实施细则》）于2000年3月颁布实施。修改后的《水污染防治法》共八章九十二条，根据此法，我国的水污染防治监督管理实行统一监管和部门监管相结合的体制。县级以上环境保护部门是统一监管机构；县级以上水行政、国土资源、卫生、建设、农业、渔业等部门以及重要江河、湖泊的流域水资源保护机构，在其职责范围内实行部门监管；与此同时，由于船舶水污染的特殊性，还特别规定船舶污染水域的监管部门是海事管理机构。

我国实行水环境保护目标责任制和考核评价制度，水污染防治和水环境保护目标完成情况，是政府及其负责人的重要考核评价指标。考核评价的指标主要依据水环境质量标准和水污染物排放标准，以及有关重点污染物排放总量的控制指标。

水环境质量标准和水污染物排放标准分为国家标准和地方标准。一般而言，地方环境质量标准只能针对国家环境质量标准未做规定项目制定，但地方水污染物排放标准的制定，既可针对国家标准中未作规定的项目，也可制定较国家标准中已作规定的项目更严的地方标准，并且已有地方水污染物排放标准的地方，应当执行地方标准。上述标准都须报国务院环境保护主管部门备案。

（二）大气污染防治法律制度

大气污染是指人类生产、生活活动向大气排出各种污染物，其含量超过大气承载能力，致使大气质量发生恶化，破坏生态和影响人们的工作、生活、健康、设备财产的现象。

从污染的源头看，大气污染源主要有生活、工业和交通三种；从污染物看，包括二氧化硫、氮氧化物、粒子状污染物、一氧化碳、氟化物、铝及其化合物、汞等。

大气污染影响范围大，扩散速度快，严重时可改变大气性质，既危害人身健康，又影响动植物生长。当有害气体和污染物达到一定浓度时，会给人类环境带来巨大灾难。2013年伊始，全国大面积国土频现严重雾霾，一次次为我们敲响着警钟。

我国防治大气污染的基础性法律是《大气污染防治法》，该法于1987年9月制定，先后在1995年和2000年两度修改，共七章六十六条。该法对大气污染防治的监督管理体制、主要的法律制度、防治燃烧产生的大气污染、防治机动车船排放污染以及防治废气、尘和恶臭污染的主要措施、法律责任等均作了较为明确、具体的规定。目前执行的《环境空气质量标准》（GB3095-1996）中，规定了环境空气质量功能区划分、标准分级、污染物项目、取值时间及浓度限值，采样与分析方法及数据统计的有效性规定。2012年2月，国务院发布了新修订的《环境空气质量标准》（GB 3095-2012，2016年1月起实施），该标准增加了PM2.5监测指标（该指标检测已在部分省市实施）。

与水污染防治监管体制相似，县级以上人民政府环境保护行政主管部门对我国大气污染防治实施统一监督管理。有关机动车船大气污染的监管，由各级公安、交通、铁道、渔业管理部门分别负责。

大气污染防治区域制度是我国大气污染防治的重要制度，它是国务院与省级政府将未达到规定大气环境质量标准的区域和国务院批准划定的酸雨控制区、二氧化硫污染控制区①划定为主要大气污染物排放总量控制区；国务院按照城市总体规划、环境保护规划目标和城市大气环境质量状况，划定大气污染防治重点城市，其中，直辖市、省会城市、沿海开放城市和重点旅游城市应当列入大气污染防治重点城市。

---

① 依据《大气污染防治法》第十八条，"国务院环境保护行政主管部门会同国务院有关部门，根据气象、地形、土壤等自然条件，可以对已经产生、可能产生酸雨的地区或者其他二氧化硫污染严重的地区，经国务院批准后，划定为酸雨控制区或者二氧化硫控制区。"

(三) 土壤污染防治法律制度

土壤是陆地表面具有肥力、能够生长植物的疏松表层，其厚度一般在两米左右。它处于陆地生态系统无机界与生物界中间，不仅在本系统内进行着能量和物质循环，而且与水域、大气和生物之间不断地进行物质交换。土壤污染是指具有生理毒性的物质或过量植物营养元素进入土壤导致的土壤性质恶化和植物生理功能失调现象，污染类型大致可以分为重金属污染、放射性污染、病原菌污染、农药和有机物污染等。土壤污染一般起因于污水灌溉、固体废物倾倒、化肥农药的不当使用和酸雨侵蚀等。受污染的土壤往往还会引发其他环境污染问题，如含重金属浓度较高的土壤在风力和水力的作用下分别进入大气和水体，会引发大气污染、地表水污染、地下水污染和生态系统退化等环境损害。

我国尚无土壤污染防治基本法律，但已经制定了一系列土壤环境质量及相关监测规范和标准。我国现行法律中涉及土壤污染防治的法律法规主要有《中华人民共和国农业法》《土地管理法》《基本农田保护条例》，标准有《土壤环境质量标准》（GB 15618-1995，环境保护部 2009 年 9 月公开征集该标准修改意见）等。

(四) 海洋污染防治法律制度

海洋污染是指直接或间接将物质或能量引入海洋环境，产生损害海洋生物资源，危害人身健康，妨碍渔业和海商等活动，损坏海水使用素质和减损环境质量的现象。在我国，海洋环境污染防治规定在《海洋环境保护法》之中。该法在 1982 年 8 月首次通过，于 1999 年 12 月 12 日修订，共十章九十八条，其空间效力范围是我国的内水、领海、毗连区、专属经济区、大陆架以及我国管辖的其他海域。

我国海洋环境监督管理实行“统一监督管理，分工分级负责”的体制：国务院环境保护行政主管部门统一监管，负责全国防治陆源污染物和海岸工程建设项目对海洋污染损害的环境保护工作。国家海洋行政主管部门负责海洋环境监管，负责全国防治海洋工程建设项目和海洋倾倒废物对海洋污染损害的环境保护工作。国家海事行政主管部门负责所辖港区水域内非军事船舶和港区水域外非渔业、非军事船舶污染海洋环境的监管，并负责污染事故的调查处理，对在中华人民共和国管辖海域航行、停泊和作业的外国籍船舶造成的污染事故登轮检查处理。如果船舶污染事故给渔业造成损害的，应当吸收渔业行政主管部门参与调查处理。国家渔业行政主管部门负责渔港水域内非军事船舶和渔港水域外渔业船舶（从事渔业生产的船舶以及属于水产系统专门为渔业生产、科研、管理服务的船舶）污染海洋环境的监管，负责调查处理船舶污染事故造成的渔业损害以外的渔业污染事故。鉴于军事船舶的军事秘密性和国家秘密性，军队环境保护部门专门负责军事船舶污染海洋环境的监督管理及污染事故的调查处理。

二、有毒有害物质污染防治法

有毒有害物质是指环境难以降解或不能降解的污染物质，如重金属、放射性物质、固体废物、化学品等。不少有毒有害物质是致癌物、致畸物，它们在一定条件下会污染环境、危害生物生命健康。有毒有害物质污染防治通常以专门立法方式，通过控制特定类型的污染物和污染源，阻止其进入生态循环系统，以达到防治目的。此类法律法规主要包括固体废物污染环境防治法、环境噪声污染防治法、放射性污染防治法等。

（一）固体废物（含化学品）污染防治法律制度

导致环境污染的固体废物是指在生产、生活和其他活动中产生的丧失原有利用价值或者虽未丧失利用价值但被抛弃的固态、半固态或置于容器中的气态物质以及法律、行政法规规定纳入固体废物管理的物质。固体废物本身即是污染物，可通过皮肤、食物、呼吸等渠道危害人身健康。固体废物不仅会造成土壤污染，一旦进入大气或水体，还可能造成大气污染或水污染。

按来源不同，固体废物分为工业固体废物、农业固体废物和生活垃圾；按危害程度差异，固体废物分为一般固体废物和危险固体废物。在我国，除环境保护行政主管部门承担一般的监管职责外，建设行政主管部门和环境卫生行政主管部门负责生活垃圾的清扫、收集、储存、运输和处置的监管。

我国于1995年10月首次通过、2004年12月修订的《固体废物污染环境防治法》，是我国监管固体废物的基本法律。该法共六章九十一条，规定对固体废物实行分类管理的原则，规定产品生产者、销售者、进口者、使用者对其产生的固体废物承担污染防治责任；采取充分回收、合理利用、集中处置等有利于固体废物污染环境防治的经济、技术政策和措施，积极促进固体废物的无害化、减量化和资源化，防止二次污染的发生；禁止中国境外的固体废物进境倾倒、堆放、处置，禁止经我国过境转移危险废物。国内跨区域转移固体废物的，应依法报告并申请许可。

（二）环境噪声污染防治法律制度

随着现代工业生产、交通运输和城市建设的发展，噪声已成为继水污染、大气污染、固体废物污染之后的第四大环境公害。噪声产生于工业生产、建筑施工、交通运输和社会生活。噪声强度用声级表示，单位为分贝（dB）。一般而言，声级在30～40分贝是比较安静的环境，超过50分贝就会影响睡眠与休息，70分贝以上会干扰谈话，分散精力，导致人的情绪失稳。长期工作或生活在90分贝以上的噪声环境，会严重影响听力并可能引发神经系统功能紊乱、精神障碍、内分泌紊乱等疾病。

噪声污染是指环境噪声超过国家规定的环境噪声排放标准，并干扰他人正常生活、工作和学习的现象。根据污染源的不同，可将噪声污染分为工业噪声污染、建筑施工噪声污染、交通运输噪声污染、社会生活噪声污染等。

与其他污染不同，噪声污染具有暂时性、即发性和区域性，并且噪声对环境和他人的干扰程度因区域和时间的不同而有所差异。根据我国城市区域环境噪声标准，居民、文教区的标准值白天为55分贝，夜间为45分贝；居民、商业和工业混合区白天为60分贝，夜间为50分贝；工业集中区白天为65分贝，夜间为55分贝。

我国的《环境噪声污染防治法》于1996年10月通过，共六章六十四条。此后，有关行政机关和部分省市先后颁布了一系列防治环境噪声污染的规范性文件，如环境保护部发布的《关于在高考期间加强环境噪声污染监督管理的通知》、广东省实施的《环境噪声污染防治法》（2004 年修订）等。

（三）放射性污染防治法律制度

放射性污染是指由于人类活动造成物料、人体、场所、环境介质表面或者内部出现超过国家标准的放射性物质或射线。放射性污染经常发生在核利用、放射性同位素和射线装置使用、伴生放射性矿物资源的开发利用活动中。由于放射性的有无仅凭人体自身的感官无法感受，而其对人身的伤害却十分严重，所以，对放射性物质的保管、运送、使用都应严格遵守操作规程，避免或尽可能减少其对周围环境造成污染。

我国《放射性污染防治法》于 2003 年 6 月通过，共八章六十三条。该法在总结我国放射性污染防治实践经验的基础上，借鉴国际核与辐射安全监管制度，提出了我国核与辐射环境管理的体系，是我国第一部核与辐射安全监管法律，是继水污染防治法规、大气污染防治法规、环境噪声污染防治法规、固体废物环境污染防治法规后，第五部环保单行法。该法首次明确了放射性污染的防治和管理范围，分别就放射性污染防治的监督管理、核设施放射性污染防治、核技术利用的放射性污染防治、铀（钍）矿和伴生放射性矿开发利用的放射性污染防治、放射性废物管理以及法律责任进行了规定。

国务院环境保护行政主管部门对全国放射性污染防治工作实行统一监管，包括对放射源的产生、进出口、销售、使用、运输、储存和处置全过程统一监管；国务院卫生行政部门和其他有关部门在其职责范围内，对放射性污染实行相应监管；县级以上人民政府应当将放射性污染防治工作纳入环境保护规划。国务院环境保护行政主管部门（同时也是国家核安全主管部门）对放射环境实行分级管理，依照职责分工对本区域内核技术利用、伴生放射性矿开发利用中的放射性污染防治进行监督检查。

国家对从事放射性污染检测工作的机构实行资质管理；对从事放射性污染防治的专业人员实行资格管理制度，人员持证上岗，严格执行科学、合理、规范的工作程序；在室外从事放射性工作时，必须划出安全防护区域并设置危险标志；生产、销售、使用、储存、处置放射性物质和放射性装置的场所，以及运输放射性物质和含放射源的射线装置的工具，应当设置明显的放射性标识和中文说明。

第九章　资源保护法

自然资源是人类社会存在和发展的物质基础，也是一国经济增长与发展的重要源泉。通过立法保护自然资源具有悠久的历史。工业革命以来，人类长期开发利用自然资源造成的不利后果逐步显现，加强对自然资源的法律保护显得日益重要，自然资源保护法正处在成长、完善的过程之中。本章主要学习：①自然资源的一般知识；②对自然资源实行法律保护的必要性；③自然资源法律体系；④自然资源保护法的主要制度。

第一节　自然资源的法律保护

自然资源基本概念、基本知识、基本理论是理解自然资源为什么需要受保护以及怎样保护的基础。要真正理解自然资源保护法及其基本制度就必须先了解这些基本知识。

一、自然资源

自然资源是指存在于自然界中并在一定的经济技术条件下可以被用于生产和生活或用来改善生产和生活状态的物质和能量[①]，它包括土地、水流、草原、矿藏、森林、野生动植物、海洋等被人发现的存在于自然状态中的有用途和有价值的物质[②]。

自然资源的基本特点是其赋存的自然性和开发利用的社会性。自然资源赋存的自然性表现在：第一，自然资源是构成地球生态系统的组成部分。地球是由大气圈、岩石圈、水圈和生物圈构成的，大气、岩石、水、生物等皆是自然资源，它们赋存相连，共同构成庞大、复杂、流动、互相影响和联系的生态体系——地球生态系统。第二，自然资源没有凝结抽象劳动，是非劳动产品。第三，自然资源具有量、质、时间和空间等多种属性。地球生态系统有其自身的运行规律，在自然规律作用下土地、水流、草原、矿藏、森林、野生动植物、海洋等自然资源的数量有限、质量各异，其分布既受地带性因素与非地带性因素的影响，也受时间节律的制约。不仅不同自然资源的时空分布会有很大差异，而且同一种自然资源因受不同属性的地带性规律的影响，也表现出很大的时空差别。这种时空分布规律决定了自然资源在不同时间、不同地域存在着数量和质量的差异[③]。自然资源的自然属性要求人类在通过法律手段保护自然资源时须遵循自然规律，在因时因地制宜开发、利

---

① 金瑞林．环境法学．北京：北京大学出版社，1999：360。蔡守秋先生认为自然资源是指在一定的技术经济条件下，自然界中对人类有用的一切物质和能量。资料来源：蔡守秋．环境资源法学教程．武汉：武汉大学出版社，2000：431

② 徐祥民．环境法学．北京：北京大学出版社，2005：315

③ 徐祥民．环境法学．北京：北京大学出版社，2005：316-318

用、保护各种自然资源的同时重视对其所在的或以其为组成成分的生态系统的法律保护。

自然资源开发利用的社会性表现在：第一，自然资源开发利用与信息、技术有关。迄今的自然资源开发利用史一直是不断发现自然资源的历史。自然资源的范围在不断拓展。但是地球生态系统及其组成成分是客观存在的，在人类社会发展的一定阶段，受到科学技术和信息交流的限制，那些没有被发现或发现了但不知其用途的物质和能量不能称其为自然资源。随着人类科学技术的进步和信息交流的日益发达，过去不是自然资源的物质和能量就可能成为今天的自然资源。第二，自然资源开发利用与人的需求有关。人不需要的物质能量不是自然资源，人需要但无法利用的物质能量也不是自然资源，因为这些物质能量不能进入人们的生产和生活活动。第三，自然资源开发利用更适于结合利用。各种自然资源都是相互联系的，它们共同构成地球生态系统。人类在改变一种自然资源或生态系统中的某些成分时，必然给其周围的其他自然资源带来影响。对任何一种资源的直接利用都会影响其他资源的潜在价值。因此，自然资源的结合利用会使其价值和效用更大。第四，自然资源开发利用与人的规模利用有关。自然资源的开发利用往往都是以连续、大数额投资为前提的，无论是自然资源本身的开发利用，还是防止和防治开发利用引起的破坏与污染都以规模经济为前提。否则，或者是不经济，或者会带来更大的破坏和浪费。第五，自然资源开发利用与人的公共决策有关。自然资源是人类共同拥有的财富，具有公共物品的性质，有关自然资源开发利用的决策应当属于公共决策。第六，自然资源开发利用与外部性有关。自然资源是相连的，却又是由不同的产权主体支配的。这决定了对自然资源开发利用经常存在冲突，给他人增加社会成本的资源破坏、环境污染等行为就是冲突的典型形式。第七，自然资源开发利用与人类社会存在和发展有关。自然资源是人类生存的自然基础，超过自然资源负载力，人类就无法生存更不能发展。第八，自然资源开发利用与一国经济增长与发展阶段有关①。

自然资源的社会属性为在资源保护中引入法律手段提供了可能。法律是调整社会关系的，它通过调整不同主体之间的关系实现对自然资源的合理利用和必要保护。

二、自然资源类型及其利用

自然资源的分类方法和标准众多，按可否再生可以把自然资源分为可再生资源、不可再生资源、恒定资源三类。

可再生资源是指在被开发利用后能通过天然作用或者人工经营再生并继续被人类利用的资源。可再生资源又可以分为生物资源和非生物资源：生物资源是能够通过生物性繁殖，具有生长能力和更新能力的生物性动植物群体。只要不破坏其生态系统的食物链，其物种和生命可以再生。可再生的非生物资源是指有自净能力的可循环利用的非生命物质和能量，如水资源。将可再生资源持续利用纳入法律保护范围，需要规范其利用途径和方法，维持、增强其再生能力：第一，最优利用，即充分发挥可再生资源的最优效益。根据不同资源的特点，结合经济、生态、社会效益，宜工则工，宜农则农，宜牧则牧，宜林则

① 徐祥民．环境法学．北京：北京大学出版社，2005：318-321

林。第二，适度开发，保证可再生资源的持续利用。在遵循自然规律，维持可再生资源的再生能力的前提下适度利用可再生资源。第三，合理组合利用，实现可再生资源的整体功能效益。第四，营造养殖，增强可再生资源的可再生能力。

不可再生资源是指在被开发利用后基本上或者根本上不能再生的资源。不可再生资源（如煤、石油等）都是经历了若干地质年代形成，在人类可预期的时限内无法再生。将不可再生资源保护纳入法律保护范围，需要规范其利用途径和方法：第一，综合利用。对于共生和伴生的不可再生资源应采用多种方法进行采选和冶炼，尽可能把各种资源全部提取出来，避免浪费。第二，最优利用。利用应是充分考虑经济技术条件和开采能力，以最能充分发挥资源效益的方式利用。第三，回收利用。回收不可再生资源开采中的剩余资源，如残余、零散物等及利用后的废料，如废渣、废气等，使资源浪费减少到最低程度，从而延长不可再生资源为人类服务的时限。第四，增加开发。采用现代科学技术手段，提高勘探水平与能力，提高采选、冶炼技术水平与能力，尽可能提高不可再生资源的开发利用效率。

恒定资源是在自然界中大量存在，无论如何使用其总量也不会减少而源源不断地供人类利用的资源。因为恒定资源，如太阳能、风能等无论如何开发利用都不会枯竭，各国都将恒定资源开发纳入法律鼓励范围。

三、自然资源法律保护的由来与发展

自然资源保护是指为了解决现实的和潜在的资源问题，妥善处理人类对自然资源的利用与维护、人类社会的生存与发展同自然的固有秩序之间的关系而采取的各种措施，以及实施的各种行为的总称。自然资源保护的具体方法和手段是多种多样的，如工程技术手段、经济手段、行政管理手段等。自然资源保护法是自然资源保护的法律手段。自然资源保护法指调整人们在自然资源开发、利用、保护和管理自然资源过程中发生的各种社会关系的法律规范的总称。

19 世纪以前，自然资源特别是土地的禀赋一直被认为是社会经济增长与发展唯一的决定因素。支配与占有土地等自然资源成为一个民族、一个国家甚至国家联盟的发展动力。于是从氏族公社到国家制度的产生，以及各种国家制度的变迁，往往是以争夺土地等自然资源纠纷的发生与解决为表现形式的。有关自然资源的占有与支配也一直是各国法律的主要内容。自然资源产权制度表现为民法物权制度。民法是安排自然资源特别是土地资源的占有与支配产权制度的根据，因而自然资源保护法律规范最早往往是以民事法律的形式表现出来的。从古罗马的《十二铜表法》到《拿破仑民法典》都以土地资源为客体安排了土地物权制度。

中华民族自古以来都比较重视对自然资源的法律保护。《秦律》中的《田律》规定："春二月，毋敢伐木山林及雍（壅）隄水。不夏月，毋敢夜草为灰，取生荔、毋（卵）觳，毋毒鱼鳖，毋阱罔（网），至七月而纵之。"① 意思是说，春天二月，不准到山林中砍伐林木，不准堵塞水道。不到夏季，不准烧草作为肥料，不准采取刚发芽的植物或捉取幼兽、鸟卵或幼

① 《睡虎地秦墓竹简·秦律十八种·田律》

鸟，不准毒杀鱼鳖，不准设置捕捉鸟兽的陷阱和网罟。到七月解除禁令。这规定体现了“以时禁发”的原则，有明确的时间观念，而其基本追求是维护资源的正常再生。汉、唐、宋、明、清等朝代都有涉及自然资源保护、植树造林、兴修水利等的法律规定①。

工业革命以来，自然资源产业迅速发展，形成了矿业、林业等资源产业。与之相适应，一些国家先后制定了专门规范这类产业及相关资源的利用的法律。例如，1734 年芬兰的《森林法》、1827 年法国的《森林法》、1866 年美国的《矿业法》、1870 年和 1872 年美国的《木材种植法》《木材和石头法》《沙漠土地法》等。这些法律的颁布与实施确立了有关资源产业管理与交易的秩序，它们与原有的土地法及有关资源保护方面的法律一起形成了对各种自然资源要素进行保护的自然资源法体系。

针对单一资源的立法往往忽略对其他资源的合理开发利用，这样形成的针对不同资源的法律之间难以避免的冲突也削弱了法律应有的效力。从 20 世纪 60 年代起，生态学与系统科学的研究揭示了各种自然资源之间的相互联系，生态系统的统一性为统一的自然资源保护法律规则的制定提供了科学基础。

根据可持续发展原则，审查和改进现行的自然资源保护法律是十分必要的。对自然资源保护法进行修改、完善无疑是 21 世纪各国面临的共同任务。

四、自然资源问题的本质与自然资源保护法的义务本位

自然资源保护是由自然资源问题引起的，从起点上来看，没有自然资源问题就没有自然资源保护，自然资源保护是为了应对自然资源问题而实施的。

在自然规律作用下，土地、水流、草原、矿藏、森林、野生动植物、海洋等自然资源及其组成的自然生态系统给人类活动设置了一个极限——生态阈限。任何自然资源存量和再生量相对于人类的无限需求而言都是有限的、稀缺的，这就意味着任何自然资源都存在一个开发利用的极限。所谓自然资源问题就是由人类对资源的开发利用超过或逼近这个极限造成的。所谓某种资源枯竭就是对这种状态的表达。可以说自然资源衰竭，生物多样性减少，自然生态系统退化、功能下降等自然资源问题的本质就是人类活动及其影响超出了自然生态系统的承载能力。

以自然资源保护法来应对自然资源问题不可避免地面对自然生态系统给人类活动划定的极限边界，关注人与自然的关系。在这一对关系中，能动的一方是人，而非自然。人类必须自身采取主动行动来协调人与自然的关系。不能挑战极限，必须向极限投降。人类所应采取的战略不是前进，而是后退，人类只能在这个极限范围内活动。自我限制是对极限的恰当的也是明智的回应，人类必须限制自己的欲望，在有限的自然生态系统承载能力范围内最大限度地满足欲望，这就需要引入分配的方法②，在极限范围内，在人群之间合理地分配有限的资源。我国《渔业法》对捕捞、养殖等的管理就是采取了这样的思路。例

① 徐祥民，陈书全等．中国环境资源法的产生与发展．北京：科学出版社，2007：8

② 徐祥民先生认为分配的方法是解决有限的资源和无限的欲求之间矛盾的有效方法，即使人类科学技术的发展可能在一定程度上扩展人类可利用的资源消耗的极限量，分配的方法也仍然是有效的、可行的。资料来源：徐祥民．极限与分配——再论环境法的本位．中国人口·资源与环境，2003，(4)

如，国家先确定渔业资源的可捕捞总量，然后根据捕捞量低于渔业资源增长量的原则实行捕捞限额制度，通过捕捞许可来分配可捕量。

分配所体现的基本精神是义务，它给人们占有、开发自然资源的行动设置限制。例如，捕捞许可证的规定就是在强调不要突破渔业资源再生产能力的极限边界，在极限边界内有计划地在从事捕捞业的单位或个人之间分配可捕捞的渔业资源量，从而为从事捕捞业的单位或个人的捕捞行动设置了限制。要求他们服从捕捞计划的统一安排，约束自己的牟利欲望，必须在捕捞许可证规定的范围内从事捕捞活动。分配要求国家、单位或个人约束自己的行为，它用限制性的措施防范人们放纵自己占有、开发自然资源而牟利的欲望。因此，以极限与分配为基础创设的自然资源法律制度是以义务为本位的①。其基本特点是按照人类或一定人群的整体利益需要，为追逐物质利益的人们的行为划定边界，向他们施加其不乐于接受的限制，要求每一个社会主体限制自己的牟利行为，让所有的人、所有的单位、所有的国家承担保护自然资源的义务，把开发自然资源的活动限制在自然生态系统所能容许的范围之内。

第二节　自然资源法律体系

一、自然资源保护法律体系的概念

自然资源保护法律体系是由为实现保护自然资源的目的而创制的用以调整因开发、利用和保护自然资源而发生的社会关系的法律规范所构成的，具有内在统一、有机联系的法律系统。

自然资源保护法律体系是一个社会历史范畴，是一个动态的法律结构体系，它随着经济社会的发展而不断充实和完善。为保证自然资源保护法制的统一及其对社会关系调整基本价值取向的一致性，必须对自然资源保护各单行法及其法律规范进行体系化的整合，通过形成和确定符合自然资源保护法内在逻辑要求的法律体系，有效保证自然资源保护法律体系内在的协调和统一性，并以此为基础维持其发展和演变的内在规律性和一致性。

二、我国自然资源保护立法体系

我国自 1984 年制定第一部自然资源单行法——《森林法》，自此以后自然资源保护法制建设就进入了一个快速发展的新时期，特别是立法工作取得了很大进步。我国已形成了以宪法性规范为依据，以环境保护法为基础，以单项专门法为主干，以其他法律及地方性

① 环境资源法以义务为本位是徐祥民先生倡导的学术观点。资料来源：徐祥民．告别传统，厚筑环境义务之堤．郑州大学学报（社科版），2002，(2)；徐祥民．荀子的“分”与环境法的本位．当代法学，2002，(12)；徐祥民．从全球视野看环境法的本位．环境资源法学论丛，2003；徐祥民．极限与分配——再论环境法的本位．中国人口·资源与环境，2003，(4)；徐祥民．环境权论——人权发展历史分期的视角．中国社会科学，2004，(4)；徐祥民．对“公民环境权论”的几点疑问．中国法学，2004，(2)

法规相配套，以国际条约为补充的自然资源保护立法体系的基本框架。这一体系框架基本覆盖了我国自然资源开发、利用、保护和管理的主要方面。其构成主要包括以下几个方面。

（一）宪法中对自然资源保护的原则性规定

我国《宪法》第九条第二款规定："国家保障自然资源的合理利用，保护珍贵的动物和植物。禁止任何组织或者个人用任何手段侵占或者破坏自然资源。"第十条第五款规定："一切使用土地的组织和个人必须合理地利用土地。"

（二）《环境法》中对自然资源保护的规定

1989 年 12 月通过的《中华人民共和国环境法》（以下简称《环境法》）是综合性的环境基本法，也是进行自然资源保护的法律依据。该法中关于基本任务、保护对象、基本原则和基本制度、管理机构与管理权限以及法律责任等的相关规定，均是自然资源保护法的重要渊源。

（三）自然资源保护单行法律

自然资源保护单行法律是针对特定的保护对象而制定的法律，其数量较多，在自然资源保护立法中占有极其重要的地位。主要包括：《森林法》《草原法》《渔业法》《矿产资源法》《水法》《土地管理法》《中华人民共和国野生动物保护法》（以下简称《野生动物保护法》）等。

（四）自然资源保护法规

自然资源保护法规包括行政法规和地方性法规两部分。行政法规是国务院颁布的自然资源保护法律实施细则或条例，以及涉及资源保护管理具体问题的一些规范性文件，如《中华人民共和国矿产资源法实施细则》《中华人民共和国野生植物保护条例》（以下简称《野生植物保护条例》）和《中华人民共和国水产资源繁殖保护条例》等。地方性法规是地方权力机关结合本地区的实际情况，依据宪法、法律所制定的有关资源保护的规范性文件，如《北京市农村林木保护管理条例》《广东省渔业管理实施办法》等。

（五）自然资源保护规章

自然资源保护规章包括部门规章和地方政府规章。部门规章主要是指国务院各部委和其他工作部门发布的规范性文件。例如，国土资源部发布的《国土资源信访规定》、农业部发布的《农作物种质资源管理办法》等。地方政府规章主要是指省、自治区、直辖市人民政府，省、自治区人民政府所在地的市，国务院批准的较大的市以及经济特区市的人民政府制定的关于资源保护方面的规范性文件。

（六）我国缔结或参加的有关自然资源保护的国际条约或公约

为加强自然资源保护领域的国际合作、维护国家的资源权益，承担国际义务，我国先后缔结和参加了一些有关自然资源保护的国际条约，如1981年我国加入的《濒危野生动植物物种国际贸易公约》。

三、我国自然资源保护法律体系

自然资源保护法律体系是环境法体系的支系统。它可以分为五个亚系统，即土地资源保护法、水资源保护法、生物资源保护法、矿产资源保护法、海洋资源保护法。

（一）土地资源保护法

土地资源保护法指调整人们在土地资源开发、利用、保护和管理过程中发生的各种社会关系的法律规范的总称，即土地资源保护法律规范的总称。我国现行的《土地管理法》《土地复垦规定》《基本农田保护条例》《中华人民共和国城市房地产管理法》《中华人民共和国农村土地承包法》等法律法规中的相关法律规范共同构成土地资源保护法。

（二）水资源保护法

水资源保护法指调整人们在水资源开发、利用、保护和管理过程中发生的各种社会关系的法律规范的总称，即水资源保护法律规范的总称。我国现行的《水法》《中华人民共和国河道管理条例》《取水许可制度实施办法》《中华人民共和国防洪法》等法律法规中的相关法律规范共同构成水资源保护法。

（三）生物资源保护法

生物资源保护法指调整人们在生物资源开发、利用、保护和管理过程中发生的各种社会关系的法律规范的总称，即生物资源保护法律规范的总称。我国现行的《森林法》《草原法》《渔业法》《野生动物保护法》《野生植物保护条例》《中华人民共和国自然保护区条例》（以下简称《自然保护区条例》）等法律法规中的相关法律规范共同构成生物资源保护法。

（四）矿产资源保护法

矿产资源保护法指调整人们在矿产资源开发、利用、保护和管理过程中发生的各种社会关系的法律规范的总称，即矿产资源保护法律规范的总称。我国现行的《矿产资源法》《中华人民共和国盐业管理条例》《中华人民共和国煤炭法》《石油及天然气勘查、开采登记管理暂行办法》《节约能源法》等法律法规中的相关法律规范共同构成矿产资源保护法。

（五）海洋资源保护法

海洋资源保护法指调整人们在海洋资源开发、利用、保护和管理过程中发生的各种社会关系的法律规范的总称，即海洋资源保护法律规范的总称。我国现行的《海域使用管理法》《全国海洋功能区划》《中华人民共和国领海及毗连区法》《中华人民共和国专属经济区和大陆架法》等法律法规中的相关法律规范共同构成海洋资源保护法。

第三节　自然资源保护法律制度

自然资源保护法律制度，是为实现自然资源保护的目的，遵循环境与资源保护法基本原则，用以调整自然资源开发、利用、保护和管理活动及其相关的社会关系的相对完整的规则体系。一方面，这个体系与环境法基本法律制度有密切关系，如自然资源规划制度就是环境资源规划制度的重要内容之一，自然资源许可制度就是环境规制制度的重要内容之一，自然资源有偿使用制度就是环境经济制度的重要内容之一等。环境资源规划制度、环境预防制度、环境规制制度、环境经济制度、环境引导制度、环境救治制度等环境法基本法律制度适用于自然资源开发、利用、保护和管理的全过程。另一方面，在自然资源保护中形成的一些特有法律制度也是自然资源保护法律制度体系的组成部分。本节主要介绍两个适用于各种自然资源保护中的特有法律制度。

一、自然资源产权制度

选择与安排自然资源的占有、使用、收益、处分等支配权利是自然资源开发利用的法律基础，“所有权是如何管理生态系统的重要因素，谁拥有土地或有权使用其资源是确定从生态系统中获取什么产品和服务、如何获取和享有利益的关键”①。世界各国都通过法律对自然资源产权进行规定。自然资源的国有和私有并存，而且形式多样。我国宪法、民法、物权法及各自然资源保护法也对我国自然资源产权进行了规定。

所有权，自然资源所有权是所有人依法独占自然资源，并表现为占有、使用、收益、处分等四种权能，包括国家所有权和农民集体所有权。我国实行社会主义公有制，即全民所有制和劳动群众集体所有制。全民所有，即国家自然资源所有权由国务院代表国家行使；劳动群众集体所有，即农民集体自然资源所有权依法分别属于乡（镇）农民集体、村农民集体、村内集体经济组织所有，分别由乡（镇）农村集体经济组织、村集体经济组织或村民委员会和村内农村集体经济组织行使。我国自然资源所有权也可以在国家和农民集体之间进行变动，但是必须是为公共利益的需要，并且要严格按照法律程序进行。

使用权，自然资源使用权是单位和个人依法控制、开发、利用自然资源的权利。国家所有和农民集体所有的自然资源可以依法确定给单位或者个人使用，即在国家或集体的自然资源上为其设立使用权。享有使用权的单位和个人有保护、管理和合理利用自然资源的义务。依法登记的自然资源使用权受法律保护，任何单位和个人不得侵犯。自然资源使用权主要有土地使用权、林地使用权、草原使用权、水面使用权、滩涂使用权、海域使用权等。

承包经营权是指集体经济组织的成员承包经营农民集体所有的自然资源，单位或个人承包经营国有自然资源或农民集体所有的自然资源从事种植业、林业 、畜牧业、渔业生

---

① 联合国开发计划署，联合国环境规划署，世界银行，世界资源研究所．世界资源报告（2000～2001）人与生态系统——正在破碎的生命之网．王青，等译．北京：中国环境科学出版社，2002：33

产的权利。承包经营自然资源的农民、单位或个人有保护和合理利用自然资源的义务。农民、单位或个人的自然资源承包经营权受法律保护。自然资源承包经营权主要有土地承包经营权、林地承包经营权、草原承包经营权、水面承包经营权等。

二、自然资源合理利用制度

我国《宪法》第九条规定国家保障自然资源的合理利用。怎样才是合理利用？合理可以理解为一些文件所说的“明智”。所谓合理利用自然资源至少包括三个方面的内容：其一，直接利用行为的合理，如减少资源浪费。其二，可持续利用。对于可再生资源，可持续利用指的是在保持其最佳再生能力前提下的利用；对于不可再生资源，可持续利用指的是保存和不以使其耗尽的方式的利用。其三，在充分考虑子孙后代长远利益的基础上利用自然资源①。

自然资源合理利用制度主要由自然资源技术法律规范、自然资源保护规范、自然资源循环利用规范等构成。

（1）自然资源技术法律规范。自然资源法律具有很强的技术性特征。合理利用自然资源的各种技术规范、操作规程、标准等被自然资源法律所确认并上升为自然资源技术法律规范。自然资源技术法律规范包括五个方面：第一，资源标准。资源标准是在自然资源开发中需要保障的资源质量边界，如水质标准、海洋生物质量标准等。第二，禁止性规范。禁止性规范是要求人们在一定时段或一定区域不得从事或不得以某种方法或工具从事开发自然资源的行为规范，如禁渔期、禁渔区的规定就禁止人们在一定时段或一定海域从事渔业捕捞活动。第三，生产规范。生产规范是对开发自然资源的生产过程所订立的规范，如从事养殖生产应当科学确定养殖密度，合理投饵、施肥、使用农药、防治病害等。第四，监测规范。监测规范是按照国家自然资源监测、监视规程和标准对自然资源变化进行规范化监测、监视，科学地获取自然资源信息，定期评价自然资源数量与质量的法律规范。第五，自然资源信息系统。国家利用现代信息技术统一收集、整理、更新、发布自然资源信息，建立自然资源信息系统。如土地管理法建立的土地管理信息系统。

（2）自然资源保护规范。国家为保障自然资源合理利用，采取了一系列保护自然资源的措施，将这些措施纳入自然资源法律，便形成自然资源保护法律规范。自然资源保护规范包括八个方面：第一，自然资源保护投资规范。这是国家为鼓励自然资源投资而制定的规范。第二，特别资源保护规范。这是指国家为保护一些特殊自然资源，如为耕地、基本农田、城市绿地、饮用水源、濒危野生动植物等制定的专门的法律规范。第三，自然生态功能保护规范。自然生态功能保护规范旨在维护自然环境净化能力和自然资源再生能力，通过设立生态效益补偿基金，用于对提供生态效益的自然资源的营造、抚育、保护和管理。第四，资源节约规范。我国厉行资源节约，大力推行节约资源措施，推广节约资源新技术、新工艺，发展资源节约型工业、农业和服务业，建立资源节约型社会，为此而形成的法律规范为资源节约法律规范。第五，造林种草规范。国家规定义务植树，鼓励植树造

---

① 徐祥民．环境法学．北京：北京大学出版社，2005：28-29

林、封山育林、围封改良天然草场、退耕还林还草等提高自然植被覆盖面积，防风固沙、保持水土。第六，防灾规范。防灾规范是防止洪涝灾害、旱灾、火灾、病虫灾害等自然灾害对自然资源的破坏。第七，工程建设与自然资源保护规范。国家加强对工程建设的环境影响评价，防止工程建设对自然资源的破坏。第八，自然资源增殖和保护规范。国家培育和使用增殖自然资源、恢复生态系统结构与功能的资源品种，征收和使用资源增殖保护费，专门用于增殖和保护自然资源。

（3）自然资源循环利用规范。自然资源循环利用规范要求人们利用所占有的自然资源发展生产中遵循减量化、再利用、资源化原则，实现对自然资源的有效利用，减少对自然资源的消耗和生态系统的破坏。减量化是指在生产和服务过程中尽可能地减少自然资源消耗和废物的产生，核心是提高自然资源利用效率。再利用是指自然资源产品多次使用，尽可能地延长产品的使用周期，防止产品过早地生成垃圾。资源化是指自然资源开发中的废物最大限度地转化为资源，变废为宝，化害为利，既可减少自然资源的消耗，又可减少污染物的排放。

第十章 环境退化防治法

环境法不只是简单地保护环境的现有状态，它还担当改善环境的任务，对被人类活动破坏的环境采取措施，恢复其原有的适合人类生存和发展的状态。环境退化就是人类活动超越环境承受能力产生的严重后果，它已威胁到人类的生存和发展。通过立法防止环境退化备受国际社会关注，环境退化防治法正处在成长、完善的过程之中。本章主要学习：①环境退化与环境退化防治法的基本知识；②环境退化防治法律制度。

第一节 环境退化与环境退化防治法

环境退化的基本概念、基本知识是理解如何防治环境退化的科学基础。虽然环境退化防治法是正在成长的一个法律分支，但也有一系列知识需要了解。

一、环境退化及其类型

环境退化是指自然环境发生的那些由人为原因引起的不利于人类的缓慢的、持续的变化。例如，对植被的不当砍伐造成的植被减少、水土流失、土地沙化等。环境退化是对人类行为引起的不利于人类的环境影响的最深刻反映，从本质上揭示了环境承载力严重且持续降低的趋势。

环境退化可以按不同的分类方法进行分类，本书根据环境退化现象归类，共分为环境要素质量不利变化，资源供给能力降低，生物分布和生态系统不利变化，物理和化学屏障的维护能力降低，气候、季节、风雨失调，潜在可利用条件减少六类。

（1）环境要素质量不利变化。大气、水、海洋、土地、矿藏、草原、野生生物等环境要素质量下降，存在不利于人类生存和发展的变化。例如，土地荒漠化备受世界各国关注，《联合国防治荒漠化公约》界定的土地荒漠化是指包括气候变异和人类活动在内的各种因素造成的干旱、半干旱和亚湿润干旱地区的土地退化[①]。土地荒漠化不仅是沙漠周边国家或地区自己的事，由于土地荒漠化对越来越多的国家、越来越多的土地和越来越多的人口生存造成威胁，人们已认识到沙漠化和干旱是全球范围的问题[②]。土地荒漠化有其自然成因，全球气候变暖和气候干旱均会导致干旱、半干旱和亚湿润干旱地区的土壤变干，加速土地荒漠化进程。人类在干旱、半干旱和亚湿润干旱地区违背自然规律滥垦草原、过度放牧等活动启动或加速了土地荒漠化进程。与此同时，人类在干旱、半干旱和滨海地区

---

① 《联合国防治荒漠化公约》第一部分第一条

② 《联合国防治荒漠化公约·序言》

不合理的耕作、灌溉等活动使地下水位上升，易溶盐类在表土层积聚而扩大，也会加速土地盐碱化进程。再如，水体富营养化是水环境质量变化引发的环境退化。水体富营养化是指水环境中限制性营养盐氮、磷和硅等的自然增加和人为增加及由此引起的水生生态系统的相应变化。在人类活动对水环境未产生明显影响之前，自然界中的营养盐收支长期的演替总是处于一种相对平衡的状态。20 世纪中叶起，在生活废水、工业废水和施用磷肥、氮肥的农田水中，经常含有一定量的磷、氮等营养物质，矿物燃烧释放的氮废气通过直接沉降进入水体，开始破坏这种长期以来形成的平衡，氮、磷等营养盐在河川、湖泊和港湾开始大量积累，使这些水体逐渐富营养化。水产养殖过程中的饵料、粪便和排泄物中所含的营养物质氮、磷等也加速了水体富营养化过程。此外，大气质量下降引发的呼吸系统疾病发病率持续处于高位和雾霾天气范围日益扩散，以及放射性物质非自然散布危害人体健康等均是环境要素质量不利变化的现实表现。

(2) 资源供给能力降低。在自然资源法尽量保障资源合理利用的情况下，某些资源仍存在过度利用而导致资源供给能力持续下降现象，人类的生存空间不断恶化。例如，地下水位下降，过度砍伐植被降低森林含蓄水源的能力而造成水资源减少，地下水补给量下降，地下水的超补给量开采减少了地下水的资源量，地下水位下降已成为我国北方地区重大的环境损害现象。再如，耕地面积持续减少，在土地荒漠化、城市化、工程建设等侵占、破坏耕地的进程中可耕地面积不可避免地持续减少。此外，生物可再生资源的再生速率降低，如资源枯竭型城市的不可再生资源减少等，人口增加更是使得人均占有或可得资源量持续下降。

(3) 生物分布和生态系统不利变化。长期以来，生物及其形成的生态系统处于动态平衡之中。随着人口增长，人类对生物资源掠夺的加剧，生态平衡被打破，一些珍稀动植物灭迹，生物资源逐渐趋于衰竭，生物多样性步入下降的轨道，生物分布和生态系统发生不利变化。例如，生物衰竭和生物多样性下降，生物多样性是指所有来源的形形色色生物体及其所构成的生态综合体，它包括物种内部、物种之间和生态系统的多样性①。生物衰竭和生物多样性下降直接影响到人类可从自然环境获取的生物量，对人类的生存和发展构成巨大威胁。再如，植被和生态系统被破坏后加重的水土流失，水土流失是指包括自然变异和人为活动在内的种种因素造成的山区、高原区和丘陵区的土壤水分和表层营养物质流失、土地肥力下降，平原区河道淤塞、湖泊缩小等环境退化。虽然地震、暴雨等自然变异所引发的山体崩塌、滑坡、泥石流也会导致严重水土流失，但是人类对山区、高原区和丘陵区的不合理开发破坏植被和生态系统引起的水土流失则更为普遍，其持续性的危害后果更加严重。此外，森林覆盖率降低、生物分布异常变化、土著物种生境破坏或丧失等也昭示着生物分布和生态系统的不利变化。

(4) 物理和化学屏障的维护能力降低。生物总是存在于一定的时空中，维系时空的各类物理和化学屏障会持续地维护生物的生命存续状态，物理和化学屏障的维护能力降低说明维护生物的生命存续状态的各类物理和化学屏障的功能已经退化。例如，臭氧层空洞增

① 《生物多样性公约》第二条

大导致太空屏障弱化，臭氧层是指行星边界层以上的大气臭氧层[1]。人类活动对大气层的破坏正在逐渐扩大到行星边界层以上的平流层，人类生产所使用的消耗臭氧的物质（如化学发泡剂以及用于制冷的氟氯氢类物质等）向大气排放造成了对平流层中臭氧层的破坏。臭氧层破坏就是指人类向大气排放了过多的消耗臭氧层的物质，造成臭氧损耗，导致臭氧层减薄甚至出现臭氧空洞。臭氧层一直承担着阻拦太阳紫外线辐射对地球生命物质损害的任务，臭氧空洞的出现并放大无疑是对人类的生存环境的破坏，直接导致皮肤癌发病率提高。再如，海岸侵蚀导致海陆依存关系发生不利变化，海岸侵蚀是指包括波浪、潮汐、沿岸流和人类活动在内的各种因素造成的海岸带地区的海岸后退。海岸侵蚀包括海岸线后退、潮间带变窄、湿地面积减少和湿地生境破坏等不利变化。海岸侵蚀也会导致海水入侵以及底床破坏而对工程环境、航运和水产养殖带来消极影响。海岸侵蚀有其自然成因，人类在海岸带地区违背自然规律的活动则往往起加速海岸侵蚀进程的作用。过度采砂是造成海岸侵蚀的重要影响因素。此外，地面沉降、海平面上升等现象也反映了物理和化学屏障的维护能力的降低。

（5）气候、季节、风雨失调。气候、季节、风雨失调表现为某区域或全球出现气候反常、时令改变规律和风雨时空分布紊乱的现象。备受世界各国政府和人民密切关注的全球气候变暖就属于这类环境退化问题。人类活动向大气层过量排放污染物，不仅造成大气污染、酸雨等环境损害现象，更为严重的是引起大气组成成分变化而导致全球气候变暖，进而引发大气环境退化问题。全球气候变暖是指由于人类向大气中排放了过量的温室气体（如二氧化碳等）发生温室效应，引起全球气温升高。其最直观的后果是冰川融化，海平面上升，从而淹没沿海低地和城市，直接威胁人类的生存空间。伴随全球气候变暖，生物生存环境、水循环规律等发生不利变化，异常灾害天气增加也是这种不利变化之一。

（6）潜在可利用条件减少。受科技能力、生产力发展水平等制约，某些环境要素尚未成为可开发利用的自然资源，但不否定它们成为未来人类开发利用的自然资源，这种对当前人类来说还不宜利用、无法利用的但以后具有可利用价值的资源可表述为潜在可利用条件。在环境退化中，潜在可利用条件减少必然影响到人类的长远发展。例如，填海造陆使得某些未来可能发展成港口经济区域的港湾消失，海平面上升可能淹没未来可能开发利用的无居民海岛等。

二、环境退化防治法及其出发点

环境退化防治是指为了解决现实的和潜在的环境退化问题，妥善处理人类对环境的利用与维护、发展同环境的固有秩序之间的关系而采取的各种措施，以及实施的各种行为的总称。环境退化防治是为应对环境退化问题而实施的。环境退化防治法是人类应对环境退化问题的法律手段，是调整人们在防治环境退化过程中发生的各种社会关系的法律规范的总称。

环境退化一旦产生，往往难以消除和恢复，甚至具有不可逆转性。例如，植被破坏造

---

① 《保护臭氧层维也纳公约》第一条

成的水土流失、土地荒漠化或物种的灭绝，都是很难恢复或根本无法恢复的。从实践看，环境退化所造成的经济损失是相当巨大的，而治理环境退化的花费往往是当初经济开发所取得的经济利益的几倍甚至几十倍，有些环境退化则根本无法治理，即使花费再大的代价也难以恢复原本的环境状况①。

防治环境退化需要贯彻环境法预防为主原则。环境科学的研究成果表明，全球气候变暖和臭氧层破坏等环境退化的治理都是极其困难的。所以必须以特别谨慎的态度对待环境退化防治，把防止产生环境退化放在首位。对已经发生的环境退化，应采取积极措施进行治理。

环境退化防治法有效处理环境退化问题必须强调人们防治环境退化的责任和义务，以义务为出发点来设计法律原则、法律制度、法律责任，严格限制可能造成环境严重退化的开发活动。不限制眼下的开发利用，就可能使环境在将来不堪利用。1980 年发表的《世界自然资源保护大纲》提出的"把治理和预防明智地结合起来"的政策，以及《里约环境与发展宣言》原则第十五条建议的预防措施对防治环境退化都有指导和规范作用。

人类在防治环境退化的实践中已经形成了一些法律法规。防治臭氧层空洞、全球气候变暖、土地荒漠化等环境退化一直受到世界各国的关注，1985 年的《保护臭氧层维也纳公约》、1992 年的《联合国气候变化框架公约》、1992 年的《生物多样性保护公约》、1994 年的《联合国防治荒漠化公约》等国际法律文件都强调了缔约国在保护对人类健康和环境有重大影响的臭氧层、防治全球气候变暖和土地荒漠化、防止生物多样性减少中的责任和义务。我国先后加入了这些公约。

新中国成立以来，我国一直关注环境退化防治工作，并陆续颁布了一些防治环境退化的法律法规。例如，为保护生物多样性，1950 年发布了《关于稀有生物保护办法》，为防治水土流失，1957 年颁布了《水土保持暂行纲要》等。1991 年《水土保持法》、2002 年《防沙治沙法》的颁布实施，使我国环境退化防治法逐步得到完善。

第二节　环境退化防治法律制度

环境退化防治法律制度，是为实现防治环境退化的目的，遵循环境法基本原则，用以调整防治环境退化活动及其相关的社会关系的相对完整的管理规则体系。一方面，这个体系与环境法基本法律制度有着密切的关系，如水土保持规划制度就是环境资源规划制度的重要内容之一，环境退化防治奖励制度就是环境引导制度的重要内容之一等。环境资源规划制度、环境预防制度、环境规制制度、环境经济制度、环境引导制度、环境救治制度等环境法基本法律制度适用于环境退化防治的全过程。另一方面，在环境退化防治中形成的一些特有法律制度也是环境退化防治法律制度体系的组成部分。本节主要介绍三个适用于各种环境退化防治的特有法律制度。

① 徐祥民．环境法学．北京：北京大学出版社，2005：122

一、节能减排制度

努力控制和减缓温室气体排放是应对全球气候变暖的重要措施。节能减排制度是指国家根据气候变化特点和温室气体排放状况以及社会经济发展对能源的需要，为应对气候变化，防止气候变暖引起的干旱区扩大而致荒漠化加剧、海平面上升而致海岸侵蚀严重、异常灾害天气而致风雨失调，在社会经济可持续发展中实行节约能源，减少温室气体排放的法律制度。

为加强对节能减排工作的统一监管，国家成立了应对气候变化和节能减排工作的议事协调机构。该机构的职责是：研究制定国家应对气候变化的重大战略、方针和对策，组织贯彻落实国务院有关节能减排工作的方针政策，统一部署节能减排工作，研究审议重大政策建议，协调解决节能减排工作中的重大问题。

随着我国经济的发展，能源消费和二氧化碳排放量必然还要持续增长，减缓温室气体排放将使我国面临开创新型的、可持续发展模式的挑战。各地区、各部门在实施可持续发展战略、加快生态文明建设进程中必须将节能减排纳入国民经济和社会发展总体规划和地区规划中，努力控制和减缓温室气体排放，不断提高适应气候变化的能力。

各行各业推行控制温室气体排放的各项节能降耗措施，通过调整产业结构、推动科技进步、开发温室气体减排技术①和气候变化适应技术②等提高能源利用效率，大力推进节能降耗。逐步改善能源结构，大力发展水电、风电、太阳能、地热能、潮汐能和生物质能等可再生能源，有效削减煤、石油等化石能源消耗中排放的温室气体数量。大力发展循环经济，实施清洁生产，发展煤层气产业，最大限度地减少煤炭生产过程中的能源浪费和甲烷排放，加强农村沼气建设和城市垃圾填埋气回收利用。在满足社会经济发展对工业产品基本需求的同时，尽可能减少水泥、石灰、钢铁、电石等产品的使用量，最大限度地减少这些产品在生产和使用过程中产生的二氧化碳等温室气体的排放。

增加应对气候变化工作的财政投入，完善产业政策、财税政策、信贷政策和投资政策，充分发挥价格杠杆的作用，形成有利于减缓温室气体排放的金融体制，设立温室气体减排基金。

---

① 减缓温室气体排放技术主要包括：先进的能源技术和制造技术、环保与资源综合利用技术、高效交通运输技术、新材料技术、新型建筑材料技术等方面。其中，高效低污染燃煤发电技术，大型水力发电机组技术，新型核能技术，可再生能源技术，建筑节能技术，洁净燃气汽车、混合动力汽车技术，城市轨道交通技术，燃料电池和氢能技术，高炉富氧喷煤炼铁及长寿命技术，中小型氮肥生产装置的改扩建综合技术，路用新材料技术，新型墙体材料技术等在我国的应用与推广，将对减缓温室气体排放产生重大影响

② 适应气候变化技术主要包括：喷灌、滴灌等高效节水农业技术，工业水资源节约与循环利用技术，工业与生活废水处理技术，居民生活节水技术，高效防洪技术，农业生物技术，农业育种技术，新型肥料与农作物病虫害防治技术，林业与草原病虫害防治技术，速生丰产林与高效薪炭林技术，湿地、红树林、珊瑚礁等生态系统恢复和重建技术，洪水、干旱、海平面上升、农业灾害等观测与预警技术等。上述技术有助于增强我国适应气候变化的能力

加强宣传教育，充分利用各种媒体宣传普及气候变化知识和应对气候变化所采取的节能减排措施，提高公众对气候变化问题的科学认识，动员全社会参与节能减排活动。

加强节能减排监督检查。强制淘汰高耗能、落后工艺、技术和设备以及耗能过高的用能产品、设备。对重点耗能产品和新建建筑实行市场准入，对达不到最低能效标准的产品，禁止生产、进口和销售，对不符合建筑节能设计标准的建筑，不准销售和使用。加强对重点用能单位能源利用状况的监督检查，加强对高耗能行业及政府办公建筑和大型公共建筑等公共设施用能情况的监督。加强对产品能效标准、建筑节能设计标准和行业设计规范执行情况的检查。

二、退耕还林、还草制度

植树造林种草不仅能消耗二氧化碳等温室气体，不断提高适应气候变化的能力，而且能有效保持水土、防风固沙，防止水土流失和土地荒漠化的发展；植树造林也能提高森林覆盖率，恢复生态平衡、保护生物多样性，并提高生物资源供给能力；沿海防护林建设也能有效防止海岸侵蚀。退耕还林、还草制度是国家遵循生态规律在不适合开垦的山区、干旱半干旱区和滨海地区实施生态建设工程，逐步退耕，植树种草，提高植被覆盖率，以涵养水源、保持水土、防风固沙、防治盐渍化、保护海岸、丰富生物多样性、增强应对气候变化能力，进而防治环境退化的法律制度。

在山区，《水土保持法》按照坡地的不同坡度分别作了禁止和限制开垦的规定。禁止在25°以上陡坡地开垦种植农作物，已开垦的要根据实际情况逐步退耕，植树种草，恢复植被。开垦禁止开垦坡度以下、5°以上的坡地，必须经县级人民政府水行政主管部门批准。禁止毁林开荒、烧山开荒和在陡坡地铲草皮、挖树蔸；禁止在崩塌滑坡危险区和泥石流易发区取土、挖砂、采石。

在干旱半干旱地区，《防沙治沙法》《水土保持法》等对濒临荒漠的草原作了禁止和限制开垦和开发利用的规定。在沙化土地封禁保护区范围内，禁止一切破坏植被的活动。不得在沙漠边缘地带和林地、草原开垦耕地；已经开垦并对生态产生不良影响的，应当有计划地组织退耕还林、还草。禁止在荒漠草原及半荒漠草原、沙化地区砍挖灌木、药材，防止过量放牧；因过度放牧造成草原沙化退化的，责令补种牧草，恢复植被。禁止在干旱地区铲草皮、挖树蔸。选育抗逆品种，建设人工草场，控制草原的载畜量，恢复草原植被，增加草原覆盖度，调整牲畜结构，改良牲畜品种，推行牲畜圈养和草场轮牧，消灭草原鼠害、虫害，保护草原植被，治理草原退化和土地荒漠化，遏制草地荒漠化加重趋势。

在开发滨海地区的滩涂、海岛等活动中必须采取措施防止海岸侵蚀。建设防护林，保护、恢复、营造红树林①等是《森林法》《海洋环境保护法》的规定。此外，还严格限制在海岸采挖砂、石，要求开发海岸带资源，应当采取严格的生态保护措施，不得造成海岸

① 红树林生态系统的防风、抗浪、护堤、促淤和造陆功能非常突出，能有效防止海岸侵蚀。资料来源：王忠．海洋生态保护与防灾减灾．海洋开发与管理，1998，(4)

地形、岸滩、植被的破坏①。

实施防护林生态建设工程是植树种草的重要内容。我国三北防护林、水土保持林、沿海防护林等防护林生态建设工程提高了植被覆盖率②与生物多样性，通过吸收二氧化碳温室气体以增强应对气候变化的能力，也增强保持水土、防风固沙、保护海岸等生态保护功能。防护林生态建设工程在防治环境退化过程中发挥着重要作用。

省级人民政府可以根据本辖区的实际情况，规定小于25°的禁止开垦坡度。禁止开垦的陡坡地的具体范围由县级人民政府划定并公告。县级以上人民政府行政主管部门对退耕还林、还草、防护林生态建设工程的实施进行统一组织、监管和验收。各级人民政府根据当地情况，组织农业集体经济组织和国营农、林、牧场，种植薪炭林和饲草、绿肥植物，有计划地进行封山育林育草、轮封轮牧，防风固沙，保护植被。

修建铁路、公路和水工程，开办矿山企业、电力企业和其他大中型工业企业，应当尽量减少破坏植被。在铁路、公路两侧地界以内的山坡地，必须修建护坡或者采取其他土地整治措施；工程竣工后，取土场、开挖面和废弃的砂、石、土存放地的裸露土地，必须植树种草；因采矿和建设使植被受到破坏的，必须采取措施恢复表土层和植被，防止环境退化。

树立全民植树造林种草意识，组织全民植树造林，鼓励种草，扩大森林覆盖面积，增加植被面积，治理环境退化。

三、环境退化区域综合防治体系制度

我国《水土保持法》《防沙治沙法》等环境退化防治法律确立了预防为主、防治结合、综合治理环境退化的基本原则，对各种环境退化区域的综合防治体系建设进行了规定。

（1）分区防治。环境退化的治理应当因地制宜，采取综合治理措施，建立环境退化区域综合防治体系。第一，在水力侵蚀地区，应当以天然沟壑及其两侧山坡形成的小流域为单元，实行全面规划，综合治理，建立环境退化综合防治体系。第二，在风力侵蚀地区，应当采取开发水源、引水拉沙、植树种草、设置人工沙障和网络林带等措施，建立防风固沙防护体系，控制风沙危害，遏制环境退化趋势。第三，在容易发生盐碱化或盐渍化的地区，应当采取措施，控制和降低地下水的水位，结合引水洗盐等工程措施治理土地盐碱

---

① 有学者研究了导致海岸侵蚀的诸多因素，强调了人类过度开采海岸带资源对海岸侵蚀的影响。例如，过度开采珊瑚礁资源，不仅对依赖珊瑚礁生存的海洋生物造成严重影响，同时也使其丧失了护岸功能，导致海岸蚀退。我国海岸约有80%的珊瑚礁资源被破坏，文昌市部分海岸近10年已经向陆地一侧后退约230米，年均岸线侵蚀后退20米。再如，在砂质海岸区，由于采挖建筑用砂，已使许多良好的砂质海岸受破坏，海岸侵蚀加剧。我国渤海沿岸的天津、河北、山东等地，因大量采挖贝壳砂用于建筑、饲料等，使许多岸段的贝壳堤消失，造成了海岸严重侵蚀。资料来源：吕彩霞．中国海岸带湿地保护行动计划．北京：海洋出版社，2003：25-27

② 据第六次全国森林资源清查，中国人工造林保存面积达到0.54亿公顷，蓄积量15.05亿立方米，人工林面积居世界第一。全国森林面积达到17 491万公顷，森林覆盖率从20世纪90年代初期的13.92%增加到2005年的18.21%

化。第四，在赤潮、蓝藻灾害易发水域，采取治理水体富营养化的生物操纵法①、人工清除养殖区废物等方法和措施综合治理水体富营养化过程。第五，在海岸侵蚀地区，结合当地自然环境的特点，建设海岸防护设施、沿海防护林、沿海城镇园林和绿地，建立合理的海岸带综合管理制度、综合决策机制以及行之有效的协调机制，对海岸环境退化进行综合治理。第六，有计划地对禁止开垦坡度以下、5°以上的耕地进行治理，根据不同情况，采取整治排水系统、修建梯田、蓄水保土耕作等综合治理措施。

（2）政策支持。国家在资金、能源、粮食、税收等方面对环境退化区域的综合防治体系建设实行扶持政策。国家根据环境退化防治的需要，组织设立环境退化防治重点科研项目和示范、推广项目，并对环境退化防治的科学研究与技术推广给予资金补助、税费减免等政策优惠。在国家支持与地方自力更生相结合、政府组织与社会各界参与相结合下，鼓励环境退化区域的单位和个人对环境退化进行综合治理，鼓励单位和个人在自愿的前提下，捐资或者以其他形式开展公益性的治理活动。环境退化区域的地方各级人民政府，也可以组织当地农村集体经济组织及其成员在自愿的前提下，对已经退化的土地进行集中治理。农村集体经济组织及其成员投入的资金和劳力，可以折算为治理项目的股份、资本金，也可以采取其他形式给予补偿。单位和个人投资进行环境退化治理的，在投资阶段免征、减征各种税收；取得一定收益后，可以免征或者减征有关税收。

（3）承包治理。使用环境退化区域土地的单位和个人，有治理该环境退化土地的义务。环境退化区域的集体所有土地包给个人使用的，应当将治理环境退化的责任列入承包合同，包括水土流失治理承包合同、土地荒漠化和盐碱化治理承包合同、水体富营养化治理承包合同、海岸侵蚀治理承包合同等。荒山、荒沟、荒丘、荒滩可以由农业集体经济组织、农民个人或联户承包进行环境退化治理，应按"谁承包治理谁受益"的原则，签订各种环境退化承包合同。承包治理所种植的林木及其果实，归承包者所有，因承包治理而新增加的土地，由承包者使用。国家保护承包治理合同当事人的合法权益。在承包合同有效期内，承包人死亡时，继承人可以依照承包治理合同的约定继续承包。

企事业单位在建设和生产过程中造成环境退化的，负责治理。本单位确实无能力完成治理任务的，可以委托他人治理或者与他人合作治理。委托或者合作治理的，应当签订协议，明确各方的权利和义务。由人民政府主管部门治理的，治理费用由造成环境退化的企事业单位负担。

不具有土地所有权或者使用权的单位和个人从事营利性环境退化治理活动的，应当先与土地所有权人或者使用权人签订协议，依法取得土地使用权。在治理活动开始之前，从事营利性环境退化治理活动的单位和个人应当向治理项目所在地的县级以上地方人民政府行政主管部门提出治理申请。

---

① 人工栽培大型海藻是目前较为可行的一种利用生物操纵法治理水域富营养化的方法。以氮为例，400毫克/立方米是海水富营养化的最低浓度指标，而栽培海藻由1立方米海水中吸收的氮量是6600毫克/立方米，是富营养化含氮指标浓度的16倍。因此，通过海藻的大量栽培，可以吸收海水中过量的氮、磷来减少海水富营养化的状况，成为改善海洋环境的有效途径和手段。资料来源：李春雁，崔毅．生物操纵法对养殖水体富营养化防治的探讨．海洋水产研究，2002，(1)

第十一章　生态保护法

环境资源诸要素相互依存，各种生物与其生存环境以及生物与生物之间相互作用，彼此通过物质循环、能量流动和信息交换，形成因果相关、环环相扣的生态系统。为调整生态系统保护与管理中的各种关系，国际、国内立法者制定了不少生态保护法律规范，由此形成的生态保护法已成为环境法体系的支系统之一。本章主要学习：①生态保护法的概念；②生态保护法的特点；③生态保护法特有的原则、制度等。

第一节　生态保护法及其产生、发展

“生态”（ecology）一词源于古希腊文字 oikos，原意是“住所”或“栖息地”。居住对象——“生物”、居住地——“环境”，以及二者的“关系”是解析“生态”这一术语的三要素。简单地说，生态是指一切生物的生存状态，以及生物之间和生物在其生活过程中与环境的关系。当人类从生物的生存条件以及相互关系的角度来看待自然界这个整体时，就出现了生态系统的概念。生态学上所讲的“生态系统”（ecosystem）是指在一定时间和空间范围内，生物与其生存环境以及生物与生物之间相互作用，彼此通过物质循环、能量流动和信息交换，形成的不可分割的自然整体[①]。

一、生态保护法的概念

生态保护法（ecological conservation law）是指调整人们在保护生态过程中所发生的社会关系的法律规范的总称。

现实中还没有专门的生态保护法律文件，生态保护法是由存在于若干相关法律法规、国际公约中的法律规范组成的法律系统。其保护对象涉及自然保护区、国家公园、风景名胜区、自然和文化遗产、生物多样性和各种类型的生态系统等。

与自然资源法侧重单个自然资源的效用利益相比，生态保护立法的出发点是强调生态系统的完整性，保护生态系统各要素及各要素之间的结构和生态系统的服务功能。生态保护法之所以独立于污染防治法和自然资源法，是因为后两者都不能替代生态保护法对上述对象予以法律保护[②]。生态保护法已成为环境法体系中环境事务法子系统下的一个支系统，其与污染防治法、自然资源法、环境退化防治法同等重要且相对独立，共同构成环境

---

① 中国大百科全书·环境科学．北京：中国大百科全书出版社，2002：328

② 我国《森林法》《土地管理法》《水法》《草原法》《渔业法》等自然资源法中都包含生态保护法律规范。自然资源法虽然涉及对资源生态的保护，但是，其调整范围几乎不延伸至生境、特殊自然环境以及整体生态功能。自然资源法重在规制人们对自然资源的开发、利用行为，与之相比，生态保护法强调对生态系统的保护与管理

事务法的内容。

与人类利用环境容量排放污染物所造成的环境污染相比，生态破坏主要归因于人类开发、利用自然的行为对生态要素及生态系统服务功能构成破坏。针对环境污染而进行的防治主要采取消极控制的对策和措施，而生态保护强调积极的生态系统管理，注重生态风险评价、生态规划、生态建设、生态损害预防与控制。这是因为，生态问题的产生有着比污染问题更为间接、更为复杂的过程。尽管许多生态问题是渐进的，但有些问题是突变的。生态破坏一旦发生，事后补救的难度很大。生态保护的主要目标是：①保护人类赖以生存和发展的生态过程和生命支持系统，使其免遭破坏和污染；②保证生物资源的永续利用；③保存生物种的多样性和遗传多样性。

生态保护法通过其特有的法律原则、制度，预防和控制生态损害，防止人为原因造成生态系统破坏，保护生物多样性，维护生态安全，并进而促进人与自然相和谐，实现生态、经济、社会的可持续发展。

二、生态保护法的产生与发展

20 世纪 80 年代，随着生态系统生态学[①]的发展，美国对自然资源的管理由围绕单一物种或单一资源，越来越接近整体论的形式，由此产生了生态系统管理的概念。80 年代以后，人们在开展自然保护的实践中逐渐认识到，自然界中各个物种之间、生物与周围环境之间存在着十分密切的联系，自然保护仅着眼于对物种本身进行保护是远远不够的，往往难以取得理想的效果。要拯救珍稀濒危物种，不仅要对有关物种的野生种群进行重点保护，还要保护好它们的栖息地，对物种所在的整个生态系统进行有效的保护。

至 20 世纪 90 年代，在美国学术界，生态系统管理被认为是一种可以用于有效管理国家自然资源的方法。1992 年，美国林务局宣布生态系统管理新政策。同年，联合国环境与发展大会通过的《21 世纪议程》《生物多样性公约》采用了生态保护概念，标志着世界范围内的自然保护工作进入一个新的阶段。生态保护概念逐渐取代自然保护的概念，成为生态保护法的科学基础。

三、我国的生态保护立法

我国已制定、实施的生态保护专门法很少，有关生态保护的法律规范主要存在于《自然保护区条例》《风景名胜区条例》等规范性法律文件中。

近年来，我国在修订环境资源法律时补充、完善了生态保护的内容。例如，1999 年修订的《海洋环境保护法》和 2002 年修订的《草原法》等明显体现了对生态保护的重视。但是，在一些重要的生态保护领域，仍存在立法空白。例如，关于生物多样性保护、湿地

---

① 生态系统生态学（ecosystem ecology）是研究生态系统结构、功能、动态与演替，以及人为影响与调控机理的生态学学科。随着第二次世界大战后生态学蓬勃发展，至 20 世纪 60 年代，生态系统生态学成为生态学研究的前沿。生态系统生态学所强调的“整体性”是人类认识自然生态系统的具有革命性的进步

保护、农业生态保护、国家森林公园保护等方面的法律尚付阙如。对外来物种有意引进的控制、外来物种入侵的治理等重要问题，法律还没有作出具体规定。目前仅有的生态保护法律规范多由行政法规（如《自然保护区条例》《野生植物保护条例》等）确定，它们的立法层级偏低，约束力不强，不能满足生态保护的要求。

第二节 生态保护法的原则与制度

结合对我国的生态保护立法的介绍，本节简要讨论生态保护法的原则与制度。

一、生态保护法的原则

作为环境法的一个独立的分支系统，生态保护法遵循以下原则。

（一）生态保护优先原则

在生态保护和自然资源开发利用发生冲突时，何者应被优先考虑？这是常常遇到的现实问题。例如，海岛既具有经济价值，也具有政治、军事、科学等价值，还具有生态价值[①]。对于这样一种具有多重价值的对象，我们最应关心的是它的哪种价值呢？[②] 如果任由当事人自主安排，那么，受巨大的现实利益驱动，获取经济价值通常会成为首要考虑，而保护生态价值的内在动力往往不足。当前的经济建设中不乏盲目扩张、破坏生态之举，许多不当的资源利用行为之所以发生是因为资源利用者只顾或过分强调眼前或局部的利益，极力实现经济规模的无限扩张，罔顾生态系统的承载能力。资源利用与生态保护之间的矛盾就是眼前利益与人类的长远利益之间的矛盾。生态价值在法律所保护的多元价值中未得到优先排序，是导致生态保护不利的根本原因。

在自然资源开发利用中仅追求经济上的“最大产出”，会导致自然资源的耗竭。要实现自然资源的可持续利用，就应当注重保护生态系统；如果资源利用与生态保护发生冲突，应以生态保护为优先考虑。

鉴于生态破坏的严重性，为有效解决自然资源开发利用与生态保护之间的矛盾，要求立法将“生态保护优先”作为生态保护法的基本原则。所谓生态保护优先原则，就是生态经济学强调的“生态合理性优先”原则，即“人类经济活动的生态合理性优先于经济与技术的合理性”。

（二）生态风险防范原则

全球环境危机将人类卷入全球性的风险之中，这种风险完全超出人类的感知能力，并且不可预见。环境风险一旦转化为生态损害，就会引致系统的、常常是不可逆的损害，而

---

① 生态价值，是指环境价值中无形的、比较虚的、功能性的服务价值。生态系统中各种要素都具有特定的生态服务功能，如森林具有生产有机物的价值、涵养水源的价值、保土的价值、纳碳吐氧的价值、生物多样性的价值等

② 徐祥民，李海清，李懋宁．生态保护优先：制定海岛法应贯彻的基本原则．海洋开发与管理，2006，(2)

且生态损害一般也是不可预见、不可计算的。

生态风险与以往社会的自然危险或危害相比，有其自身显著而独特的性质，如非直接感知性，科学不确定性等。生态风险“既不能以时间也不能以空间被限制，不能按照因果关系、过失和责任的既存规则来负责，不能被补偿或保险”①。

对于人为原因所导致的生态风险，生态保护法根据“自然有极限”“有害推定”等观念，通过限制有可能引发生态风险的原因行为，防止生态系统发生不利于人类的变化，或将不良生态影响控制在人类可以接受的限度之内。

生态风险评价通常要依据科学，但是现有的科学技术并不能对所有行为的生态风险形成确定性认识。人类认识无论在空间还是在时间上都是相对有限的，至今人类对于某些生态风险的发生、发展还存在认识上的盲区，这些盲区可能要存在很长一段时间，因此人类不得不面对具有科学不确定性的生态风险。

对于科学上暂时无法确定是否有害的行为，生态风险评价确立了“有害推定”原则，即只要存在某些致害的可能，就应当假定它们是有害的，除非将来有相反的确定性证据推翻这种假定。在这一认识基础上，生态保护法要求行为人谨慎防范具有科学不确定性的生态风险。谨慎防范就是应当谨慎小心、周密计划和安排，遇有严重或不可逆转损害的潜在性威胁时，不得以缺乏科学、充分的证据为理由，延迟采取符合成本-效益的合理措施防止环境恶化。

（三）生态防止原则

当某一生态风险的发生及其造成生态损害的可能性可以根据一定的科学知识、经验作出判断，加以确定时，生态风险评价的结论是应当积极防止，即采取积极的事前防止措施以避免危害性行为或事件的发生，或将不可避免和已经产生的生态损害控制在法律允许的范围内。

积极防止生态风险的认识在生态保护法上得到确认，并被确立为防止原则(preventive principle)。其较早的规定见于1980年发表的《世界自然资源保护大纲》。该大纲倡导一系列预防性的环境政策，并主张“这些政策要求在环境受损害之前便要付诸行动”。该大纲还指出：“我们的行动策略应是把治理与预防明智地结合起来。”1982年通过的《内罗毕宣言》第九条也有类似规定：“与其花很多钱、费很多力气在环境破坏之后亡羊补牢，不如预防其破坏。”1969年的《瑞典环境保护法》、1990年的《美国污染预防法》、1993年的《日本环境基本法》等国家环境立法也都明确规定了防止原则。在我国，积极防止原则往往同治理问题相结合，称为“预防为主、防治结合、综合治理”的原则。我国《环境保护法》和《水土保持法》等法律法规大都沿用了类似说法。

积极防止原则的具体措施应当是积极的、预防性的事前措施，而不是消极的、反应性的事后补救。

（四）保持原则与保存原则

生态保护法不仅遵循环境法的基本原则，还针对不同的保护对象确立不同的保护原则。在“各类型生态系统保护法”中通常确立“保持原则”　(the principle of the

---

① 乌尔里希·贝克．世界风险社会．吴英姿，等译．南京：南京大学出版社，2004：101

conservation)，而在“特定自然区域保护法”、“濒危物种保护法”中通常确立“保存原则”(the principle of the preservation)。

“保持原则”与“保存原则”的区别在于：在“保持原则”下，人类可以对生态要素及生态系统功能进行生产、生活性利用，如休闲、运动、娱乐、观光等活动。而在“保存原则”下，应保持自然的原生状态，非为科学研究之目的不允许人类对生态要素及其结构、功能进行一般性利用，包括人们对自然界进行的所谓“养护”工作。

“保持原则”与“保存原则”的确立，不仅丰富了“生态保护”的内涵，更重要的是，这种界分体现了生态保护法针对不同的保护对象实行不同的保护方式，而这正是生态规律的要求。

二、生态保护法的制度

认识生态保护法的制度，有助于我们更深入地理解生态保护法的特点。

(一) 生态风险评价制度

生态风险评价是评估由一种或多种外界因素导致可能发生或正在发生的不利生态影响的过程。其目的是帮助环境管理部门了解和预测外界生态影响因素和生态后果之间的关系，有利于环境决策的制定。生态风险评价被认为能够用来预测未来的生态不利影响或评估因过去某种因素导致生态变化的可能性。

目前我国还没有制定专门的生态风险评价法律法规，也没有形成专门的生态风险评价法律制度，有关生态风险评价的内容主要包含在环境影响评价制度之中。另外，有些法律法规或规范性法律文件已经有相关领域生态风险评价的内容。例如，《农业转基因生物安全管理条例》专门规定了涉及风险评价的制度：国家对农业转基因生物安全实行分级管理评价制度，建立农业转基因生物安全评价制度，对农业转基因生物实行标识制度。

(二) 生态规划制度

生态规划是指在编制国家或地区经济社会发展规划时，不是单纯考虑经济因素，而是把当地的地理系统、生态系统和社会经济系统紧密结合在一起进行考虑，使国家或区域的经济发展能够符合生态规律，不致使当地的生态系统遭到破坏。

生态规划制度以可持续发展理论、现代生态学思想和城市规划原理为指导，调整人类活动分布及其空间中的相互关系，通过改善生态系统内各种要素之间在结构、功能和时序上的关系，力求实现区域或城市生态-经济-社会的可持续发展。生态规划制度为区域、城市整体持续发展规划和区域、城市各子系统发展规划的编制与实施提供基本的生态原则和限制性要求，而这些原则和要求可作为规划环境影响评价的评价依据或准则。

我国原国家环境保护总局不仅编制了《全国生态功能区划》草案和《国家重点生态功能保护区规划纲要》，还编制了《全国生态保护“十一五”规划》。2008 年 10 月 23 日公布的《全国土地利用总体规划纲要（2006—2020 年）》规定了生态用地的地位，将生态用地与生活用地、生产用地并称。

(三) 生态功能保护区制度

生态功能保护区是指在涵养水源、保持水土、调蓄洪水、防风固沙、维系生物多样性等方面具有重要作用的重要生态功能区内，有选择地划定一定面积予以重点保护和限制开发建设的区域。建立生态功能保护区、保护区域重要生态功能，对于防止和减轻自然灾害，协调流域及区域生态保护与经济社会发展，保障国家和地方生态安全具有重要意义。国家重点生态功能保护区是指对保障国家生态安全具有重要意义，需要国家和地方共同保护和管理的生态功能保护区。

随着“生态系统管理”方法越来越受重视，以建立生态功能保护区的方式保护重要生态功能区得到相关部门的一致认可。2000 年国务院印发的《全国生态环境保护纲要》明确提出，要通过建立生态功能保护区，实施保护措施，防止生态环境的破坏和生态功能的退化。《国务院关于落实科学发展观加强环境保护的决定》将保持“重点生态功能保护区、自然保护区等的生态功能基本稳定”作为我国环境保护的目标之一。《中华人民共和国国民经济和社会发展第十一个五年规划纲要》将重要生态功能区建设作为推进形成主体功能区，构建资源节约型、环境友好型社会的重要任务之一。以《中华人民共和国国民经济和社会发展第十一个五年规划纲要》明确的国家限制开发区为重点，合理布局国家重点生态功能保护区，建设一批水源涵养、水土保持、防风固沙、洪水调蓄、生物多样性维护生态功能保护区，有助于遏制我国重要生态功能区的生态恶化趋势。

(四) 自然保护区制度

自然保护区，是指对有代表性的自然生态系统、珍稀濒危野生动植物物种的天然集中分布区、有特殊意义的自然遗迹等保护对象所在的陆地、陆地水体或者海域，依法划出一定面积予以特殊保护和管理的区域。自然保护区的概念有广义与狭义之分。广义的自然保护区在范围上相当于特定自然区域，包括所有法律予以特别保护的区域，如自然遗产保护区、资源管理自然保护区、风景名胜自然保护区（含国家公园）、文化遗产自然保护区等。狭义的自然保护区仅指以自然保护和科学研究为目的而划定的自然区域。对狭义的自然保护区予以保护，主要强调保持特定地域的原貌（不管这种原貌是否资源丰富、是否景观优美），严禁人为的干扰和破坏，目的在于保留和提供环境“本底”，而且在同一区域内还要分成不同的区域，采取严格程度不同的保护措施。自然保护区制度就是针对狭义上的自然保护区所规定的法律制度。

划定自然保护区，是各国对一些特殊自然环境和资源给予保护的通行做法。我国的自然保护区制度见于《自然保护区条例》《森林和野生动物类型自然保护区管理办法》《自然保护区土地管理办法》《海洋自然保护区管理办法》以及《环境保护法》《森林法》等的规定中。

(五) 动植物检疫制度

检疫是指根据国家法律对有关生物及其产品和其他相关物品实施科学检验、鉴定与处理，以防止有害生物在国内蔓延和国际间传播的一项强制性行政措施。这种始于人类防范疫病的隔离检疫措施（即卫生检疫），后来扩展到阻止动物、植物危险性病虫害的传播方面，就产生了动植物检疫。

进出境动植物检疫是指由国家法定的机构和人员，依照法律的规定和检疫操作规程、标准，对进出国境的检疫物实施检验、评定、处理，对检疫物的生产、加工、存放、运输过程进行监督。

作为一项制度的动植物检疫主要包括检疫审批制度、检疫报检制度、现场检疫制度、隔离检疫制度、调离检疫批准制度、检疫放行制度、废物处理制度、检疫监督制度和检疫收费制度。

（六）生态补偿制度

生态补偿是20世纪50年代以来，一些国家和地区为了应对经济社会发展中存在的资源耗竭和生态破坏问题所尝试采用的一种经济解决手段，它对于平衡和协调经济社会发展与生态保护之间的紧张关系发挥了积极的作用。就其实质而言，生态补偿通过对从事生态建设的行为进行经济补贴，以弥补其所受损失和支付的代价；通过对生态建设的正外部性行为进行奖励，实现公益外溢的补偿，从根本上调动生产者从事生态建设的积极性，保证生态建设的持续进行。

建立和完善生态补偿制度，提供强有力的政策支持和稳定的资金渠道，是国家生态保护与建设方针得以长期、稳定实施的关键。国家应依据自然生态规律和经济规律，建立健全生态补偿机制。例如，建立资源输出地区与资源受惠地区之间的生态补偿制度、上游地区生态保护与下游地区资源开发之间的补偿制度等；采用各种直接的和间接的补偿方式，保证生态保护和建设有稳定的资金来源，确保在公平、合理、高效的原则下，实现生态保护与生态建设投入的制度化、规范化、市场化。

我国政府很早就重视自然资源的生态补偿问题，早在1953年就建立了育林基金制度，但由于历史的和现实的原因，系统完备的生态补偿制度始终未能建立起来。我国这方面的法律规定散见于一些通知、报告等之中。1992年9月10日《关于出席联合国环境与发展大会的情况及有关对策的报告》第七条提出运用经济手段保护环境，按资源有偿使用的原则，逐步开征资源利用补偿费。1993年国务院《关于进一步加强造林绿化工作的通知》指出："要改革造林绿化资金投入机制，逐步实行征收生态效益补偿费制度。"2005年以来，原国家环境保护总局先后配合国家发展改革委员会研究制定了煤矿开采的生态补偿政策，联合财政部、国土资源部制定了《关于逐步建立矿山环境治理和生态恢复责任机制的指导意见》，开展了生态补偿机制与政策研究，提出了建立生态补偿机制框架的政策建议。2007年，原国家环境保护总局印发《关于开展生态补偿试点工作的指导意见》，并宣布将在自然保护区、重要生态功能区、矿产资源开发和流域水环境保护四个领域开展生态补偿试点；通过试点工作，建立重点领域生态补偿标准体系，探索多样化的生态补偿方法模式，推动相关生态补偿政策法规的制定和完善，为全面建立生态补偿机制奠定基础。

第十二章　环境规划法

环境规划是实现环境目标管理的依据，是环境保护战略和政策的具体落实，是国民经济和社会发展规划的重要组成部分。环境规划的编制和实施对促进环境与经济协调发展，保证国家长治久安具有重大意义。因此，加强环境规划法的研究具有保护环境和促进经济社会协调发展的双重意义。本章主要分三部分概述环境规划法：①环境规划和环境规划法的基本知识；②国民经济发展规划与环境保护总体规划；③环境保护部门规划。

第一节　环境规划与环境规划法

一、环境规划的概念与分类

从生态学原理看，环境损害的产生是人类急功近利的非理智行为造成的。人们的非理智行为不符合人与自然环境协调的要求，最终会危害环境。通过合理的预先计划和安排，限制非理智行为，是人们的行为在总体上实现与环境的协调，便可从根本上预防和杜绝环境损害的产生。这种预先的计划和安排就是一种规划。

（一）环境规划的概念

规划是人们通过思考事先安排其行为的过程，也是一个以最优方式达到目标而制定未来行为的决策过程。它包括两层含义：一是预测和设计未来，即通过对规划对象现状的认识，根据事物的发展规律，勾画未来发展的目标和状态；二是行为决策，即设计为达到或实现预定目标所应采取的方法、步骤、措施等。

对于环境规划的含义，学者们的理解大同小异。环境科学学者一般认为：环境规划是指为使环境与社会经济协调发展，把“社会-经济-环境”作为一个复合生态系统，依据社会经济规律、生态规律和地学原理，对其发展变化趋势进行研究而对人类自身活动和环境所做的时间和空间的合理安排[①]。也有学者将其定义为应用各种科学技术信息，在预测发展对环境的影响及环境质量变化趋势的基础上，为了达到预期的环境目标，进行综合分析后作出带有指令性的最佳方案，认为它是国民经济和社会发展规划的重要组成部分，是环境决策在时间和空间上的具体安排[②]。原国家环境保护总局对环境规划的定义是：环境规划是国民经济和社会发展规划或城市总体规划的组成部分，是应用各种科学技术信息，在

① 郭怀成，尚金城，张天柱．环境规划学．北京：高等教育出版社，2001：1-3

② 程胜高，张聪辰．环境影响破解与环境规划．北京：中国环境科学出版社，1999：9

了解环境质量现状和预测经济发展对环境影响的基础上，为达到预期的环境目标，进行综合分析而作出的带有指令性的最佳方案[①]。

与环境规划相关的有生态（环境）规划、环境资源规划等用词。例如，现代生态规划奠基人麦克哈格（I. McHarg）认为："生态规划是在没有任何有害的情况下，或多数无害条件下，对土地的某种可能用途，确定其最适宜的地区。符合此种标准的地区便认定为本身适宜于所考虑的土地利用。利用生态学理论而制定的符合生态学要求的土地利用规划称为生态规划。"对于环境资源规划，有学者认为是指根据国家或各地区的环境资源状况和社会经济发展的需要，对一定时期和一定范围环境资源的开发、利用、保护和改善活动的目标和行动进行的总体安排[②]。从学者的研究来看，环境规划、生态（环境）规划、环境资源规划分别从不同的系统和视角来审视环境损害，它们之间既有区别，也有交叉之处和相同点。如果从广义上来理解环境损害的产生原因并寻求解决的路径，这些概念之间的共性更多于差别。从实质上看，各种与生态、环境资源保护相关的规划，都是一种克服人类经济社会活动和环境保护活动盲目性和主观随意性的科学决策活动，是国民经济和社会发展规划的有机组成部分，是环境决策在时间、空间上的具体安排，是规划管理者对一定时期内环境保护目标和措施作出的具体规定，其目的都是在发展社会经济的同时保护环境，实现社会、经济发展与资源、环境保护相协调。

鉴于环境规划在环境管理与促进经济社会协调发展中的不可替代的作用，环境规划越来越引起世界各国的重视。20 世纪 60 年代以来，美国、日本、英国、德国、法国等在环境规划管理上先后采取了一系列行动，建立环境规划委员会，指定并实施全国的、州的、城市的和工业区的环境规划，以及在经济发展研究中，把环境规划作为重要内容并取得了较好的效果。

我国的环境规划始于 20 世纪 60 年代末 70 年代初，是伴随着环境保护工作的开展而发展的。1973 年第一次全国环境保护会议上就提出了"合理规划，合理布局"的环境保护工作思路。1993 年原国家环境保护总局要求各城市编制城市环境综合规划，并组织编制了《环境规划指南》。此后，各级政府更加重视环境规划，并大力推进环境规划的实施。

（二）环境规划的分类

按照不同的标准，对环境规划可进行不同的分类。

（1）综合考虑管理层次和地域范围等因素，环境规划可分为国家环境保护规划、区域环境规划和部门环境规划。具体包括全国环境规划、大区（如经济区）环境规划、省域环境规划、流域环境规划、城市环境规划、区县环境规划、乡镇环境规划、小区（控制单元）环境规划、企业环境规划等。

（2）按照环境要素及其性质，环境规划可分为污染综合防治（污染控制）规划、生态或环境保护规划和资源保护（恢复）规划。污染防治规划则可以按照水、大气、固体废物、噪声及其他物理污染等要素划分为不同内容的规划。

---

① 国家环境保护局计划司．环境规划指南．北京：清华大学出版社，1994：1

② 蔡守秋．环境资源法教程．北京：高等教育出版社，2006：187

（3）按规划时期的长短，环境规划大体可分为长远期环境规划（又称远景环境规划，一般为10年以上）、中期环境规划（一般为5～10年）和短期环境规划（一般为5年以下）。

另外，按照规划的约束力，环境规划可分为指导性规划和指令性规划；按照规划制定批准机构，环境规划可分为国家规划、部门规划和地方规划等。

二、环境规划在环境保护中的意义

随着人类对环境损害认识的不断深入，环境规划的作用与地位日益重要。将环境规划纳入国民经济和社会发展规划，是实现经济、社会和环境资源协调发展的必然要求，也是落实科学发展观的内在需要。环境规划因其以促进经济与环境协调发展为目标，在环境保护中发挥着重要作用，对促进环境保护和改善具有深远的意义。其作用主要表现为以下几个方面。

（1）环境规划是促进环境与经济、社会发展相协调的重要手段。环境损害必须与经济社会问题一起考虑，并在经济社会发展中求得解决，求得经济社会与环境协调发展。而环境规划就是协调发展的重要手段。正是环境规划能够在一个较长时期和较大范围内提出战略性的决策，才使其成为较高层次的环境保护手段。环境规划的重要作用就在于协调环境保护与经济、社会发展的关系，预防环境损害的发生，促进环境与经济、社会发展之间的协调。

（2）环境规划为环境保护活动纳入国民经济和社会发展计划提供了保障。环境保护是国家经济、社会生活的重要组成部分，它与经济、社会活动有着密切联系。必须将环境保护活动纳入国民经济和社会发展计划之中，进行综合平衡，环境保护才能得以顺利进行。环境规划就是环境保护的行动计划，这种规划的形成为将环境保护事务纳入国民经济和社会发展计划提供了便利，从而也就使得环境保护的项目、资金等有了落实的保障。

（3）环境规划是指导各项环境保护活动，实现环境管理目标的基本依据。环境规划对于一个区域在一定时期内的环境保护提供了总体设计和实施方案，给各级环境保护部门提出了明确的方向和工作任务。它在环境管理活动中占有较为重要的地位。环境规划制定的功能区划、质量目标、控制指标和各种措施以及工程项目，确定了环境保护工作的具体任务和要求，对环境保护的科学管理具有重要作用。

（4）环境规划是改善环境质量、防止生态破坏的重要措施。环境规划要在一个区域范围内进行全面规划、合理布局以及采取有效措施预防产生新的生态破坏，同时环境规划还可以有计划、有步骤、有重点地应对一些历史遗留的环境损害问题，改善区域环境质量、恢复自然生态的良性循环等。

三、环境规划法

环境规划行为是环境规划的制定主体为达到合理保护和改善环境的目的，确定开发、利用、保护和改善的环境时间、空间分布，并设计为实现目标所需要措施的行为。环境规划法则是以环境规划活动为主要调整对象的法律规范的总称，是环境法的重要组成部分。

从法律渊源上说，国家法律及各项相关法规、制度、条例、标准等都是环境规划法的组成部分。但目前我国尚未出台单行的“环境规划法”，环境规划的法制化尚处于起步阶段，因此在环境规划的编制实施过程中仍缺乏一定的依据和约束。鉴于未来经济发展和环境保护之间的矛盾将变得更加复杂，我国应尽快制定“环境规划法”，把规划申请、授权许可、公众参与等过程以法律的形式固定化。

第二节 国民经济发展规划与环境保护总体规划

一、国民经济发展规划

国民经济发展规划是国家或区域（省域）在较长一段时期经济发展的全局安排，它规定了经济发展的总的目标和任务以及所要发展的重点、所要经过的阶段、所要采取的战略部署和重大政策与措施。国民经济发展规划可分为综合规划、专项规划和项目规划。专项规划是专门为解决国民经济和社会发展中某一关键问题而制定的规划。它可以是某些产业或某些区域的发展规划，也可以是解决经济、科技、社会发展中某一“重大课题的规划”。

20世纪70年代前，我国发展规划的内容使用的国民经济计划指“某一国家或地区范围内物质生产部门和非物质生产部门的总体”，但主要侧重于经济发展，即与物质生产活动直接有关的内容。改革开放以后，社会经济发展范围远远超越物质生产领域，原来主要指物质生产活动的“国民经济”概念已难以涵盖国家规划的内容范围。于是从“六五”计划开始改称“国民经济和社会发展计划”，意指国家发展规划的内容不仅包括物质生产活动的“国民经济”，而且涵盖非物质生产活动的“社会发展”。此后由于科学技术的飞速发展和科学技术在经济发展中的特殊重要作用，又形成了经济发展规划、科技发展规划和社会发展规划这样的规划体系①。“十二五”规划则使用了“国民经济和社会发展总体规划”这一总括性的称呼。

人类社会作为一个复合巨系统，包含社会系统、经济系统、环境系统等子系统。在环境损害日益影响经济和社会发展的今天，环境规划应当成为国家规划和区域规划的有机组成部分。保证资源的可持续支撑能力和环境容载量是实现社会经济可持续发展的关键。社会经济发展规划与环境规划必须要同步制定和有机结合。

我国向来重视国民经济和社会发展规划中的环境规划问题，并在立法中得到明确体现。《环境保护法》第四条规定，国家制定的环境保护规划必须纳入国民经济和社会发展计划，国家采取有利于环境保护的经济、技术政策和措施，使环境保护工作同经济建设和社会发展相协调。与此相应，我国国民经济和社会发展规划中对环境规划给予了高度的重视。在“十五”规划中，确立了环境保护的阶段性目标为“生态恶化趋势得到遏制，森林

① 张雪花，张宝安．将环境规划纳入国民经济和社会规划中的方法初探．中国环境管理干部学院学报，2005，(2)

覆盖率提高到18.2%，城市建成区绿化覆盖率提高到35%。城乡环境质量改善，主要污染物排放总量比2000年减少10%。资源节约和保护取得明显成效”等。在“十一五”规划中设专篇规定环境保护，确定环境保护的任务为：发展循环经济，坚持开发节约并重、节约优先，按照减量化、再利用、资源化的原则，在资源开采、生产消耗、废物产生、消费等环节，逐步建立全社会的资源循环利用体系；保护修复自然生态，生态保护和建设的重点从事后治理向事前保护转变，从人工建设为主向自然恢复为主转变，从源头上扭转生态恶化趋势；加大环境保护力度，坚持预防为主、综合治理，强化从源头防治污染，坚决改变先污染后治理、边治理边污染的状况。以解决影响经济社会发展特别是严重危害人民健康的突出问题为重点，有效控制污染物排放，尽快改善重点流域、重点区域和重点城市的环境质量；强化资源管理，实行有限开发、有序开发、有偿开发，加强对各种自然资源的保护和管理等。在“十二五”规划中明确了近期目标，即到2015年，主要污染物排放总量显著减少；城乡饮用水水源地环境安全得到有效保障，水质大幅提高；重金属污染得到有效控制，持久性有机污染物、危险化学品、危险废物等污染防治成效明显；城镇环境基础设施建设和运行水平得到提升；生态环境恶化趋势得到扭转；核与辐射安全监管能力明显增强，核与辐射安全水平进一步提高；环境监管体系得到健全等。

二、环境保护总体规划

环境保护总体规划中的防治环境污染、保持生态平衡也是国民经济发展规划中所涉及的重点内容。我国环境保护法律法规，对环境保护规划的编制、管理与实施作了具体规定，形成环境保护规划制度。《环境保护法》规定，国家制定的环境保护规划必须纳入国民经济和社会发展计划，县级以上人民政府环境保护行政主管部门，应当会同有关部门对管辖范围内的环境状况进行调查和评价，拟订环境保护规划，经计划部门综合平衡后，报同级人民政府批准实施。1994年国家计划委员会、原国家环境保护总局为加强环境保护计划的编制、实施和检查，制定了《环境保护计划管理办法》，对环境保护计划的内容、编制、实施和管理等事项作了具体规定。

根据《环境保护计划管理办法》，我国环境保护规划的编制程序为：按照国家计划行政主管部门的统一部署，各省、自治区、直辖市和计划单列市的计划行政主管部门会同环境保护行政主管部门，根据国家的环境保护要求，结合本地区的实际情况编制本地区环境保护规划草案，报送国家计划行政主管部门，并抄送国务院环境保护行政主管部门。计划单列市的环境保护规划同时抄报省计划行政主管部门和省环境保护行政主管部门。国务院环境保护行政主管部门在对各省、自治区、直辖市和计划单列市环境保护草案进行审核的基础上，编制国家环境保护规划建议，报送国家计划行政主管部门，国家计划行政主管部门根据环境保护规划建议编制环境保护规划草案，并作为国民经济和社会发展草案的一个组成部分报国务院。地方环境保护规划编制可参照国家环境保护规划编制程序进行。

从规划的形式上看，综合性的环境保护规划主要是国家环境保护五年计划和地方的环境保护五年计划；单项的环境保护规划主要有污染控制规划、生态保护和建设规划和其他专项环境保护规划等。

环境污染控制规划是针对环境污染引起的环境损害而编制的，主要内容包括编制依据、编制原则、规划范围与分区、规划期限与指标、计划重点、污染防治行动方案、污染防治计划实施、各部门职责与监督管理等。我国的环境污染控制规划通常包括在政府制定的环境保护规划中，制定一些环境污染控制专项规划，如国务院批准的《太湖水污染防治"十五"计划》《重金属污染防治"十二五"规划》等。

在国家规划的层次上，1975年5月国务院环境保护领导小组在《关于制定环境保护十年规划和"五五"计划》中要求各地区、各部门把环境规划作为其中的一个组成部分纳入国民经济发展规划。国家环境保护"六五"计划作为独立的篇章首次纳入了《国民经济和社会发展计划》。"七五"环境保护计划同"六五"计划相比，在内容上更为丰富、指标更为齐全。该计划作为独立文件，由国家计划委员会和国务院环境保护委员会共同下发，其主要指标和内容均纳入了国家《国民经济和社会发展计划》。2000年国家制定了《全国2000年环境保护纲要》，在第三次全国环境保护会议上原则通过并且下发执行，使宏观环境规划得到进一步发展。国家环境保护十年规划和"八五"计划的主要指标和内容纳入了《中华人民共和国国民经济和社会发展十年规划和"八五"计划纲要》，这在当时国家向市场经济转型，全面缩减部门计划的大环境下，在国家"八五"计划中加入环境保护专项计划，体现了国家对环境保护规划的重视。1996年第八届全国人民代表大会第四次会议批准了《中华人民共和国国民经济和社会发展"九五"计划和2010年远景目标纲要》，其中明确提出了我国"九五"环境保护目标。同年，国务院批准了《国家环境保护"九五"计划和2010年远景目标》，包括《"九五"期间全国主要污染物排放总量控制计划》和《中国跨世纪绿色工程规划》两个附件。《国家环境保护"九五"计划和2010年远景目标》要求所有城市都要制定或修改环境保护规划，同时还要制定城市环境保护规划管理办法和技术规范；《总量控制计划》确定了"九五"期间12种污染物排放总量的控制指标，标志着我国污染控制将由浓度控制向总量控制转变①。

除政府和环境保护部门外，各个行业也分别制定了"九五""十五"部门行业环境保护规划，环境规划在宏观层次上得到足够的重视。

三、国民经济发展规划与环境保护总体规划的关系

第一，环境保护总体规划是国民经济发展规划是国民经济发展规划体系的重要组成部分。由于环境保护总体规划是一个多层次、多时段的有关环境方面的专项规划的总称，所以环境保护总体规划与国民经济发展规划应同步编制，并纳入其中。环境保护总体规划目标应与国民经济发展规划相互协调，并是其中的重要目标之一。环境保护总体规划所确定的重要任务，如重大环境污染控制工和环境建设工程等，都应纳入国民经济发展规划，参与资金综合平衡，保证同步规划和同步实施。

第二，环境保护总体规划对国民经济发展规划起着重要的补充作用，环境保护总体规划的制定与实施是保障国民经济发展规划目标得以实现的重要条件。环境保护总体规划与

---

① 马晓明．环境规划理论与方法．北京：北京工业出版社，2004：7

国民经济发展规划关系最为密切的有四个部分：一是人口与经济部分，如人口密度、素质，经济的规模以及生产技术水平等；二是生产力的布局和产业结构，它对环境有着根本性影响和作用；三是因经济发展产生的污染，尤其是工业污染，这始终是环境保护的主要控制目标；四是国民经济能够给环境保护提供的资金，这是确定和实现环境保护目标的重要保证。环境保护总体规划纳入国民经济发展规划可以从环境的角度提出人口控制和经济发展的合理政策，促进生产力布局和产业结构合理化，并从预防为主的观念出发，变污染控制的末端处理为全过程控制，将污染控制与技术改造、设备更新、工艺改造、提高生产效益结合起来，实现环境与经济的协调发展①。

《环境保护法》规定“国家制定的环境保护规划必须纳入国民经济和社会发展计划”。在我国传统的国民经济和社会发展规划中相应安排环境规划，具有十分重要的意义和作用。首先，丰富了发展的内涵并拓展了经济发展所涵盖的范围。将环境质量和资源状况指标纳入了经济发展指标之内。表明创造物质财富只是经济发展的一方面，维护和创造良好的生存环境也是经济发展的重要衡量指标。其次，重构了经济发展的基础。环境损害是经济发展中众多问题之一，孤立地解决环境损害只能事倍功半，要从根本上解决环境损害，必须要从经济发展中看待所产生的环境损害，必须要转变发展的模式，通过科学的环境规划，正确处理社会经济发展与环境资源保护、生态稳定保持之间的关系，做到合理安排、各方面协调统一、统筹兼顾，最终达到经济、环境可持续发展的目标。最后，为环境资源保护提供了有力的物质保障和制度依据。环境资源保护作为一项事关全社会的公益事业，需要有充足的物质基础和全社会的共同努力，只有纳入国民经济和社会发展规划，才能整合社会力量，获取充足的财政投资，并可以凭借政府力量进行宏观调控，实现环境资源的合理开发、利用、保护和改善。

环境保护总体规划纳入国民经济和社会发展计划的具体程序为：首先，由国务院环境主管部门编制国家环境资源规划建议；其次，国务院环境主管部门将建议案报送国务院主管部门，国家相关主管部门根据环境资源规划建议编制环境资源规划草案，并作为国民经济和社会发展草案的一个组成部分报国务院；最后，国务院审核同意后报全国人民代表大会通过②。

第三节 环境保护区域规划和事务规划

一、环境保护区域规划

区域规划主要是在城乡规划和工业开发区规划的基础上发展起来的，目的在于因地制宜地发展区域经济，合理利用资源和配置居民分布地，使区域各项建设在地域分布上综合协调。广义的区域规划指对地区经济社会发展和建设进行总体部署，包括区间规划和区内

① 张宝莉，徐玉新．环境管理与规划．北京：中国环境科学出版社，2004：322-327

② 蔡守秋．环境资源法教程．北京：高等教育出版社，2004：187

规划。区间规划主要解决不同区域之间的经济发展和区域间分工协作问题，区内规划是对单个区域内的经济社会发展和建设布局进行全面规划。狭义的区域规划则主要指一定区域内与国土开发整治有关的建设布局总体规划。

区域规划要将规划地区的国民经济与社会发展问题与区域的建设布局问题相结合，由相关部门对此进行综合协调，并在此基础上作出决策，把同区域开发与整治有关的各项重大建设落实到具体地域，为编制中长期部门规划和城市规划提供重要依据。

环境保护区域规划则是为使一定地区环境与经济社会协调发展而对自身活动和环境所做的在时间、空间上的合理安排和总体部署。相对于环境保护总体规划，环境保护区域规划是从整个区域出发，以总量控制为核心，针对区域环境特征划分出不同的环境功能区，并确定相应的环境目标，是区域的经济发展规模控制在环境总量允许的范围以内，促使区域经济结构与工业布局趋向合理，功能更加健全和完善①。

（一）环境保护区域规划的发展

我国从 1992 年起，各级政府部门按照国家统一要求编报环境保护年度计划，并将其纳入国家计划。环境保护部门则负责协调监督各地方、各有关部门安排落实，对促进环境保护与国民经济和社会的协调发展起到保障作用。各地在编制和实施环境保护计划时，侧重把环保执法、制定并实施环境政策、加强环境综合治理作为实现环境目标的手段，取得了较好的效果。

从 20 世纪 70 年代以来，城市环境规划工作开始展开，初期的规划主要侧重污染控制。这个时期的环境保护规划以济南市最为典型。80 年代开始，国内广泛开展环境影响评价和环境规划编制程序、方法的研究，为编制规划打下了基础。1983 年 12 月我国第二次环境保护会议确定了“经济建设、城乡建设、环境建设同步规划、同步实施、同步发展”的环境保护工作方针。此后各中小城市相继制定城市环境规划，城市规划进入综合治理阶段。90 年代起，各大中城市以保障经济建设为目标，以总量控制为手段，又相继制定了城市环境综合治理规划。这些规划有效推动了地方环境规划工作的开展②。

（二）城市规划建设法

城市规划是一定时期内对城市经济、社会和各项建设活动的总体安排，一般表现为规划机关通过或制定的反映城市在一定时期的发展方向、布局和经济、社会等活动的总体部署的规范文件。城市规划分城市总体规划和城市详细规划。城市总体规划应当包括：城市性质、发展目标和发展规模、建设主要标准和定额指标，城市建设用地分布、功能分区和各项建设的总体部署，城市综合交通体系和河湖、绿地系统，各项专业规划，近期建设规划。总体规划侧重于从城市形态设计上落实城市经济、环境保护和社会发展目标。城市详细规划应当在城市总体规划或者分区规划的基础上，对城市近期建设区域内各项建设作出具体规划，其主要内容包括：规划地段内各项建设的用地范围，建筑密度和高度等控制指

---

① 焦保华．论项目环境影响评价与区域环境规划的协调问题．环境保护，1994，(4)

② 马晓明．环境规划理论与方法．北京：北京工业出版社，2004：7-8

标，总平面布置、工程管线综合规划和竖向规划[①]。

为促进我国城市环境保护和经济的健康发展，我国十分重视城市规划立法。1980 年国家基本建设委员会制定了《城市规划编制审批暂行办法》。1984 年国务院颁布《城市规划条例》。1989 年第七届全国人民代表大会常务委员会第十一次会议通过《城市规划法》。这部法律确立了城市规划的基本原则和制度。为配合《城市规划法》的贯彻实施，住房和城乡建设部、国家计划委员会于 1991 年发布《建设项目选址规划管理办法》；住房和城乡建设部 1991 年颁布《城市规划编制办法》，1992 年颁布《城市规划设计单位资格管理办法》。此后又相继颁布了《城市规划设计单位资格管理补充规定》《城镇体系规划编制审批办法》《关于加强小城镇建设的若干意见》《城市规划编制办法实施细则》《建制镇规划建设管理办法》（规定了建制镇规划规定和实施的相关内容）及《城市地下空间开发管理规定》等。2002 年，国务院发布《关于加强城乡规划监督管理的通知》，强调健全城乡规划建设的监督管理体制，住房和城乡建设部发布《城市规划强制性内容暂行规定》，规定了省域城镇体系规划、城市总体规划、城市详细规划中涉及区域协调发展、资源利用、环境保护、风景名胜资源管理、自然与文化遗产保护、公众利益和公共安全方面的强制性内容。

2007 年第十届全国人民代表大会常务委员会第三十次会议通过《城乡规划法》，该法不是对《城市规划法》和《村庄和集镇规划建设管理条例》有关内容的简单归并，而是对城市与农村发展的统筹考虑，明确提出了城乡统筹的概念，旨在打破城乡分割，促进城乡经济社会全面协调可持续发展，让更多的民众享受到经济社会发展成果。该法强调把社会公共利益放在核心位置，对城乡规划基本原则进行规定，特别是对重视资源节约、环境保护、文化与自然遗产保护等进行规定。新法对规划确定的各类公共服务设施用地的保护和对总体规划中强制性内容的规定，体现了对社会公共利益基本载体的保护[②]。

根据《城乡规划法》规定省域城镇体系规划的内容应当包括：城镇空间布局和规模控制，重大基础设施的布局，为保护生态环境、资源等需要严格控制的区域。城市总体规划、镇总体规划的内容应当包括：城市、镇的发展布局，功能分区，用地布局，综合交通体系，禁止、限制和适宜建设的地域范围，各类专项规划等。规划区范围、规划区内建设用地规模、基础设施和公共服务设施用地、水源地和水系、基本农田和绿化用地、环境保护、自然与历史文化遗产保护以及防灾减灾等内容，应当作为城市总体规划、镇总体规划的强制性内容。

乡规划、村庄规划的内容应当包括：规划区范围，住宅、道路、供水、排水、供电、垃圾收集、畜禽养殖场所等农村生产、生活服务设施、公益事业等各项建设的用地布局、建设要求，以及对耕地等自然资源和历史文化遗产保护、防灾减灾等的具体安排。乡规划还应当包括本行政区域内的村庄发展布局。

根据《城乡规划法》的规定，国务院城乡规划主管部门负责全国的城乡规划管理工作。县级以上地方人民政府城乡规划主管部门负责本行政区域内的城乡规划管理工作。直

---

① 蔡守秋．环境资源法教程．北京：高等教育出版社，2004：363-364

② 蒋勇．关于贯彻落实《城乡规划法》的几点思考．城市规划，2006，(12)

辖市的城市总体规划由直辖市人民政府报国务院审批。省、自治区人民政府所在地的城市以及国务院确定的城市的总体规划，由省、自治区人民政府审查同意后，报国务院审批。其他城市的总体规划，由城市人民政府报省、自治区人民政府审批。县人民政府组织编制县人民政府所在地镇的总体规划，报上一级人民政府审批。其他镇的总体规划由镇人民政府组织编制，报上一级人民政府审批。省、自治区人民政府组织编制的省域城镇体系规划，城市、县人民政府组织编制的总体规划，在报上一级人民政府审批前，应当先经本级人民代表大会常务委员会审议，常务委员会组成人员的审议意见交由本级人民政府研究处理。镇人民政府组织编制的镇总体规划，在报上一级人民政府审批前，应当先经镇人民代表大会审议，代表的审议意见交由本级人民政府研究处理。规划的组织编制机关报送审批省域城镇体系规划、城市总体规划或者镇总体规划，应当将本级人民代表大会常务委员会组成人员或者镇人民代表大会代表的审议意见和根据审议意见修改规划的情况一并报送。

城市人民政府城乡规划主管部门根据城市总体规划的要求，组织编制城市的控制性详细规划，经本级人民政府批准后，报本级人民代表大会常务委员会和上一级人民政府备案。镇人民政府根据镇总体规划的要求，组织编制镇的控制性详细规划，报上一级人民政府审批。县人民政府所在地镇的控制性详细规划，由县人民政府城乡规划主管部门根据镇总体规划的要求组织编制，经县人民政府批准后，报本级人民代表大会常务委员会和上一级人民政府备案。城市、县人民政府城乡规划主管部门和镇人民政府可以组织编制重要地块的修建性详细规划。修建性详细规划应当符合控制性详细规划。乡、镇人民政府组织编制乡规划、村庄规划，报上一级人民政府审批。村庄规划在报送审批前，应当经村民会议或者村民代表会议讨论同意。首都的总体规划、详细规划应当统筹考虑中央国家机关用地布局和空间安排的需要。

二、环境保护事务规划

环境保护事务众多，环境保护规划业就适用于不同的事务领域。比较重要的环境保护事务规划有以下几个类型。

（一）污染控制规划

污染控制规划是根据一个国家或地区社会经济发展特点，对一定时期内的污染物排放、削减、治理所做的总体性安排和规划。根据规划的污染物的种类，污染控制规划包括水污染控制规划、大气污染控制规划和固体废物污染控制规划。

(1) 大气污染控制规划。大气污染控制规划就是为了保护大气环境质量，控制和治理大气污染，结合大气环境对污染物的净化作用，对大气污染控制作出的有预见性的安排。大气污染控制规划主要分为：大气污染综合治理规划和大气污染物排放总量控制规划两种。其中，大气污染物排放总量控制规划是以总量控制为指导思想，通过控制一定时间内排放到环境中的大气污染物总量，来实现环境质量达标或目标总量达标的环境规划。

我国《大气污染防治法》对大气污染控制规划的规定主要有两个方面：①规划污染控制区。《大气污染防治法》第十五条规定，国务院和省、自治区、直辖市人民政府对尚未达到规定的大气环境质量标准的区域和国务院批准划定的酸雨控制区、二氧化硫污染控制区，可以划定为主要大气污染物排放总量控制区。主要大气污染物排放总量控制的具体办法由国务院规定。②规划大气污染防治重点城市。《大气污染防治法》第十七条规定，国务院按照城市总体规划、环境保护规划目标和城市大气环境质量状况，划定大气污染防治重点城市。直辖市、省会城市、沿海开放城市和重点旅游城市应当列入大气污染防治重点城市。

(2) 水污染控制规划。水污染控制规划是以河流（包括运河）、湖泊（包括水库）、地下水为保护对象的环境规划，是污染控制规划的重要内容与组成部分。目前水污染控制规划有水环境综合整治规划、水污染物总量控制规划和水污染系统规划等类型。它们都是以水质管理位目标对污染源实施控制。水污染控制规划应当遵循“区域规划服从流域规划，专业规划服从综合规划”的原则，与区域经济和社会发展规划以及城市总体规划、环境保护规划相协调，兼顾各地区、各行业的需要。我国《水污染防治法》明确规定了防治水污染应当按照流域或按照区域进行统一规划，此外还规定了规划的制定程序、规划的实施、规划的法律效力等内容。

(3) 固体废物污染控制规划。固体废物污染控制规划是指综合考虑资源利用、环境影响、处理费用等因素，对固体废物产生、收集、运输、储存、处理、最终处置等各个环节进行科学规划，以使整个固体废物管理系统处于良性运转状态。

固体废物污染控制规划可分成两个层次：一是政策管理规划；二是工程技术方案。政策管理规划侧重于对固体废物的管理要求。其内容包括：①规划区域，在规划时，必须先确定规划的区域，包括面积大小、相邻的区域、相邻区域废物的产生对规划区域废物管理带来的影响；②规划期限，指规划实施的起止时间；③主要固体废物类型。

我国《固体废物污染环境防治法》规定的固体废物污染控制规划包括两个方面的内容。一是规划的编制程序和考虑因素。该法第四条规定，县级以上人民政府应当将固体废物污染环境防治工作纳入国民经济和社会发展计划，并采取有利于固体废物污染环境防治的经济、技术政策和措施。国务院有关部门、县级以上地方人民政府及其有关部门组织编制城乡建设、土地利用、区域开发、产业发展等规划，应当统筹考虑减少固体废物的产生量和危害性，促进固体废物的综合利用和无害化处置。二是工业固体废物污染环境防治规划。国务院环境保护行政主管部门应当会同国务院经济综合宏观调控部门和其他有关部门对工业固体废物对环境的污染作出界定，制定防治工业固体废物污染环境的技术政策，组织推广先进的防治工业固体废物污染环境的生产工艺和设备。县级以上人民政府有关部门应当制定工业固体废物污染环境防治工作规划，推广能够减少工业固体废物产生量和危害性的先进生产工艺和设备，推动工业固体废物污染环境防治工作。

（二）资源保护（恢复）规划

资源保护规划是指根据一个国家或地区自然资源的特点和经济发展的要求，对一定时期（一定区域）内的资源开发利用、保护管理所做的总体安排。资源保护规划是资源开发利用等活动的基本依据，也是实现可持续发展的重要保障。我国目前已有的自然资源法中均有资源保护规划制度。

(1) 水资源保护规划。我国《水法》第十四条规定，开发、利用、节约、保护水资源和防治水害，应当按照流域、区域统一制定规划。水资源保护利用规划分为流域规划和区域规划。流域规划包括流域综合规划和流域专业规划；区域规划包括区域综合规划和区域专业规划。

(2) 土地资源保护规划。土地资源规划是保护土地资源的重要手段。《土地管理法》第四条确立了国家实行土地用途管制制度。该法明确规定，国家编制土地利用总体规划，规定土地用途，将土地分为农用地、建设用地和未利用地。严格限制农用地转为建设用地，控制建设用地总量，对耕地实行特殊保护。使用土地的单位和个人必须严格按照土地利用总体规划确定的用途使用土地。其中，农用地是指直接用于农业生产的土地，包括耕地、林地、草地等；建设用地是指建造建筑物、构筑物的土地，包括城乡住宅和公共设施用地、工矿用地等；未利用地是指农用地和建设用地以外的土地。

此外，《土地管理法》还设专章规定土地利用的总体规划，主要内容包括：①土地总体规划的编制原则；②土地利用总体规划的编制程序和批准机构；③规划的限制性要求，主要包括建设用地总量控制要求、耕地总量限制要求、明确土地用途要求、下级规划依据上级规划要求。

(3) 森林资源保护规划。退耕还林规划是目前我国实施得比较成功的森林资源保护规划。《退耕还林条例》中设专章规定退耕还林规划。其主要内容有：①编制程序。退耕还林总体规划由国务院林业行政主管部门编制，经国务院西部开发工作机构协调、国务院发展计划部门审核后，报国务院批准实施。省、自治区、直辖市人民政府林业行政主管部门根据退耕还林总体规划会同有关部门编制本行政区域的退耕还林规划，经本级人民政府批准，报国务院有关部门备案。②规划的内容。退耕还林规划应当包括下列主要内容：范围、布局和重点；年限、目标和任务；投资测算和资金来源；效益分析和评价；保障措施。③规划的限制性要求。第一，退耕还林规划应当与国民经济和社会发展规划、农村经济发展总体规划、土地利用总体规划相衔接，与环境保护、水土保持、防沙治沙等规划相协调。第二，退耕还林必须依照经批准的规划进行。未经原批准机关同意，不得擅自调整退耕还林规划。第三，省、自治区、直辖市人民政府林业行政主管部门根据退耕还林规划，会同有关部门编制本行政区域下一年度退耕还林计划建议，由本级人民政府发展计划部门审核，并经本级人民政府批准后，报国务院西部开发工作机构、林业、发展计划等有关部门。

(4) 草原保护规划。我国《草原法》第三章专门规定了草原保护规划，其主要内容有以下几个方面。第一，规划的编制原则。主要包括：①改善生态环境，维护生物多样性，促进草原的可持续利用；②以现有草原为基础，因地制宜，统筹规划，分类指导；③保护为主、加强建设、分批改良、合理利用；④生态效益、经济效益、社会效益相结合。第二，编制程序和机关。国家对草原保护、建设、利用实行统一规划制度。国务院草原行政主管部门会同国务院有关部门编制全国草原保护、建设、利用规划，报国务院批准后实施。县级以上地方人民政府草原行政主管部门会同同级有关部门依据上一级草原保护、建设、利用规划编制本行政区域的草原保护、建设、利用规划，报本级人民政府批准后实施。经批准的草原保护、建设、利用规划确需调整或者修改时，须经原批准机关批准。第三，规划的要求。草原保护、建设、利用规划应当包括：草原保护、建设、利用的目标和措施，草原功能分区和各项建设的总体部署，各项专业规划等；草原保护、建设、利用规划应当与土地利用总体规划相衔接，与环境保护规划、水土保持规划、防沙治沙规划、水资源规划、林业长远规划、城市总体规划、村庄和集镇规划以及其他有关规划相协调；草原保护、建设、利用规划一经批准，必须严格执行。第四，相关的管理制度。《草原法》确定了草原调查、草原统计等制度确保草原规划的贯彻实施。

此外，在渔业资源、矿产资源保护领域也有相应的保护规划，其主要规划的原则、内容、制度要求与前述规划类似。

（三）生态保护规划

生态保护规划是为了保持自然生态平衡，国家和地方各级人民政府对一定时期各自然环境要素的保护、改善及实现目标的措施和手段所做的总体安排。它以国家和区域的生态现状为基础，确实生态保护和生态建设的目标和任务，目的在于保持自然环境的良好状态，恢复被破坏的生态环境，维护生态平衡，是国民经济和社会发展规划的重要组成部分。1998 年国务院发布的《全国生态环境建设规划》对全国的生态环境建设具有长期的指导作用，已被纳入国民经济和社会发展计划。该规划涉及全国陆地生态环境建设的一些重要方面，如天然林等自然资源保护、草原建设、生态农业等。2000 年国务院发布的《全国生态环境保护纲要》对于全国各地区、各有关部门制定生态环境保护规划具有重要指导意义。该纲要分析了我国生态环境保护状况，确立了我国生态环境保护的指导思想、基本原则与目标，明确了生态环境保护的主要内容与要求，提出了我国生态保护的对策与措施①。

（四）环境退化防治规划

环境退化防治规划是针对环境退化这一现实情况而作出的专项规划，是国家和地方各级人民政府根据各自负责区域的环境情况，对一定时期的防治环境污染、破坏及实现目标的总体安排。

环境退化防治规划以应对环境退化为主要任务，合理安排经济社会活动，避免环境的破坏与污染。同其他环境规划相比，环境退化防治规划更符合环境保护的要求，其立足于“预防为主”的环境保护原则，通过寻求合理安排经济社会活动，防止环境退化问题的产生，此外环境退化防止规划是其他环境规划的前提，只有在确保现有环境状况不恶化的基础上，才能进行诸如环境生态保护规划及环境污染控制规划等活动，否则一旦发生环境退化问题，其他环境规划也就失去了各自存在的价值和意义。

根据我国环境退化的现状，环境退化防止规划应当包括：防治土地退化、防治森林资源减少、防治水生态（包括海洋）退化、防治生物多样性减少等方面。但我国目前仍缺乏环境退化防治规划的法律法规，环境退化防治规划工作缺乏明确的法律依据，尚须在立法上予以重视、完善。

---

① 蔡守秋．环境资源法教程．北京：高等教育出版社，2004：191

第十三章　环境许可法

环境许可是国家行使环境管理职权的重要手段，它不仅被视为污染控制的支柱手段，同时在自然资源管理和生态环境保护方面也得到了广泛运用。学习本章主要应该掌握以下几方面内容：①环境许可和环境许可法的一般知识；②污染防治领域的主要许可制度；③自然资源开发利用过程中的许可制度；④生态保护中的许可制度。

第一节　环境许可和环境许可法

环境许可是国家为保护环境而对人们的生产生活活动施加必要干预的制度。作为一种事先控制型的规制制度，环境许可着眼于对相关活动采取预防性限制措施。在实现保护生态环境目标的同时，环境许可也会对行政相对人以及其他人的权益产生直接的影响，因此有必要对其进行法律规范。本节主要就环境许可以及环境许可法的基本内容进行阐述。

一、环境许可

环境许可是指国家环境管理机关根据公民、法人或者其他组织的申请，经依法审查，准予其从事涉及生态环境保护与资源开发利用等活动的行为。

环境许可具有以下特点：①环境许可是依申请的行政行为，以行政相对人提出申请为前提和必要条件。否则，即使行政相对人符合相关条件，环境行政机关也不能主动给予许可。②环境许可是环境管理机关审查确认自然人、法人或者其他组织达到规定的条件，准许其从事特定活动的行为。③环境许可在性质上是针对一般人禁止的事项对特定人的解除，其内容表现为授益性，即申请人一旦获得环境许可，就可以从事相关活动，并因此取得相关利益，其利益受法律保护。④环境许可既是具体行政行为，也是一种法律制度。从制度的层面理解，环境许可应当是有关行政许可的申请、审查、批准以及监督管理等一系列制度的总和。

环境许可种类繁多，根据许可的内容，可以将环境许可分为行为许可和资格许可两种。行为许可是指准予从事环境资源有关的特定行为的许可，包括建设工程项目许可、排污许可、取水许可、森林采伐许可以及对建设项目环境保护设施的使用许可、危险废物经营许可和可用作原料的固体废物进口许可等。资格许可，是指对从事与环境资源有关的特定职业或活动的自然人和法人，由国家依法核发证明文书，赋予其从事该职业或活动的资格。例如，民用核设施操纵人员的许可，民用核安全设备焊工、焊接操作工和无损检验人员的许可，从事建设项目环境影响评价单位和环境保护设施运营单位的许可等。根据许可的目的，环境许可还可以分为污染防治许可、自然资源的开发利用许可以及生态保护许可等。

环境许可大多以证照形式表现出来，如许可证、执照、资格证、资质证等。此外，也体现为批准文件等非证照形式，如对建设项目环境影响报告书的批准等。

二、环境许可法

环境许可法是有关环境许可的一系列法律规范的总称，环境许可法实质上是环境许可制度的法律化。对于环境许可，我国的《中华人民共和国行政许可法》对包括环境许可在内的行政许可作出了一般性规定，同时我国的《环境保护法》以及有关环境资源的单项立法对环境许可作出了具体的规定。综合上述有关环境许可的法律规定，可以将环境许可法的内容主要概括为如下几个方面。

(1) 关于环境许可设定的规定。一方面，环境许可的设定需要坚持适度原则，将许可限定在必要的范围内，以减少对公民权益不必要的影响。具体包括：①在政府与市场的关系方面，坚持市场调节优先，即市场竞争机制能够有效调节的，不需设环境许可；②在政府与社会的关系上，坚持社会自律和自治优先，即行业组织或者中介机构能够自律管理的，不需设环境许可；③在政府与个人的关系上，公民、法人或者其他组织能够自主决定的，也不需设环境许可。另一方面，在设定权限上，根据我国的立法体制和行政管理需要，可以设定环境许可的包括法律、行政法规、国务院决定、地方性法规等。

(2) 关于环境许可实施机关和实施程序的规定。环境许可的实施机关是具有环境许可权的环境管理机关、受委托的其他行政机关以及具有管理公共事务职能的组织等。环境许可的实施程序包括环境许可的申请与受理、审查与决定、听证以及许可的变革与延续等。

(3) 关于环境许可监督检查的规定。具体包括对行政主体实施行政许可的监督和行政机关对行政相对人从事许可事项活动的监督检查的相关规定。

(4) 关于法律责任的规定。

第二节　环境污染防治中的许可制度

环境许可制度在污染控制方面占有重要地位，有污染控制法“支柱”之称。环境污染防治中的许可有多种不同的形式，本节主要对其中的三种典型环境许可制度进行阐述。

一、排污许可

排污许可是指向环境排放污染物的排污者，应当事先向环境行政主管部门提出申请，经审查批准领取许可证后，按照排污许可证所规定的条件排放污染物。排污许可按照排放污染物的种类，可以分为大气污染物、水污染物、环境噪声、固体废物的排放许可以及向海洋排放污染物的许可等。

排污许可具有两方面特点：第一，排污许可以排污行为的程度管理为核心，即排污许可不仅是行政机关对申请人排污行为的许可，更关键是对其排污行为程度（污染物的排放量和排放浓度）的批准；第二，排污许可尽管赋予排污者按照许可证的规定合法排污的权利，但是一旦排污者的行为造成了环境污染，仍需要按照无过错责任原则承担污染损害赔偿责任①。

排污许可以排污登记申报为基础，其基本管理程序包括排污申报、核定排污量、审批发放许可证以及监督管理等。排污许可也是贯彻落实污染物总量控制制度的重要保障。这里以水污染物的排放许可为例，加以说明。

（1）排污登记。排污登记，即排污单位应当依法向县级以上地方人民政府环境保护主管部门申报登记拥有的水污染物排放设施、处理设施和在正常作业条件下排放水污染物的种类、数量和浓度，并提供防治水污染方面的有关技术资料。

（2）确定污染物的总量控制目标和污染物总量削减指标。省、自治区、直辖市人民政府按照国务院的规定削减和控制本行政区域的重点水污染物排放总量，并将重点水污染物排放总量控制指标分解落实到市、县人民政府。市、县人民政府根据本行政区域重点水污染物排放总量控制指标的要求，将重点水污染物排放总量控制指标分解落实到排污单位。

（3）审批发放许可证。向水体排放废水、污水的企事业单位必须取得排污许可证。审批发放许可证时，应当规定必须遵守的条件，如污染物的允许排放量、排放方式等。禁止企事业单位无排污许可证或者违反排污许可证的规定向水体排放前款规定的废水、污水。

（4）监督检查。一方面，建立必要的监督检查制度，包括排污单位自我监测、记录和上报排污情况的制度以及环境保护部门的监督检查制度。另一方面，加强对重点排污单位的监控。重点排污单位应当安装水污染物排放自动监测设备，与环境保护主管部门的监控设备联网，并保证监测设备正常运行。重点排污单位名录由设区的市级以上地方人民政府环境保护主管部门会同同级有关部门确定。

按照上述程序，依法取得的排污许可证实质上赋予有关企事业单位向环境排放一定量污染物的权利。在总量控制的条件下，企业可以将这种权利储存起来用于扩大再生产，或者有偿转让给其他企业，从这个意义上讲，排污交易可以看成是排污许可的一种衍生制度。

二、防止废物污染环境的许可制度

我国在防止废物污染环境方面采取的基本对策是对废物进行全过程管理，并区分废物的种类，强化对危险废物的监管。有关废物的许可制度即是按照这样的思路，选取废物管理中的关键环节和废物的危险程度进行许可管理，具体包括固体废物的转移许可、危险废物经营管理许可以及海洋倾废许可等。

1. 固体废物的转移许可

固体废物的转移许可包括国内的转移许可和进口废物的许可。其中，在国内固体废物的转移方面，如果是跨省转移的，应当向移出地的省、自治区、直辖市人民政府环境保护行政主管部门提出申请。移出地的省、自治区、直辖市人民政府环境保护行政主管部门商

---

① 张国祥，毛显强，等．环境保护行政许可实施指南与应用实例．北京：化学工业出版社，2004：166-167

经接受地的省、自治区、直辖市人民政府环境保护行政主管部门同意后，准予转移。如果转移的是危险废物，必须按照国家有关规定填写危险废物转移联单，并向移出地设区的市级以上地方人民政府环境保护行政主管部门提出申请。移出地设区的市级以上地方人民政府环境保护行政主管部门商经接受地设区的市级以上地方人民政府环境保护行政主管部门同意后，准予转移。对于可以用作原料的固体废物等的进口许可方面，实行限制进口和自动许可进口分类管理制度，对于进口列入限制进口目录的固体废物，应当经国务院环境保护行政主管部门会同国务院对外贸易主管部门审查许可。进口列入自动许可进口目录的固体废物，应当依法办理自动许可手续。

2. 危险废物的经营许可

凡从事收集、储存、处置危险废物经营活动的单位，必须向县级以上人民政府环境保护行政主管部门申请领取经营许可证。

按照经营方式，危险废物经营许可证分为危险废物收集、储存、处置综合经营许可证和危险废物收集经营许可证。领取危险废物综合经营许可证的单位，可以从事各类别危险废物的收集、储存、处置经营活动；领取危险废物收集经营许可证的单位，只能从事机动车维修活动中产生的废矿物油和居民日常生活中产生的废镉镍电池的危险废物收集经营活动。

3. 海洋倾废许可

我国对向海洋倾倒废物实行许可制度。任何单位未经国家海洋行政主管部门批准，不得向中华人民共和国管辖海域倾倒任何废物。海洋倾废许可证的管理程序包括以下几个方面。

（1）需要倾倒废物的单位，必须向国家海洋行政主管部门提出申请，按规定的格式填报倾倒废物申请书，并附报废物特性和成分检验单，经国家海洋行政主管部门审查批准，发给许可证后，方可倾倒。

（2）国家对向海洋倾倒废物实行分级管理，并按照科学、合理、经济、安全的原则选划海洋倾倒区。

（3）获准倾倒废物的单位，应当按照许可证注明的期限及条件，到指定的区域进行倾倒。

（4）获准倾倒废物的单位，应当详细记录倾倒的情况，并在倾倒后向批准部门作出书面报告。

三、有毒有害物质安全管理中的许可

为了防止化学品、放射性物质等有毒有害物质污染环境，我国对有关物质的使用、经营和运输等实行许可制度。具体包括以下两个方面。

1. 危险化学品的安全管理许可制度

鉴于危险化学品的特性，需要对生产、储存、使用、经营以及运输等采取全过程监管，并普遍实行许可制度，具体包括以下几个方面。

（1）危险化学品的生产、储存和使用许可。国家对危险化学品的生产和储存实行统一规划、合理布局和严格控制，并对危险化学品生产、储存实行审批制度；未经审批，任何单位和个人都不得生产、储存危险化学品。

（2）危险化学品的经营许可。国家对危险化学品经营销售实行许可制度。未经许可，任何单位和个人都不得经营销售危险化学品。经营剧毒化学品和其他危险化学品的企业必须符合法定条件，并依法分别向省、自治区、直辖市人民政府经济贸易管理部门或者设区的市级人民政府负责危险化学品安全监督管理综合工作的部门提出申请。有关部门接到申请后，对符合条件的，颁发危险化学品经营许可证，并将颁发危险化学品经营许可证的情况通报同级公安部门和环境保护部门。

（3）国家对危险化学品的运输实行资质认定制度，未经资质认定，不得运输危险化学品。

2. 放射性物质安全管理中的许可制度

放射性物质安全管理的许可主要包括以下几个方面。

（1）核设施营运许可。核设施营运单位在进行核设施建造、装料、运行、退役等活动前，须按照国务院有关核设施安全监督管理的规定，申请领取核设施建造、运行许可证并办理装料、退役等审批手续。核设施营运单位领取有关许可证或者批准文件后，方可进行相应的建造、装料、运行、退役等活动。

（2）核安全设备许可。为保证民用核设施的安全运行，预防核事故，民用核安全设备设计、制造、安装和无损检验单位应当依法申请领取许可证。申请领取民用核安全设备设计、制造、安装或者无损检验许可证的单位，应当向国务院核安全监管部门提出书面申请，并提交证明材料。国家禁止无许可证擅自从事或者不按照许可证规定的活动种类和范围从事民用核安全设备设计、制造、安装和无损检验活动，禁止委托未取得相应许可证的单位进行民用核安全设备设计、制造、安装和无损检验活动。

（3）核技术利用许可。生产、销售、使用放射性同位素和射线装置的单位，应当按照国务院有关放射性同位素与射线装置放射防护的规定申请领取许可证，办理登记手续。

（4）铀（钍）矿开发利用许可。开发利用或者关闭铀（钍）矿的单位，应当申请领取采矿许可证，在申请采矿许可证或者办理退役审批手续前编制环境影响报告书，报国务院环境保护行政主管部门审查批准。

（5）放射性固体废物的储存、处置许可。设立专门从事放射性固体废物储存、处置的单位，必须经国务院环境保护行政主管部门审查批准，取得许可证。国家禁止未经许可或者不按照许可的有关规定从事储存和处置放射性固体废物的活动。禁止将放射性固体废物提供或者委托给无许可证的单位储存和处置。

第三节 自然资源开发利用中的许可制度

自然资源开发利用中的许可制度具体包括自然资源开发中的许可和自然资源利用性质的许可两种。前者包括林木采伐许可、采矿许可等，后者包括土地使用许可、草原使用许可、海域使用许可、养殖许可等。本节主要介绍其中几种有代表性的许可制度。

一、取水许可

所谓取水许可，是指直接从江河、湖泊或者地下取用水资源的单位和个人，除法律规定的家庭生活和零星散养、圈养畜禽饮用等少量取水等情况外，应当依法申领取水许可证，并缴纳水资源费。

取水许可需要遵循优先满足城乡居民生活用水原则、水资源规划原则、地表水与地下水统筹考虑，开源与节流相结合、节流优先的原则以及取水许可实施的公开、公平、公正、高效和便民的原则。

（1）取水许可的实施程序。取水许可主要有以下程序：①申请和受理。直接从江河、湖泊或者地下取水的单位或者个人，应当向具有审批权限的审批机关提出申请。具有审批权的审批机关包括县级以上人民政府水行政主管部门和国务院水行政主管部门在国家确定的重要江河、湖泊设立的流域管理机构。②审查和决定。审批机关受理取水申请后，应当对取水申请材料进行全面审查，并综合考虑取水可能对水资源的节约保护和经济社会发展带来的影响，决定是否批准取水申请。其中，审批机关认为取水涉及社会公共利益需要听证的，应当向社会公告，并举行听证。取水涉及申请人与他人之间重大利害关系的，审批机关在作出是否批准取水申请的决定前，应当告知申请人、利害关系人。申请人、利害关系人要求听证的，审批机关应当组织听证。决定批准的，应当依法发给取水许可证。

（2）取水许可的转让。依法获得取水权的单位或者个人，通过调整产品和产业结构、改革工艺、节水等措施节约水资源的，在取水许可的有效期和取水限额内，经原审批机关批准，可以依法有偿转让其节约的水资源，并到原审批机关办理取水权变更手续。

（3）取水许可的监督管理。县级以上人民政府水行政主管部门或者流域管理机构依法对取水许可制度的实施进行监管。取水审批机关依照本地区下一年度取水计划、取水单位或者个人提出的下一年度取水计划建议，按照统筹协调、综合平衡、留有余地的原则，向取水单位或者个人下达下一年度取水计划，审批机关可以依法对取水单位或者个人的年度取水量予以限制。

（4）取水许可的违法责任。取水许可的违法责任包括两个方面：一是行政机关的违法责任。县级以上地方人民政府水行政主管部门、流域管理机构或者其他有关部门及其工作人员在取水许可的实施过程中如果存在滥用职权、玩忽职守、徇私舞弊的行为，上级行政机关或者监察机关责令其改正；情节严重的，对直接负责的主管人员和其他直接责任人员依法给予行政处分；构成犯罪的，依法追究刑事责任。二是行政相对人的违法责任。对于未经批准擅自取水，或者未依照批准的取水许可规定条件取水、未取得取水申请批准文件擅自建设取水工程或者设施、申请人隐瞒有关情况或者提供虚假材料骗取取水申请批准文件或者取水许可证等行为，可以给予责令停止违法行为、限期改正、警告、罚款以及吊销取水许可证等处罚；构成犯罪的，依法追究刑事责任。

二、矿产资源的勘探开采许可

矿产资源属于国家所有，国家对矿产资源的勘查、开采实行许可证制度。这项制度包括勘探许可证和采矿许可证两种。

(1) 矿产资源的勘探许可。勘查矿产资源，必须依法申请登记，领取勘查许可证，取得探矿权。探矿权，是指在依法取得的勘查许可证规定的范围内，勘查矿产资源的权利。对于已经取得勘探许可证的探矿权人，其享有的勘探权利主要包括：①按照勘查许可证规定的区域、期限、工作对象进行勘查；②在勘查作业区及相邻区域架设供电、供水、通信管线，但是不得影响或者损害原有的供电、供水设施和通信管线；③在勘查作业区及相邻区域通行；④根据工程需要临时使用土地；⑤优先取得勘查作业区内新发现矿种的探矿权；⑥优先取得勘查作业区内矿产资源的采矿权；⑦自行销售勘查中按照批准的工程设计施工回收的矿产品，但是国务院规定由指定单位统一收购的矿产品除外。

在享有上述权利的同时，探矿权人还需要履行如下义务：①在规定的期限内开始施工，并在勘查许可证规定的期限内完成勘查工作；②向勘查登记管理机关报告开工等情况；③按照探矿工程设计施工，不得擅自进行采矿活动；④在查明主要矿种的同时，对共生、伴生矿产资源进行综合勘查、综合评价；⑤编写矿产资源勘查报告，提交有关部门审批；⑥按照国务院有关规定汇交矿产资源勘查成果档案资料；⑦遵守有关法律法规关于劳动安全、土地复垦和环境保护的规定；⑧勘查作业完毕及时封、填探矿作业遗留的井、硐或者采取其他措施，消除安全隐患。此外，探矿权人取得临时土地使用权后，在勘查过程中给他人造成财产损害的，应依法给以补偿。

(2) 矿产资源的开采许可。开采矿产资源，必须依法申请登记，领取采矿许可证，取得采矿权。采矿权，是指在依法取得的采矿许可证规定的范围内，开采矿产资源和获得所开采矿产品的权利。这些权利具体包括：①按照采矿许可证规定的开采范围和期限从事开采活动；②自行销售矿产品，但是国务院规定由指定的单位统一收购的矿产品除外；③在矿区范围内建设采矿所需的生产和生活设施；④根据生产建设的需要依法取得土地使用权；⑤法律法规规定的其他权利。

同时采矿权人还需履行如下义务：①在批准的期限内进行矿山建设或者开采；②有效保护、合理开采、综合利用矿产资源；③依法缴纳资源税和矿产资源补偿费；④遵守国家有关劳动安全、水土保持、土地复垦和环境保护的法律法规；⑤接受地质矿产主管部门和有关主管部门的监督管理，按照规定填报矿产储量表和矿产资源开发利用情况统计报告。此外，采矿权人停办矿山和关闭矿山，应依法报批，并办理许可证的注销手续。

(3) 探矿权和采矿权的转让。我国对探矿权和采矿权实行有限转让制度。转让探矿权应当具备下列条件：①自颁发勘查许可证之日起满 2 年，或者在勘查作业区内发现可供进一步勘查或者开采的矿产资源；②完成规定的最低勘查投入；③探矿权属无争议；④按照国家有关规定已经缴纳探矿权使用费、探矿权价款；⑤国务院地质矿产主管部门规定的其他条件。转让采矿权应当具备下列条件：①矿山企业投入采矿生产满 1 年；②采矿权属无争议；③按照国家有关规定已经缴纳采矿权使用费、采矿权价款、矿产资源补偿费和资源税；④国务院地质矿产主管部门规定的其他条件。其中，国有矿山企业在申请转让采矿权前，应当征得矿山企业主管部门的同意。

须注意，探矿权和采矿权需要经过国务院地质矿产主管部门和省、自治区、直辖市人民政府地质矿产主管部门依法审批后才能转让。

三、林木采伐许可

为了保护森林资源，国家对森林实行限制采伐的政策，根据用材林的消耗量低于生长量的原则，实行采伐许可制度，通过采伐许可证的核发，严格控制森林年采伐量。

（1）采伐许可证的核发。采伐林木必须向主管机关申请采伐许可证并按许可证的规定进行采伐，农村居民采伐自留地和房前屋后个人所有的零星林木除外。国有林业企事业单位申请采伐许可证时，必须提出伐区调查设计文件。其他单位申请采伐许可证时，必须提出有关采伐的目的、地点、林种、林况、面积、蓄积、方式和更新措施等内容的文件。有关部门在审查中发现有下列情形之一的，不予核发林木采伐许可证：①防护林和特种用途林进行非抚育或者非更新性质的采伐的，或者采伐封山育林期、封山育林区内的林木的；②上年度采伐后未完成更新造林任务的；③上年度发生重大滥伐案件、森林火灾或者大面积严重森林病虫害，未采取预防和改进措施的。林木采伐许可证的式样由国务院林业主管部门规定。审核发放采伐许可证的部门，不得超过批准的年采伐限额发放采伐许可证。

（2）采伐许可证的使用和管理。采伐林木的单位或者个人，必须按照采伐许可证规定的面积、株数、树种、期限完成更新造林任务，更新造林的面积和株数不得少于采伐的面积和株数。对伐区作业不符合规定的单位，发放采伐许可证的部门有权收缴采伐许可证，中止其采伐，直到纠正为止。

四、海域使用许可

海域属于国家所有，任何单位或者个人不得侵占、买卖或者以其他形式非法转让海域。单位和个人使用海域，必须依法经过许可，取得海域使用权。海域使用许可制度以海洋功能区划为基础，对于协调和保障海域的合理使用和保护具有重要意义。

（1）海域使用证的核发。单位和个人可以向县级以上人民政府海洋行政主管部门提交法定书面材料，申请使用海域。县级以上人民政府海洋行政主管部门依据海洋功能区划，对海域使用申请进行审核，并依法报有批准权的人民政府批准。海域使用申请经依法批准后，国务院批准用海的，由国务院海洋行政主管部门登记造册，向海域使用申请人颁发海域使用权证书。地方人民政府批准用海的，由地方人民政府登记造册，向海域使用申请人颁发海域使用权证书。

（2）海域使用权人的权利和义务。依法取得海域使用证的海域使用权人使用海域并获得收益的权利受法律保护，任何单位和个人不得侵犯。同时，海域使用权人有依法保护和合理使用海域的义务；海域使用权人对不妨害其依法使用海域的非排他性用海活动，不得阻挠。另外，海域使用权人在使用海域期间，未经依法批准，不得从事海洋基础测绘。海域使用权人发现所使用海域的自然资源和自然条件发生重大变化时，应当及时报告海洋行政主管部门。

(3) 海域使用权的续期、变更、收回和终止。海域使用权期限届满，海域使用权人需要继续使用海域的，应当至迟于期限届满前两个月向原批准用海的人民政府申请续期。除根据公共利益或者国家安全需要收回海域使用权的外，原批准用海的人民政府应当批准续期。准予续期的，海域使用权人应当依法缴纳续期的海域使用金。因企业合并、分立或者与他人合资、合作经营，变更海域使用权人的，需经原批准用海的人民政府批准。海域使用权可以依法转让和继承。海域使用权期满，未申请续期或者申请续期未获批准的，海域使用权终止。因公共利益或者国家安全的需要，原批准用海的人民政府可以依法收回海域使用权。如果是在海域使用权期满前提前收回海域使用权的，对海域使用权人应当给予相应的补偿。

第四节 生态保护中的许可制度

生态保护中的许可制度主要集中在物种保护和生物关键栖息地的保护两个方面，具体包括物种资源保护中的许可、生物安全管理中的许可以及生物关键栖息地保护许可等。

一、物种资源保护中的许可

野生动植物资源属于国家所有，为保护和拯救珍贵、濒危野生动植物，保护、发展和合理利用野生动植物资源，维护生态平衡，国家对野生动物资源实行许可管理。这里，仅以野生动物资源的许可管理为例进行阐述。

(1) 野生动物的狩猎许可证。国家保护野生动物，禁止任何单位和个人非法猎捕。对于野生动物的猎捕区别不同情况，分别实行特许猎捕证和狩猎证管理。猎捕者应当按照特许猎捕证、狩猎证规定的种类、数量、地点和期限进行猎捕。

第一，特许猎捕证制度。猎捕国家重点保护野生动物实行特许猎捕证制度。因科学研究、驯养繁殖、展览或者其他特殊情况，需要捕捉、捕捞国家一级保护野生动物的，必须向国务院野生动物行政主管部门申请特许猎捕证；猎捕国家二级保护野生动物的，必须向省、自治区、直辖市政府野生动物行政主管部门申请特许猎捕证。

第二，狩猎证制度。猎捕非国家重点保护野生动物实行狩猎证制度。凡是申请猎捕非国家重点保护野生动物的单位和个人，必须依法向所在地的县级野生动物行政主管部门申请狩猎证，并服从猎捕量限额管理。其中，持枪猎捕的，还必须取得县、市公安机关核发的持枪证。

(2) 驯养繁殖许可证。国家鼓励驯养繁殖野生动物。驯养繁殖国家重点保护野生动物的单位和个人，必须具备法定条件，并向所在地县级政府野生动物行政主管部门提出书面申请，经相关部门批准后，由省、自治区、直辖市政府林业行政主管部门核发《驯养繁殖许可证》，方可进行。

(3) 野生动物经营和进出口许可。国家禁止出售、收购重点保护野生动物及其产品。

因科学研究、驯养繁殖、展览等特殊情况，需要出售、收购、利用国家重点保护野生动物及其产品的，必须经野生动物行政主管部门或者其授权的单位批准。驯养繁殖国家重点保护野生动物的单位和个人可以凭驯养繁殖许可证向政府指定的收购单位，按照规定出售国家重点保护野生动物及其产品。

运输、携带国家重点保护野生动物及其产品出县境的，必须经省、自治区、直辖市政府野生动物行政主管部门或者其授权的单位批准。

出口国家重点保护野生动物及其产品的，进出口中国参加的国际公约所限制进出口的野生动物及其产品的，必须经国务院野生动物行政主管部门或者国务院批准，并取得国家濒危物种进出口管理机构核发的允许进出口证明书。海关凭允许进出口证明书查验放行。

二、生物安全管理中的许可

生物安全管理是指为防范与天然的生物、转基因生物以及生物技术有关的活动对生态所构成的危险或潜在风险而采取的一系列措施和制度。生物安全管理许可制度主要适用于以下几个方面。

（1）基因生物管理中的许可。基因生物管理许可包括生产许可和进口许可等。其中，生产许可是指从事转基因植物种子、种畜禽、水产鱼苗等生产的单位和个人应该首先取得转基因生物安全证书并通过品种审定，经有关部门审批，取得生产许可证后方可进行生产。进口许可是指从国境外引进转基因生物用于研究、试验的，或者境外公司向我国出口转基因生物的，应当经有关主管部门批准，并向口岸出入境检验检疫机构报检，经检疫合格后，方可向海关办理有关手续。

（2）基因工程安全管理中的许可。基因工程是指利用载体系统的重组体 DNA 技术以及利用物理和化学方法把异源 DNA 直接导入有机体的技术。基因工程管理中的许可是指从事基因工程工作的单位，应当依据遗传工程产品适用性质和安全等级，分类分级进行申报，经审批同意后方可进行。

（3）病原微生物实验室生物安全管理中的许可。病原微生物是指能够使人或者动物致病的微生物。国家通过实验室的设立许可、实验室从事高致病性病原微生物相关实验活动许可以及高致病性病原微生物菌（毒）种或者样本的运输许可等形式对病原微生物实验室生物安全进行管理。

（4）防止外来生物入侵的许可制度。防止外来生物入侵的许可制度主要通过进口许可的方式体现出来，如从境外引入种质资源的许可以及水产苗种的进口许可等。

三、生物关键栖息地保护许可

生物关键栖息地的保护包括对生物关键栖息地的环境质量和栖息地本身的保护等。其中典型表现为自然保护区的建立，即国家对典型的自然地理区域、有代表性的自然生态系统区域以及已经遭受破坏但经保护能够恢复的同类自然生态系统区域等建立自然保护区，通过许可制度，对进入自然保护区的活动进行严格控制，防止人为活动的干扰和破坏。

自然保护区的进入许可以自然保护区的分区管理为基础，对于进入不同区域的活动采取不同的措施。首先，原则上禁止任何人进入自然保护区的核心区。确因科学研究的需要，必须进入核心区从事科学研究观测、调查活动的，应当事先向自然保护区管理机构提交申请和活动计划，并经省级以上人民政府有关自然保护区行政主管部门批准。其中，进入国家级自然保护区核心区的，必须经国务院有关自然保护区行政主管部门批准。其次，因教学科研的目的，需要进入自然保护区的缓冲区从事非破坏性的科学研究、教学实习和标本采集活动的，应当事先向自然保护区管理机构提交申请和活动计划，经自然保护区管理机构批准，活动成果的副本应依法提交自然保护区管理机构。再次，在自然保护区的实验区开展参观旅游活动的，由自然保护区管理机构提出方案，依法经国家或省、自治区、直辖市人民政府有关自然保护区行政主管部门批准，按照批准的方案进行。最后，外国人进入自然保护区的，接待单位应当事先依法报经国家或省、自治区、直辖市人民政府有关自然保护区行政主管部门批准。

第十四章 环境税法

自20世纪50年代起，针对某些环境污染问题，环境税措施开始被个别采用。到20世纪70年代，一些发达国家将税收作为保护环境的一项重要政策措施，确立环境税制度，进而建立规范环境税收的法律制度。环境税法是环境法的一个重要分支。本章主要学习：①环境税的概念、特征；②环境税的理论基础和基本功能；③环境税制实践。

第一节 环境税

生态环境的不断恶化与自然资源的愈加稀缺使人类不得不认真思考经济发展与环境保护的关系问题。世界各国都在积极寻找双赢的有效方法，开征环境税就是一种强有力的手段。到目前为止，环境税的发展已经经历了一段历史过程，虽然人们对环境税的内涵有着比较全面的了解，但是对于环境税的概念仍然众说纷纭。

我国学界一种观点认为，税收又称租税、赋税、捐税，是国家凭借政治权力，按照法定的标准，对经济单位和个人无偿征收实物或货币的一种特殊分配，是无偿取得财政收入的一种形式。可见，税收的征收主体是国家，征收客体是单位和个人；税收的征收目的是为了满足国家实现其职能的需要；税收征收的依据是法律，凭借的是政治权力，而不是财产权力；征税的过程是物质财富从私人部门单向地、无偿地转给国家。另一种观点认为税收是纳税人为购买政府公共产品所支付的代价。

一、环境税的概念

西方发达国家通常把诸如废水污染税、垃圾税、二氧化硫税、二氧化碳税等税种统称为“环境税”。我国的环境法或税法中还没有“环境税”这一名词。学者们在研究中对这类税的名称叫法也不一致，称之为环境税、生态税、环境保护税、绿色税、污染税、庇古税等。这些名称在一定场合有时是同义的，而有时在外延上有明显差别。

环境税不是通常意义上建立的一两个税种，而是由多个税种组成的一个特殊的税收体系。对环境税的界定有三种说法，即狭义说、中义说和广义说。

狭义的环境税就是环境污染税（排污税），是国家为了限制环境污染的范围、程度，对导致环境污染的经济主体征收的特别税种。排污税，或称为污染物排放税，它是指以直接排放到环境中的污染物为依据所征收的税，是一种同所导致的污染的实际数值（或估计量）直接相关的税收支付，如污水税（或称为水污染税、水污染物排放税）、噪声税、固体废物税、大气污染税（主要包括二氧化硫税、二氧化碳税等）、垃圾税等。狭义的环境税不包括资源税，更不包括相关的税收减免、税收抵扣等环境保护措施。

中义的环境税是指对一切开发、利用环境资源（包括自然资源、环境容量资源）的单位和个人，按其对环境资源的开发、利用强度和对环境的污染破坏程度进行征收或减免的一种税收。中义的环境税主要包括排污税和自然资源税。资源税是指对开发和利用自然资源而征收的一种税，如石油税、有色金属税、水资源税和盐税、森林资源税、土地资源税等。

广义的环境税是税收体系中与环境、自然资源利用和保护有关的各种税种、税目及配套环境保护措施的总称，主要包括排污税、自然资源税、污染产品（或服务）税、环境收入税、其他税种中的环境税收政策。污染产品（或服务）税，主要是根据物品和服务在生产和消费过程中损害环境的轻重分别征收不同的税收，对有利于环境的产品或服务实行低税率，对损害环境的产品或服务课以重税。例如，西方国家普遍对含铅汽油和无铅汽油、高排污汽车和低排污汽车实行不同的税收税率。环境收入税是指以筹集环境保护资金为目的而征收的税，属于收入型环境税收，如美国的环境保护“超级基金”涉及的税种。其他税种中的环境税收政策，主要是指税收优惠措施。例如，对环境保护设施加速折旧，对利用废物生产免征所得税，对投资环保产业的减免投资税，为鼓励对环保技术的研究开发、引进和使用而对某些技术实行税收减免，逐步取消不利于环境保护的补贴（如对农膜、农药特别是剧毒农药免征增值税的规定）等。

二、环境税的特征

环境税除了具备税收的一般特征外，还具有其自身的特点，主要包括以下几个方面。

（1）目的性。环境税是基于保护环境、资源的特定目的而征收的。从狭义和中义的环境税来看，无论是排污税还是资源税都是以保护环境为目的或以筹集环境保护资金为目的而征收的税。广义的环境税也都或以环境保护为目的，或具有环境功能，如税收差别和税收减免等就具有明显的环境功能。

（2）工具性。环境税的工具性是从环境税的目的性延伸而来的。一方面，环境税是筹集环境保护资金的工具。环境税作为国家的财政收入，专款专用于环境资源的保护，是筹集环境资源保护资金的手段。另一方面，环境税是使外部不经济内部化的工具。在市场调节机制对公共物品有效配置失灵的情况下，环境税制可以予以矫正并防止“公地的悲剧”现象的发生，同时可以把企业利用环境资源过程中造成的环境损害，通过征税的方式转化为企业的成本，从而有利于实现社会的公平和正义。

（3）专用性。尽管环境税统一列入国家财政预算，实行国家集中管理和统一分配，用于满足社会公共利益的需要，但通过环境税所筹集的资金，只能列入环境保护和污染治理的专项资金，不能截留或挪作他用。例如，在欧洲国家征收的水税被专项用于水质量管理的支出；在美国，原料税收专项用于“超级基金”，超级基金资助有害废物的处理[①]。对环境税收的专用性特征的理解，不能简单地理解为“取之于水，用之于水”或“取之于林，用之于林”。国家应将征收来的各种环境税税款列入环境保护专项基金或环境保护母

---

① 经济合作与发展组织．税收与环境：互补性政策．北京：中国环境科学出版社，1996：68

基金，作为统一的环境保护投资之用。

(4) 技术性。环境税尤其是其中的排污税相对于其他税种来说，更具有技术性的特征。这是因为环境税的征收不仅涉及税目、税率、计税办法、减免税条件的设计等技术性问题，同时还会遇到如排污量的监测等技术性很强的问题。这不是单纯依靠税务机关就能完成的，还需环境监测部门的支持。

(5) 间接性。环境税金表面来看是对企业征收的费用，但通过作为成本计入企业产品的价格，并随产品的流转而转嫁给消费者，这样消费者最终承担了环境税的税负。此外，环境税还可以间接地影响产品的价格，从而影响产品的销售和消费，因而对环境资源的使用有一定的调节作用。

第二节 环境税的理论基础和基本功能

环境税是环境保护领域中一种新型的环境手段，与传统的环境法律制度相比，环境税具有更加明显的经济化色彩，其亦有着充分的经济学理论基础作为强大支撑，具体包括外部性理论、公共物品理论、自然资本理论、“双重红利”理论等。环境税的经济化特点也决定了其基本功能的多元化。

一、环境税的理论基础

(一) 外部性理论

环境税最早起源于英国经济学家庇古的外部性理论。依据外部性理论，环境税实质上是对环境污染的外部成本的内部化。

外部性 (externality) 是指在实际经济活动中，生产者或消费者的活动对其他生产者或消费者带来的非市场性的影响。这种影响可能是有益的，也可能是有害的。有益的影响称为外部经济性或正外部性；有害的影响称为外部不经济性或负外部性。

污染者的排污行为破坏了环境，但污染者却并没有为此付费，这就是一种负外部性，即外部不经济性。对于污染的排放者，由于无需承担消除对其他人造成的不利影响的成本，其私人边际成本就小于边际社会成本。污染者仅从自己的私人成本和私人收益出发，为了追求其利益的最大化，而选择其最优产量，进而造成污染者收益扩大，社会却为其承担了越来越多的治污成本或环境损害。

外部不经济性的内部化，就是使生产者或消费者产生的外部费用。进入生产或消费决策，由它们自己来承担或消化。要实现外部不经济性的内部化，可以依靠采取政府直接管制措施（如行政处罚）、市场经济措施（如排污配额交易）或非市场性经济手段（税收、信贷控制和收费等）。

1920 年，英国经济学家庇古在《福利经济学》一书中首先提出对污染征收税或费的想法。他建议，应当根据污染所造成的危害对排污者征税，用税收来弥补私人成本和社会成本之间的差距。现在，人们把这种针对污染物排放所征收的各种税费统称为庇古税。庇古税在实践中广泛应用并逐渐发展成为一项重要的税制——环境税。所以说，外部性理论是环境税最初的理论来源。

(二) 公共物品理论

公共物品理论也是环境税的形成理论之一。

公共物品的概念最早是由休谟（1739 年）提出，并由萨缪尔逊（1954 年）加以规范。公共物品具有两大特性：消费中的非竞争性（non-rival）和技术上的非排他性（non-exclusion）。非竞争性是指消费者对公共物品的任何消费均不会影响其他消费者的消费，即公共物品的边际生产成本为零和边际拥挤成本为零，“每个人对该产品的消费不会造成其他人消费的减少”。非排他性是指在某一物品的消费过程中，物品的提供者无法有意将某些消费者（如不支付费用的消费者）排除在外；或者将不付费者排除在外的做法虽然在技术上可行，但在经济上明显得不偿失。这两个特性导致公共物品消费的不可分割，产权难以明确，无法运用市场原理来提供公共物品。在市场失效的情况下，只能由政府来提供公共物品。显然，环境领域中的许多物品都是公共物品，如环境质量、部分自然资源等。

由于公共物品的非排他性，人们完全可以在不付出任何代价的情况下享受公共产品，这时就出现了“搭便车”行为。在对环境资源的消费中也是如此，人们在追求个人利益最大化的过程中，对环境资源进行肆意的掠夺和破坏，没有人愿意为环境保护和治理付费，最终导致了所谓的“公地的悲剧”。

为了避免“公地的悲剧”，方法之一便是对环境资源的使用者收税。依据公共物品理论，环境税实质上是对污染环境公共物品的经济补偿。

(三) 自然资本理论

自然资本理论的核心思想，是将自然看成一种资本。自然资本不仅包括为人类所利用的资源，如水、矿物等，还包括草原、沼泽等在内的生命系统。一个健康的经济系统必须要有四种类型的资本才能正常运转：以劳动和智力，文化和组织形式出现的人力资本（human capital）；由现金、投资和货币手段构成的金融资本（financial capital）；包括基础设施、机器、工具和工厂在内的加工资本（manufactured capital）；由资源、生命系统和生态系统构成的自然资本（natural capital）。

传统的资本理论只关注前三种资本，而忽略了第四种资本。所以，传统工业系统的本质是用前三种形式的资本要素将自然资本转化为人们日常生活的需求要素，这个过程大多是不可逆转的（如不可再生能源的开采等）。一直到生态问题日趋严重的今天，人们才开始寻求可持续发展的路径，被忽略的自然资本才被人们重视起来，因此依据自然资本理论，环境税实质上是环境资本的价格。

(四)“双重红利”理论

环境税“双重红利”的基本含义是，环境税的开征，不仅能够有效抑制污染，改善生态环境质量，达到环境保护目标，而且能够利用其收入来降低现存税制对资本、劳动产生的扭曲作用，从而形成更多的社会就业、国民生产总值持续增长等，有助于降低超额税收负担目标的实现，即非环境目标。也就是说，环境税除了带来更低的污染外部性而增加福利，即“绿色红利”外，其增加的收入可被用来减少其他已存在的税收扭曲，从而由于税收系统更少的损失产生福利红利，即“效率红利”[①]。

二、环境税的基本功能

环境税的功能或优势是同其他环境保护手段相比较而言的，因此我们通过环境税与直接管制、排污收费、财政补贴、排污交易的比较来说明环境税的功能。

（一）环境税与直接管制的比较

直接管制作为一种运用广泛的污染防治手段，是指政府通过立法制定环境标准，禁止或限制某些污染物的排放，实现政府对环境资源利用的控制。

环境税较之直接管制的优势表现在以下几方面。

（1）环境税具有灵活性。直接管制的强制性和缺乏弹性容易导致企业为免受法律制裁而在尚未找到可行的治污方法时就制定有损效率的治污方式，妨碍企业对治污方式的自由选择，造成资源配置的低效率。而环境税则可以通过影响污染者备选活动（如安装排污设施以减少污染、为污染支付税费等）的成本与收益，使污染者能够对政府提供的经济刺激作出灵活反应，引导当事人进行有利于环境的选择。

（2）环境税可以刺激企业进行技术革新。在政府直接管制下，污染者如果达到了政府规定的排污量标准，除了成本的考虑，一般不会继续努力治理污染。而环境税是以单位污染量作为计税基础，这就促使污染者想方设法减少污染物的排放，从而可以持续不断地刺激企业进行技术革新。

（3）环境税可以引导企业退出污染行业。如果政府管制下的限制产量也有利润，企业仍然会进入该行业从而增大整个社会的污染度。而环境税可通过使污染者自由选择适合自己的方法减少排污量，还可以刺激污染者研究开发治污新技术，最终减少整个社会的污染[②]。

（二）环境税与排污收费的比较

排污收费是环境保护部门代表国家按照法律的规定依法向排放污染物的单位强制收取的费用。同排污收费相比，环境税的优势在于以下几方面。

（1）环境税具有很强的法律强制性。环境税以国家法律的形式确定，由国家利用政治权力对社会剩余产品或价值进行再分配。环境税由国家税务部门征收，税金进入政府的财政预算，有利于全国范围内的统一支配使用，能够保证污染的治理效果。而排污收费尽管也有法律依据，但主要是凭借行政力量，征收的随意性大。

（2）环境税涉及的范围比排污收费广泛。环境税不仅涉及污染行为，还包括资源的开

---

① 刘红梅，孙梦醒，王宏利，等．环境税“双重红利”研究综述．税务研究，2007，(7)

② 邓禾．环境税制比较研究及其对中国的借鉴．税务与经济，2007，(3)

发利用行为；不仅是对环境损害行为的制约，也是对环境友好行为的鼓励。而排污收费只涉及环境税中的排污税。就纳税主体而言，环境税的纳税主体不仅包括企业、机关、团体，也包括在日常生产生活中污染环境或利用资源的个人。而排污收费主要是针对企事业单位。环境税的征收环节灵活，既可以对生产的投入、中间生产过程、产出环节征税，又可以对消费环节征税。而排污费一般仅针对生产过程的末端污染物排放环节征收。

(3) 环境税具有无偿性。环境税一旦上缴，不再返还纳税人，既让企业承担了污染损害的代价，又为国家赢得了宝贵的污染治理资金；并且环境税从企业利润部分征收，可以更有效地调节国家和企业的最终收入分配[①]。

(三) 环境税与财政补贴的比较

财政补贴是指政府对企业为进行污染防治所发生的费用给予货币补贴或间接补贴的一种财政支出政策。财政补贴与环境税收制度有相同之处，都是从价格上来影响企业的经济利益，调节其生产行为。但两者相比，环境税收制度具有如下优势。

(1) 环境税可以增加政府收入。与财政补贴相比，征收环境税可以减少政府开支、增加政府收入，是解决外部负效应的重要方式；而在政府补贴中，无论是货币补贴还是间接补贴，都会耗费大量的财政资金，加重政府的负担，而且也不利于将外部成本内部化。

(2) 环境税可以有效预防污染。征收环境税，在增加企业成本、降低企业利润的同时可以有效地阻止社会资源进入污染行业，从而达到治理环境污染的目的；而财政补贴往往是事后鼓励措施，治污效果很不理想，并且实施补贴后，提高了享受补贴排污行业的利润率，使本来不排污的企业可能加入到排污的行列中。

第三节 环境税制实践

环境税制的实施，不仅能够有效地预防环境损害，而且能够为政府解决环境损害提供稳定的资金来源。因此，在大多数发达国家，环境税制已经得到了成熟发展并被广泛运用，而在我国，目前尚未建立真正意义上的环境税制。

一、环境税制的发展

环境税制具备环境法和税法的双重属性，因其具有综合特点和功能，而备受世界多数国家青睐。从世界环境税制的发展历程来看，可将其分为三个阶段[②]。

(1) 20 世纪 50 年代至 70 年代为环境税制的初始发展阶段。其特点是针对零散的环境污染问题，采取个别的环境污染税措施，如开征能源税、电能税等。自 1972 年，世界经济合作与发展组织环境委员会提出“污染者付费原则”后，各国的环境税制才开始有所发展。

---

① 邓禾．环境税制比较研究及其对中国的借鉴．税务与经济，2007，(3)

② 李传轩．环境税法律制度研究．上海：华东政法大学博士学位论文，2008

（2）20 世纪 80 年代至 90 年代初为环境税制的快速发展阶段。环境税征收范围不断扩大，税种相继增多，硫税、垃圾税、二氧化碳税等纷纷出现，上演了一场全球范围的“税制绿化”，从而促进了环境税制体系的形成。

（3）20 世纪 90 年代中期至今为环境税制的成熟完善阶段。建立环境税制的国家不断增多，新环境税种的涌现也使得环境税体系更加庞大，环境税制改革也在不断深化。21 世纪以来，主要发达国家已经建立了较为成熟完备的环境税制体系。

二、环境税的种类

在各国的环境税收实践中，环境税主要包括以下几种。

（1）资源税。资源税是为保护自然资源，促进或限制自然资源开发利用，根据自然资源不可再生的稀缺程度差价征收的生态税种，是环境税的主要税种之一。其中主要包括：①对开采出的资源征收的开采税；②按照资源储量征收的地产税；③对水资源所有者按采水量计征的水资源税；④对采掘者按实物量计征的原油税。另外，还有煤炭税、有色金属税、盐税等。

（2）污染税。污染税是为保护环境，减少环境污染，对资源开发和利用中的污染行为征收的环境税种。其主要是排污税。根据污染物的不同大体可以分为五大类：①对废气排放征收废气税；②对废水排放征收水污染税；③对噪声污染征收噪声税；④对固体废物征税；⑤对垃圾征税。

（3）碳税。气候变化是目前全球面临的最大环境压力，因此征收二氧化碳税或能源税备受关注。二氧化碳税的实际征收，不是直接对二氧化碳的排放征收，而是对煤、石油、天然气等产生二氧化碳的化石燃料征收，其目的是减少燃料的使用，有时也笼统地称为“能源税”①。

（4）其他环境税收优惠政策。主要包括：①通过研究开发费用的税前列支、技术转让费的税收减免、对引进高新环保技术的税收优惠等措施，鼓励环保技术的研究、开发、引进和使用；②通过对环保投资退税、允许环保设施加速折旧等税收措施，鼓励对环保的投资；③通过适用低税率对环保产品予以照顾，对废物回收利用予以免税优待，鼓励环保产品的生产、使用，促进环保产业的发展；④鼓励环保行为，例如，美国为鼓励私人造林，规定在税收方面予以优惠：私人造林只征收土地税，而不征收青山林木税；私人造林的耗费可以抵缴所得税。

三、我国的环境税制

近年来，环境税在我国受到越来越多的关注。2009 年，国家发改委《关于 2009 年深化经济体制改革工作的意见》中明确提出加快理顺环境税费制度，研究开征环境税；2011 年，国务院颁布的《国务院关于加强环境保护重点工作的意见》指出要积极推进环境税费

---

① 魏珣，马中．环境税国际经验及对中国启示．环境保护，2009，(1)

改革，研究开征环境保护税；2012年，《国务院关于印发“十二五”节能环保产业发展规划的通知》指出要积极推进环境税费改革。种种事实表明，在我国开征环境税已正式列入政府议程。但严格来说，我国还没有建立真正意义上的环境税，更没有形成以环保为目标的环境税收法律制度。

长期以来我国主要以收取排污费为主，在环境保护方面还没有开征具体的税种，目前可以勉强归入环境税行列的有资源税、消费税、车船税、车辆购置税、城市维护建设税、城镇土地使用税和耕地占用税及增值税等。这些税种比较零散，在实践中也存在种种缺陷，如资源税税率过低、污染税仍实行排污收费制度、税收优惠措施还较为单一、税收征管体系不健全等。

为了适应经济和社会发展的需要，我国的环境税制需要在立足实际的基础上有所突破和创新。改进现行税制体系。例如，改排污费为排污税；扩展资源税的征收范围，将资源税逐步扩大到土地资源、淡水资源、动植物资源、海洋资源等领域；开征新的环境税种，如垃圾税、大气污染税、水污染税、碳税等；完善税收优惠政策；强化税收征管。

第十五章　环境监测法

环境监测是获取环境信息的重要手段，是环境保护的基础性工作。环境监测法是环境法的重要分支，是规范环境监测活动，保障环境监测质量的法律武器。本章主要学习：①环境监测的基本知识和环境监测法的概念；②环境监测的实施主体及环境监测的管理体制；③环境监测法的主要制度。

第一节　环境监测与环境监测法

对环境监测和环境监测法的基本概念及其产生、发展概况的了解和掌握是进一步学习有关环境监测法律制度的基础。

一、环境监测

环境监测（environmental monitoring），是指特定的机构及其工作人员按照法定的程序和要求，运用物理、化学、生物等方法，间断或连续地监视和检测环境质量状况与污染物变化趋势、规律及其对环境影响的全部工作过程。这是一项复杂的科学技术活动和系统工作。

环境监测作为一项法律制度，是在环境分析的基础上发展起来的[①]。环境分析以基本化学物质为单位，以对物质进行定性定量分析为基础，主要对象是工业排放的污染物质，主要手段是化学分析。随着科学技术的发展，以物理测定为基础的连续自动监测技术也被运用到环境分析之中。这种方法可以有目的地对环境中的污染物或能够代表环境质量的某些特征值进行长期的监视测定。运用这种方法可以有效地掌握环境质量的动态变化。以利用生物对环境污染的反应而产生的各种信息来判断环境污染状况的生物监测技术也是目前环境监测所使用的重要技术。

从世界范围来看，环境监测已有 100 多年的历史，其发展过程大致经历三个阶段[②]。从 19 世纪末开始到 20 世纪 40 年代，环境监测主要是对已发生的污染的监测，实践做法基本上是哪里发现污染危害就到哪里去调查，布点监测，其监测对象主要是大气和水，监测活动以常规项目的测定为主，测试手段以化学分析为主，监测工作随意性比较强，没有纳入法律控制的范围。从 20 世纪 50 年代至 70 年代，发达的工业国家饱尝污染的危害。

---

① 汪劲．中国环境法原理．北京：北京大学出版社，2000：157

② 吴邦灿．谈谈“环境监测”的内涵．中国仪器仪表，2007，(7)；王炳华，赵明．美国环境监测一百年历史回顾及其借鉴．环境监测管理与技术，2000，(6)

政府面对民众对环境质量恶化的愤怒和抗议，采取了一系列限制排污的措施并制定了一些防治污染的法规。与此相适应，开始有目的地开展环境质量监测。监测手段包括化学的和物理的方法，监测的范围也由点扩大到城市区域、流域、水域等。但是，由于采样手段等的限制，那时的环境监测仍是以说明环境质量为主，还不能及时掌握环境质量变化，不能为环境管理决策提供可靠的科学依据。进入 20 世纪 80 年代以后，随着计算机的普及和 IT 产业的发展，环境监测技术水平迅速提高，发达国家先后建立了自动连续监测系统，并实现了数据信息的远程传输。逐渐设置预警、预测系统，可以预知可能发生的污染事件并及时采取防治措施。

环境监测因其对象、手段、空间的多样性、污染成分的复杂性以及服务于环境保护的特定目的等而具有以下主要特征：第一，环境监测的科学性。环境监测是运用系统的调查研究手段、科学的测试技术获得各种环境信息，并对其进行综合分析的过程，涉及数学、物理学、化学、生物学等多种学科的知识。环境监测要求监测人员具有科学的监测态度，运用先进的监测方法、监测技术和监测手段，有效地组织布点、采样、实验室分析、数据传输及储存、信息的综合与报告的编写等。对污染物样品的采集、保存、运送乃至分析、化验、数据的处理都必须遵循科学规律，严格按照既定的技术规范和分析方法进行，具有严密的科学性。正是由于环境监测是按照严密的科学方法、技术规范以及实验操作规程来进行的，监测所得到的数据具有高度的准确性、完整性、代表性、可靠性和可比性。第二，环境监测的时效性。由于环境污染物的浓度可能随时间的变化而变化，而且污染物样品的运送、保存和分析化验都有一定的时间要求，所以，只有严格按照统一的分析测试方法在规定的时间内测得的数据，才能准确反映环境污染的客观事实。第三，环境监测的综合性。环境监测手段多种多样，包括物理、化学、生物等各种可以探测环境质量的方法，监测对象包括空气、水、土壤、固体废物、有毒有害物质、动植物、生态系统等，并且在对监测数据进行统计处理、综合分析时，还要涉及该地区的自然和社会等方面的情况。第四，环境监测的连续性。环境质量的变化具有时空迁移性，只有坚持长期连续不断的监测，才能从大量的数据中揭示其变化的规律，预测其变化的趋势，探明影响环境变化的各种因素。监测越具有连续性，预测的准确度就越高。

环境监测的一般目的就是获取具有代表性、准确性、可比性和完整性的监测数据，并运用这些数据为环境保护、合理开发利用资源、进行环境资源科学研究、制定环境资源规划以及进行环境资源信息化管理等工作服务。其具体任务主要有：对环境中各项要素及生态指标进行监测，掌握环境质量状况、生态变化规律，预测环境质量发展趋势；对污染物排放源的排污情况进行监测；对固体废物的产生、储存、处置、利用进行监测；对污染防治设施的运行效果进行监测；对污染源排污申报情况抽查监测；对排污许可证执行情况进行监测；因自然灾害或突发性事故造成或可能造成环境危害时，对污染物种类、数量、浓度和污染范围以及生态破坏程度、范围等进行监测；为环境状况的调查和评价等环境管理活动提供监测数据以及为科学研究提供数据资料等。

环境监测按照不同的标准可以分为不同的种类，按照监测目的的不同，可分为研究性监测、监督性监测和特种目的监测。研究性监测，是针对特定目的进行科学研究，为了认清污染物从排放源排出后迁移转化的趋势和规律，以及研究确定污染物对周围环境影响的范围和程度而进行的监测。例如，环境本底的监测研究，有毒有害物质对从业人员的影响研究等。监督性监测，是对指定的有关项目进行定期的、长时间的监测，以确定环境质量及污染源状况，评价控制措施的效果，衡量环境标准实施情况和环境保护工作的进展。监督性监测包括环境质量监测和污染源监督性监测，是环境监测工作中量最大、面最广的工作。特种目的监测，是为了解决某一方面的特定问题而对特定对象进行的监测。其根据特定目的的不同，又可分为以下几种：①应急监测，是因自然灾害或突发性事故造成或可能造成环境危害时，对污染物种类、数量、浓度和污染范围及生态破坏程度、范围等进行监测。②仲裁监测，主要是针对环境污染事故的处理、环境污染纠纷以及环境执法过程中产生的纠纷而进行的监测。仲裁监测由国家指定的具有权威的监测机构进行，提供具有法律效力的数据，供执法部门和司法部门裁判之用。③考核验证监测，主要指建设项目环境影响评价的环境质量现状监测；建设项目、限期治理项目竣工验收中治理设施运行效果的监测；排污收费、排污申报、排污许可等环境管理制度实施中所需污染源排污数据的核实；环境状况公布和城市环境综合整治定量考核中有关环境指标的监测等。④咨询服务监测，是用监测技术为委托人提供咨询服务，帮助委托人解决特定环境损害而对特定对象进行监测，包括为政府部门、科研机构、生产单位所提供的服务性监测。例如，受个人或单位的委托，对室内环境要素进行的监测①。

二、环境监测法

为了保证环境监测的顺利进行和监测结果的科学准确性，必须用法律手段对环境监测的整个过程进行统一管理控制，使监测活动法制化。国家对环境监测的机构、对象、范围、内容、程序以及监测结果的管理等的规定，构成环境监测法律规范体系。广义的环境监测法包括形式意义上和实质意义上的环境监测法。形式意义上的环境监测法是指以环境监测法命名的环境监测法典，如 1990 年 2 月 12 日公布、1997 年 8 月 18 日最新修改的《德国环境监测法》。实质意义上的环境监测法是指所有调整因环境监测活动而产生的社会关系的法律规范的总称。它涉及多种规范性法律文件，如有关环境监测的法律、行政法规、地方性法规、部门规章等。

环境监测法的产生晚于环境监测活动，先有了环境监测活动以后才产生了规范环境监测活动的环境监测法。在 20 世纪 50 年代以前，环境监测活动还没有被纳入法律调整的范围。那时，许多环境监测活动都是民间环保团体的自发性活动，没有固定统一的监测标准②。进入 50 年代以后，随着工业的迅速发展，以煤烟型污染为主的空气污染加剧。为了控制污染，美国等遭受污染损害严重的国家相继颁布了一系列环境标准，使环境监测有了统一的基础和要求。环境监测逐步向法制化、标准化、规范化全面迈进。到目前为止，世界上绝大多数国家都已经颁布了有关环境监测的规范性法律文件。

我国有关环境监测的法律规定可以追溯到 1974 年《防治沿海水域污染暂行规定》，该

---

① 黄明健．环境法制度论．北京：中国环境科学出版社，2004：132-133

② 王炳华，赵明．美国环境监测一百年历史回顾及其借鉴．环境监测管理与技术，2000，(6)

规定明确国家海洋局负责对海域水质的测试等工作。1979年颁布的《环境保护法（试行）》是中国第一部综合性的环境保护法。该法第二十六条授权国务院设立环境保护机构，其中第四款规定其职责为组织环境监测，调查和掌握全国环境状况和发展趋势，提出改善措施。为了贯彻执行这一规定，原城乡建设环境保护部制定了《全国环境监测管理条例》（1983年），按照该条例，建立了国家环境监测网络，明确各级环境监测站的职责。

我国还没有单独制定“环境监测法”，但《大气污染防治法》《噪声污染防治法》《固体废物污染防治法》《水污染防治法》《水法》等法律，以及《征收排污费暂行办法》《国务院关于环境保护工作的决定》《排污费征收使用管理条例》《水污染防治法实施细则》等法规都有关于环境监测的规定。由国务院环境保护行政主管部门发布或国务院环境保护行政主管部门会同国务院有关部委联合发布的规章是我国环境监测法的重要组成部分，如《环境监测管理办法》（2007年）、《建设项目竣工环境保护验收管理办法》（2001年）、《污染源监测管理办法》（1999年）、《环境监测报告制度》（1996年）、《关于进一步加强环境监测工作的决定》（1994年）、《环境监测质量保证管理规定（暂行）》（1991年）和《环境监测人员合格证制度（暂行）》（1991年）等。此外，环境标准也是环境保护法律体系中一个特殊的不可缺少的组成部分，更是环境监测法的基础。我国环境标准主要由环境质量标准、污染物排放标准、环境基础标准、环境方法标准以及环境样品标准组成。

环境监测法属于环境法体系的一个子系统，是环境监测结果科学、准确的必要保障。它之所以必不可少，主要是由环境监测在整个环境管理工作中的基础地位决定的。环境监测是制定环境政策、法律法规和环境标准的科学依据，是科学环境管理的基础。环境监测获得的数据不仅可以用来制定或修改各类环境标准，而且也是处理环境纠纷的技术依据。环境监测作为执行环境保护法的技术仲裁，为环境管理决策、环境规划、排污收费、环境指标考核、环境工程验收等服务。具体表现在环保目标责任制考核、城市环境综合整治定量考核、排污许可证制度、污染限期治理验收、环境影响评价、“三同时”验收、排污收费、总量控制、环境状况公报、污染事故处理及污染纠纷仲裁、建设项目环境影响后评估、环保产品和环境标志的审定等方面，环境管理依靠环境监测提供真实、权威的监测数据。

第二节 环境监测主体与环境监测管理体制

环境监测工作是县级以上环境保护部门的法定职责，是在环境保护行政主管部门的监督指导下，由环境监测机构具体实施监测。县级以上环境保护部门应当按照数据准确、代表性强、方法科学、传输及时的要求，建设先进的环境监测体系。

一、环境监测主体

环境监测主体主要包括各级环境保护行政主管部门、各级环境监测机构及其人员。县级以上环境保护部门对本行政区域的环境监测工作实施统一监督管理。根据《环境监测管理办法》的有关规定，其主要履行以下职责：制定并组织实施环境监测发展规划和年度工作计划；组建直属环境监测机构，并按照国家环境监测机构建设标准组织实施环境监测能力建设；建立环境监测工作质量审核和检查制度；组织编制环境监测报告，发布环境监测信息；依法组建环境监测网络，建立网络管理制度，组织网络运行管理；组织开展环境监测科学技术研究、国际合作与技术交流。环境保护部适时组建直属跨界环境监测机构，负责依法制定统一的国家环境监测技术规范。省级环境保护部门对国家环境监测技术规范未作规定的项目，可以制定地方环境监测技术规范，并报环境保护部备案。

环境监测机构由各级环境监测站构成，目前我国有四级环境监测站：一级站是中国环境监测总站；二级站是省级站，即各省、自治区、直辖市的环境监测中心站；三级站是省辖市环境监测站（或中心站）；四级站是各县（区、旗、县级市等）的环境监测站。各级环境监测站是科学技术事业单位，受同级环境保护行政主管部门领导，在业务上受上一级环境监测站指导。根据《环境监测管理办法》的规定，各级环境监测站主要承担以下环境监测技术支持工作：开展环境质量监测、污染源监督性监测和突发环境污染事件应急监测；承担环境监测网建设和运行，收集、管理环境监测数据，开展环境状况调查和评价，编制环境监测报告；负责环境监测人员的技术培训；开展环境监测领域科学研究，承担环境监测技术规范、方法研究以及国际合作与交流；承担环境保护部门委托的其他环境监测技术支持工作。

环境监测机构应当具备与所从事的环境监测业务相适应的能力和条件，并按照经批准的环境保护规划规定的要求和时限，逐步达到国家环境监测能力建设标准。环境监测机构必须具有与环境监测工作相适应的专业技术人员和设施、设备，按规定取得国务院或省计量行政主管部门颁发的计量认证合格证书，并获取国务院或省环境保护行政主管部门核发的环境监测资质认证合格证书，按照证书的规定从事环境监测活动。

环境监测机构中从事环境监测的专业技术人员，需经过专业技术培训，并经环境保护部统一组织的环境监测岗位考试考核合格，方可上岗。

未设置环境监测机构的地区，其环境监测工作由上一级环境监测机构负责。若同级环境监测机构的环境监测数据发生争议，由上一级环境监测机构进行技术裁定。

二、环境监测网

环境监测网是在国家环境保护行政主管部门组织下，由各有关环境监测站组成的具有一定行政职能的监测业务协作组织①。县级以上环境保护部门按照环境监测的代表性分别负责组织建设国家级、省级、市级、县级环境监测网，并分别委托环境监测机构负责运行。环境监测网由手段要素和主体要素构成，监测点位（断面）属于环境监测网的手段构成要素。环境监测点位（断面）的设置、变更、运行，按照国家环境保护部的有关规定执行，各大水系或者区域的点位（断面）属于国家级环境监测网②。

环境监测网的主体要素由同级环境监测机构、下级环境监测机构和有关企事业监测机

① 《国家环境监测网章程》（1993 年）第二条

② 《环境监测管理办法》（2007 年）第九条、第十条

构组成。环境监测网的成员联合协助，开展各项环境监测活动，汇总资料，综合整理，为向各级政府全面报告环境质量状况提供基础数据和资料。环境监测网的日常工作由各级环境监测中心站负责，各成员单位之间互为协助关系，其业务、行政隶属关系不变。环境监测中心站制定网络章程和管理规定，定期对网络成员单位的环境监测质量保证和环境监测报告制度执行情况进行考核。环境监测网的各成员单位必须取得环境保护行政主管部门核发的环境监测资质认可合格证书，并遵守环境保护主管部门制定的环境监测技术规范、分析方法和有关质量保证、监测结果报告的规定以及环境监测网络章程和管理制度，及时、准确、完整地向环境监测网络负责单位提交各类环境监测报告。环境监测网成员单位开展环境监测工作在技术上有困难的，可以提请环境监测网协调解决，也可以根据需要向监测网索取有关监测数据和资料。

各级环境监测站是相应环境监测网的固定成员，其他企事业单位的环境监测机构要加入环境监测网，必须向相应的环境保护主管部门提出申请，报告其人员构成、仪器设备配置情况、开展的监测项目等，经技术考核合格后，由环境保护行政主管部门审查批准，发给环境监测网成员证书。环境监测网成员单位不符合规定要求、环境监测数据质量得不到有效保证的要及时整顿调整：对属于环保系统的成员单位，要对监测人员重新进行上岗资格考试；对其他企事业单位的环境监测机构，要重新进行入网考核，考核不合格的，由环境保护行政主管部门吊销其环境监测网成员证书。

三、我国环境监测管理体制

环境监测管理体制是指国家进行环境监测管理的组织与职权结构及其运行方式，主要包括有关环境监测的机构设置及相互关系，各机构的职责、权限划分及运行机制等。

我国环境监测管理体制大致有两种情况：一种是行政区域管理模式；一种是流域（海域）管理模式。行政区域管理模式大致按“各级人民政府—同级环境保护行政主管部门—同级环境监测站”的方向展开。这是一种按照行政区域划分的“块块管理”模式。这种模式的优点是便于地方政府加强对环境监测的领导，其缺点是不利于环境监测工作的统一布置。由于受地方利益的驱动，这种模式在反映环境质量和环境业绩考核时，可能受到一定程度的行政干预。监测机构按行政区域设置，造成监测站分布上“遍地开花”，功能上“小而全”，仪器装备上“上下一般粗”，监测资源难以有效配置。

流域管理模式主要存在于水土保持和海洋环境保护领域。我国《水土保持生态环境监测网络管理办法》第九条规定，全国水土保持生态环境监测站网由四级监测机构组成：一级为水利部水土保持生态环境监测中心；二级为大江大河（长江、黄河、海河、淮河、珠江、松花江、辽河、太湖等）流域水土保持生态环境监测中心站；三级为省级水土保持生态环境监测总站；四级为省级重点防治区监测分站。从而在水土保持领域改变了我国以往按行政区域划分进行监测的管理体制，实现了按流域进行统一监测。

在海洋环境监测领域，我国实行了按海区统一监测与按沿海行政区域监测相结合的体制。海洋环境监测机构体系由国家海洋环境监测中心、海区环境监测中心、沿海省（自治区、直辖市）海洋环境监测总站（中心）、沿海市（地）海洋环境监测中心（站）、国家海洋局所属海洋环境监测中心站和海洋环境监测站等监测机构组成。

第三节　环境监测法的主要制度

我国目前还没有一部完整的环境监测法，有关环境监测的各种法律制度分散规定于不同的规范性法律文件当中，主要包括环境监测成果的管理与使用制度、环境监测报告制度、环境监测质量保证制度和环境监测责任制度等。

一、环境监测成果的管理与使用制度

环境监测获得的数据、资料等成果均为国家所有，任何个人都无权将其占为己有。未经主管部门许可，任何个人和单位都不得引用和发表未经正式公布的监测数据和资料。县级以上环境保护部门负责统一发布本行政区域的环境污染事故、环境质量状况等环境监测信息。如果有关部门间环境监测结果不一致，由县级以上环境保护部门报经同级人民政府协调后统一发布。环境监测信息未经依法发布，任何单位或个人不得对外公布或者透露。属于保密范围的环境监测数据、资料，应当按照国家有关保密的规定进行管理。根据《全国环境监测报告制度（暂行）》第二十八条的规定，环境监测系统保密性数据、资料是指：市控、省控、国控监测点各环境要素监测的系统原始数据；各级环境监测年鉴，环境质量报告书，市控、省控、国控污染源的系统监测数据及统计数据。向外部提供任何监测数据、资料，均要严格履行相应的审批手续。

中国环境监测总站是全国环境监测网络的数据中心，负责管理按有关规定向国家报送的数据、资料，未经国家环境保护行政主管部门许可，无权将这些数据、资料进行转让和向外发布。国务院环境保护部门及其他部门所属的各级环境监测站，应按逐级呈报方式，向同级环境保护主管部门及上一级环境监测站呈报监测数据资料。上一级环境监测站有责任向下一级监测站提供汇总后的有关监测数据资料。一切出站数据均应经课题（专业）组长、室主任、总工程师（或业务站长）三级审核。

二、环境监测报告制度

为加强环境监测报告的管理，确保环境监测信息的高效传送，原国家环境保护总局于1996年发布了《全国环境监测报告制度（暂行）》，规定环境监测报告制度主要有环境监测简报制度、环境监测季报制度、环境质量报告书制度及环境监测年鉴制度。目前，我国在一些重要的大、中城市和旅游城市还实行了日报制度。

（1）环境监测简报。县级（含县）以上各级环境监测站负责编制环境监测简报，报告各类监测工作情况、环境质量主要问题、环境污染事故监测情况。各级环境监测简报主送同级环境保护行政主管部门及上一级环境监测站。承担国控测点任务的监测站需将简报同时抄送中国环境监测总站。属于二级、三级监测网的部门监测站负责编制《××部门监测简报》，其内容、格式由部门自行规定，报送同级环境保护管理部门及同级环境监测网牵头单位。环境监测简报应及时反映当地环境质量和环境污染情况，原则上实行一月一报。

（2）环境监测季报。环境监测季报制度首先在参加城市环境综合整治定量考核的城市环境监测站执行，然后才过渡到由地、州、市及以上各级环境监测站普遍编制环境监测季报。环境监测季报主要报告以下内容：当季环境监测工作概况（含监测布点、采样、监测频次、实验室工作概况、数据概况等），环境质量监测结果及结论，城市环境综合整治定量考核有关监测的进展情况，主要环境质量问题及污染事故监测情况。季报主送同级环境保护行政主管部门及上一级环境监测站，参加国家城市环境综合整治定量考核的城市的季报需同时报送中国环境监测总站。季报中的数据处理方法、评价方法等技术问题按《环境质量报告书编写技术规定》执行。环境监测季报的编写周期为每季一编，每季度第一个月月底前报出上季度环境监测季报，季报格式由各省自行规定。属于二级网的部门监测站负责编制的季报，其内容、格式由各部门自行规定，每季度第一个月月底前报出上一季度环境监测季报，主送同级环境保护管理部门及同级环境监测网牵头单位。

（3）环境质量报告书。环境质量报告书是环境监测综合成果，由各级环境保护行政主管部门组织，以监测站为主要力量，协调各有关部门共同编写，并由各级环境保护行政主管部门定期报送同级人民政府及上一级环境保护行政主管部门，是环境管理的重要依据。环境质量报告书按内容和管理的需要，分年度环境质量报告书和五年环境质量报告书两种，即每年一小编，五年一大编。我国的环境质量报告书的编制起始于 1991 年。

为保证各级环境质量报告书编报工作的顺利进行，各级环境监测站（含部门环境监测站）须按时向同级环境保护行政主管部门和上一级环境监测站提供符合质量要求的监测数据和资料。各省、自治区、直辖市环境监测中心站，按统一规定于每年一月月底前，将省（自治区、直辖市）内各国控测点上年度的监测数据汇总后，报中国环境监测总站。环境质量报告书的编报工作定在地（州、市）级以上单位进行，县级环境质量报告书由县（旗、区）环境保护行政主管部门视具体情况自定。

（4）环境监测年鉴。环境监测年鉴是环境监测的重要基础技术资料汇编。地（州、市）级及以上环境监测站负责主编一年一度的环境监测年鉴，所需数据、资料由同级环境监测网成员单位提供，县级环境监测年鉴可根据实际需要自行确定。年鉴的基本内容为：监测工作基本情况（含站网人员、装备等自然情况统计数据、测点统计数据、重大监测工作、监测科研活动统计数据、污染事故监测统计数据等）、监测结果（各环境要素监测的原始数据及污染源原始数据）。年鉴对所有监测数据只分类、筛选、整理，不作评价，并要求编入数据的类别、深度应具有年际可比性，且以监测系统本身的监测数据为主，以社会调查为辅。环境监测年鉴于每年十月月底前编制完毕，根据需要报同级环境保护主管部门及上一级环境监测站。承担国控测点监测任务的监测站需同时将年鉴报送中国环境监测总站。

三、环境监测质量保证制度

质量保证是环境监测工作的核心之一，只有高质量的监测才能获得科学、完整、准确、真实的环境信息。各级环境监测机构应把质量保证与其他监测工作同时计划、同时实施、同时检查。我国《环境监测质量保证管理规定（暂行）》对环境监测质量保证工作的内容作了具体规定。

环境监测质量保证工作实行分级管理，国家和省、自治区、直辖市环境保护行政主管部门分别负责组织国家和省质量保证管理小组，各地、市环境保护行政主管部门可根据情况组织质量保证管理小组。国家级、省级及规模较大的地、市级环境监测站应设置环境监测质量保证专门机构，并配备专用实验室，其他监测站根据情况设置专门机构或专职人员。

监测点的布设应根据监测对象、污染物性质、分析方法和具体条件，按照国家环境保护主管部门颁布的有关技术规范进行，经过优化确定后，原则上保持不变。确需变更时，须经环境保护行政主管部门批准并报上级监测站备案。国控网络站变更监测点时须经国家环境保护主管部门批准，报中国环境监测总站备案。

环境监测站的工作人员需通过环境监测工作的资格考试并从政府环境保护部门获得资格证书后，才能从事环境监测工作。合格证有效期为五年，持证人应在期满后重新参加考试。如发现持证人违反操作规程、造成重大安全和质量事故，或者工作不负责任、弄虚作假，或者全年质控数据合格率低于80％，其合格证将被取消。

监测装置和设备必须根据相关的规定进行核验，未经有权单位核验或核验不合格的，不得使用。

环境监测过程中的采样频次、时间和方法应根据监测对象和分析方法的要求，按国家环境保护主管部门颁布的有关技术规范、规定执行。采样点的时空分布应能正确反映所监测地区主要污染物的浓度水平、波动范围及变化规律。采样人员必须严格遵守操作规程，认真填写采样记录，采样后按规定的方法进行保存，尽快运至实验室进行分析，途中防止破损、沾污和变质，其中每一环节都应有明确的交接手续，最后经质控人员核查无误后再行签收。分析测试时应优先选用国家标准方法和最新的环境监测分析方法，采用其他方法时，必须进行等效性试验，并报省级及以上监测站批准备案。分析人员在开展新项目（包括本人未做过的项目）监测之前，要向质控人员提交基础实验报告。

监测数据的计算、检验、异常值剔除等应按国家标准、《环境监测技术规范》和监测分析质量保证手册中规定的方法进行。各实验室在报出分析数据的同时，应向质控室提交相应的质控数据，待质控负责人审核无误后，全部数据方能认为有效，经三级审核，并由业务站长签字后数据生效。

四、环境监测责任制度

为了使环境监测工作严格遵守有关法律法规的各项规定，确保环境监测结果客观、准确、及时，国家还对监测主体违反环境监测法律法规规定的行为设定了法律责任。根据有关规范性法律文件的规定，监测主体违反环境监测法律法规的规定应当承担相应的行政责任和刑事责任。

县级以上环境保护部门及其工作人员、环境监测机构及环境监测人员有下列行为之一的，由任免机关或者监察机关按照管理权限依法给予行政处分：未按照国家环境监测技术规范从事环境监测活动的；拒报或者两次以上不按照规定的时限报送环境监测数据的；伪造、篡改环境监测数据的；擅自对外公布环境监测信息的。

监测机构及人员有下列行为之一的，其环境监测数据无效，并由环境保护行政主管部门责令限期改正；拒不改正的，给予相应的行政处罚：不执行国家或省颁布的环境标准、环境监测制度和环境监测规范的；环境监测机构未获得环境保护行政主管部门资质认证或超越资质范围进行环境监测并报出环境监测数据的；未获得环境监测人员合格证或超越合格证规定范围进行环境监测并报出环境监测数据的；未经批准擅自改变监测点位（断面）的；未经环境保护行政主管部门同意，向社会公布涉及环境质量的环境监测数据和资料，或者引用未经正式公布的环境监测数据和资料的。

第十六章　环境信息法

环境信息法是在环境时代应解决环境危机而生的在环境信息公开方面的专门法律，运用信息学的相关理论和方法从法学角度研究相关环境信息、分析和解决相关的法律问题。建立环境信息法，不仅符合国际环境法与各国国内环境法立法的趋势，而且也是环境管理民主化与公开性的重要体现。

第一节　环境信息

一、环境信息

环境信息是指反映环境科学的最新情报、数据、指令和信号及其诸多有关方面动态变化的信息，是表征环境损害及其环境管理过程中各固有环境要素的数量、质量、分布、联系和规律等的数字、文字和图形等的总称，是经过加工的、能够被环境主管部门、企业及公众利用的数据，是人类环境保护实践中认识环境和解决环境损害所必需的一种共享资源。

环境信息的范围很广，涉及与环境保护有关的一切信息，有关环境要素及环境保护、利用、管理等方面的信息。其中包括以书面、视听、电子或任何其他形式记载的数据资料，包括水域、空气、土壤、动植物群落及自然栖息物的现状，对这些环境要素产生或可能产生不利影响的活动以及需要采取哪些措施控制对环境的危害，政府各项环境行政措施、环境管理规划，企业经营活动产生的环境影响和企业环境行为有关的信息等。

企业应当公开的环境信息包括：①企业环境保护方针；②污染物排放总量，包括废水排放总量和废水中主要污染物排放量，废气排放总量和废气中主要污染物排放量，固体废物产生量、处置量；③环境污染治理，包括主要污染治理工程投资、污染物排放是否达到国家或地方规定的排放标准、污染物排放是否符合国家规定的排放总量指标、固体废物处置利用量、危险废物安全处置量等；④环保守法，包括环境违法行为记录、因违反环境法律接受行政处罚的情况、是否发生过污染事故以及事故造成的损失、是否被控告揭发等；⑤接受环境管理的信息，包括是否执行“三同时”制度、是否依法进行排污申报、是否依法申领排污许可证、排污口整治是否符合规范要求、主要排污口是否按规定安装了主要污染物自动监控装置以及监控装置运行是否正常、污染防治设施正常运转率、缴纳排污费情况等。

环境信息以所持主体的不同可分为政府环境信息与企业环境信息。前者指环境主管部门在履行环境保护职责中制作或者获取的，以一定手段记录、保存的信息。后者是指企业以一定形式记录、保存的，与企业环境行为及其产生的环境影响有关的信息。根据信息内容的不同可把环境信息分为环境政策法规信息、环境状态信息、环境科学信息、环境生活信息和环境管理信息。其中，环境管理信息根据管理范围的不同可分为管理机构信息、管理区域信息以及资源管理信息；根据管理性质的不同又可分为环境规划与计划信息、污染源信息、环境质量信息以及环境技术管理信息。

二、环境信息公开及其意义

环境信息公开是指环境主管部门、法律法规授权和委托的组织以及企业，通过法定形式和程序，主动将环境信息向社会公众或依申请而向特定的公民或组织公开。它通过环境信息发布，使管理者、被管理对象和公众了解和共享环境信息。

信息公开通常指的是政府信息公开。广义上的信息公开包括国家行政机关向公民主动地提供信息和接受公民请求被动地提供信息两方面。环境信息公开是信息公开的特殊形式，是信息公开在环境保护领域的体现。与一般的信息公开不同，环境信息公开不单纯是政府的环境信息公开。这是因为在环境保护领域，除了政府在行政强制管制过程中掌握了大量的环境信息外，企业作为自然资源的主要使用者、环境污染的主要制造者也是环境信息尤其是污染类环境信息的主要掌控者。

政府主动公开环境信息是我国环境信息公开的主要形式，是由主管部门通过政府网站、公报、新闻发布会以及报刊、广播、电视等便于公众知晓的方式公开有关环境信息。在我国，城市空气质量公报等环境质量公报、国家环境质量公报等都是采取这类形式公开的。

环境信息公开是对环境管理手段的重要补充与完善。环境信息公开是继指令性控制手段和经济手段后一项新的环境管理方法，也被称为人类环境管理手段历史上的第三次浪潮。该手段通过对环境信息的公开来加强环境管理的公众参与和监督，从而促使污染者重视环境保护，加强污染治理。以媒体公开的方式对企业的环境行为和有关的环境信息进行公告，让公众对企业的污染物排放情况、污染治理情况甚至造成的环境损失情况进行充分的了解、监督和评价，是促使企业改善环境行为、加强环境管理、提高治理水平、提高公众形象的有力的刺激工具，往往会起到指令性控制手段和经济手段所无法起到的作用。环境信息公开手段的实施会使环境管理形成由指令性控制手段、经济手段和媒体公众监督组成的三维立体网络，从而使环境管理走上科学化、系统化和信息化的轨道。

环境信息公开对增强公众的环境意识，提高公众对环境事务的参与能力都具有重大意义。

（1）有利于增强公众的环境意识。环境信息公开的过程，就是环境宣传和教育的过程，能够提高公众的环境保护意识。公众环境意识的增强又会对环境信息公开工作提出了更高的要求，形成环境保护部门和公众相互促进的良性循环。而且更为重要的是，公众的环境意识直接影响到环境政策的实施结果。

（2）有利于提高公众的环境监督能力。通过环境信息的公开，公众对周围环境现状有了全面的了解，对环境保护部门和企业环境行为的监督能力就会得到加强。同时，环境信息公开会推动各种环境组织的形成及活动的开展，有利于可持续的社会发展。

(3) 有利于改善公众与环境保护部门、企业的关系。通过环境信息公开，污染者、受害者和执法者获得了广泛的信息，为他们之间的交流和协商提供了条件。

第二节　环境信息法及其历史发展

环境时代与信息时代的结合“造就”了应解决环境危机而生的环境信息法。作为环境法体系中的重要成员之一，环境信息法的根本目的在于通过建立环境信息公开制度，维护公众的环境信息权，促进公众有效参与环境保护。

一、环境信息法

环境信息法是调整在环境信息活动中产生的各种社会关系的法律规范的总称，是关于在环境保护领域进行环境信息公开的专门法律，其调整对象是在环境信息活动中产生的各种社会关系，即环境信息关系。因此，从性质上来讲，一方面，环境信息法是信息法的一个分支，属于信息法的范畴，是信息法在环境保护领域的体现；另一方面，环境信息法调整的是环境信息法律关系主体、客体、内容、法律责任等问题，其根本目的在于通过公众的有效参与，包括环境监督来保护人类赖以生存和发展的环境与资源，最终实现经济和社会的可持续发展。它与环境保护法律法规的根本目的都是相一致的，因此，环境信息法又是作为环境法体系中的一个支系统存在的。

二、建立环境信息法的意义

建立环境信息法是环境时代、信息时代的要求，也是立法对环境保护基本国策的积极响应和贯彻落实。

首先，建立环境信息法可以为环境信息公开工作的开展提供保障。人对经济利益的贪婪决定了人们不可能自愿地将由自己行为造成的、自己对其后果具有不可推卸责任的不良环境影响公之于众。只有在政府的强制督促下，在公众的压力下，并通过政府组织管理的或社会建立的渠道，才能真正实现环境信息公开。这样的环境信息公开制度需要法律的保障。环境信息法通过详细的、有针对性的、具有可操作性的程序性规定，利用法律固有的强制性、权威性，可以有效地规范环境主管部门与企业环境信息的发布，提高政府社会管理水平。

其次，建立环境信息法是公众环境信息权的保障。环境信息权，是指公民、法人和其他组织依法享有的从法定公共机构获取环境信息，传播环境信息的权利，包括取得所在国家、地区环境状况的资料，公众所关心的开发建设活动、生产经营活动可能造成的环境影响及其防治政策的资料，国家和地区关于环境保护的法律法规等资料的权利，传播信息和在信息得不到满足的情况下获得救济的权利。

最后，建立环境信息法是公众参与环境保护的要求。公众参与环境保护的原则，也称环境民主原则，是指在环境保护和自然资源的开发利用工作中必须依靠社会公众的广泛参与，公众有权了解有关信息，有权通过一定的形式参与管理、决策或监督。环境信息法的建立将有助于公众对污染者的环境行为进行舆论监督，更好地参与环境管理。

三、环境信息法的产生与发展

与已经经历数千年沧桑的财产法相比，环境法作为法律家族中的新生代只有50岁的年龄。1966年，美国制定了《信息自由法》。该法规定除其所列举的9种情况外，其他所有政府文件都必须公开，任何人都有权要求获取其内容，行政机关不得拒绝，而环境信息不属于其所列举的9种例外情况。所以，美国《信息自由法》可以被看成是人类环境信息法的历史的开端。专门的环境信息公开法律的历史可以追溯到20世纪90年代初欧共体理事会发布的《关于自由获取环境信息的指令》。

虽然环境信息法的历史不长，但它却发展迅速。目前世界上已经有几十个国家建立了信息公开制度，有的还制定了专门的环境信息公开法。例如，挪威的《信息自由法》，英国的《地方政府获得信息法》《环境与安全信息法》，奥地利的《环境信息法》、德国的《环境信息法》等。

我国的环境信息立法经历了从无到有、从一般到具体的发展过程。在专门的信息公开立法出台之前，与环境信息公开有关的规定散见于多种法律法规中。1989年《环境保护法》第十一条规定："国务院和省、自治区、直辖市人民政府的环境保护行政主管部门，应当定期发布环境状况公报。"第三十一条提到："因发生事故或者其他突然性事件，造成或者可能造成污染事故的单位，必须立即采取措施处理，及时通报可能受到污染危害的单位和居民，并向当地环境保护行政主管部门报告，接受调查处理。"在《水污染防治法》《环境噪声污染防治法》《放射性污染防治法》《环境影响评价法》《中华人民共和国清洁生产法》等法律文件中也都对环境信息公开作了一些规定。在此之后，许多地方立法，如《广州市政府信息公开规定》等都有关于环境信息公开的专门规定。

2003年，国家环境保护总局相继发布了《环境保护行政主管部门政务公开管理办法》与《关于企业环境信息公开的公告》，极大地推动了环境信息公开制度的实施。2007年国务院出台《中华人民共和国政府信息公开条例》（以下简称《政府信息公开条例》），随后，原国家环境保护总局发布《环境信息公开办法》。这些法律文件对环境信息公开作了比较具体和详细的规定，使我国的环境信息公开制度建设取得了长足的进步。

我国目前还没有一部环境信息公开专门法。从世界各国环境信息公开立法的发展趋势看，建立一部专门的、高位阶的《环境信息法》是我国环境立法的必然选择。

第三节　环境信息法的基本原则

从各国环境信息立法的实践和学界、政界对环境信息公开制度的认识来看，环境信息法贯彻了以下七条原则。

一、保障公众环境信息权原则

自然人、法人或者其他社会组织有权通过申请向主管部门获取相关的环境信息。环境信息主管部门应该开通多种信息渠道为公众获取环境信息提供方便。任何个人或组织都不得非法阻挠或限制信息公开的义务主体公开环境信息以及公众行使依法获取环境信息的权利。

二、以公开为原则，不公开为例外

环境信息法是环境信息公开法，不是环境信息保密法。所以，环境信息法对环境信息的基本要求是公开、有利于公开。之所以对公开的原则设定例外，是因为有些信息可能涉及国家安全、公共安全或重大商业利益等。所以，环境信息公开是对那些不涉及国家安全、公共安全、重大商业利益等特殊信息的公开。按照以公开为原则，不公开为例外的原则，在公众申请获取环境信息时，只需提供所需信息的名称，无须说明使用该环境信息的目的等便可从环境主管部门那里获得有关信息，除非主管者提出例外的理由。如果主管部门不能及时、准确提供相应的环境信息，又没有法律规定的例外，申请人便可为维护环境信息权而寻求救济。

三、利益衡量原则

公众申请获取相关的环境信息、行使环境信息权利不得侵犯国家安全、公共安全和个人利益。环境主管部门主动进行环境信息公开以及申请提供相关环境信息也不得损害国家安全、公众安全和个人利益。利益衡量原则是对公众获取环境信息的权利进行限制，以便平衡与国家利益、公共利益与个人利益的冲突。获取环境信息的权利要受到例外信息的限制。

四、环境信息真实、准确、完整、及时原则

这是关于环境主管部门应怎样向公众提供环境信息的一项原则。它包括真实、准确、完整和及时四个方面。

（1）真实是指公开的环境信息必须具有客观性、一致性和规范性。客观性，是指公开的信息所反映的事实必须是在环境领域中实际发生的，禁止编造虚假信息；一致性，是指公开的信息依据的标准，应保持历史的一贯性，如有变动应作出说明；规范性，是指公开的义务主体所公开的信息必须符合环境法律法规所规定的对不同性质信息的真实性的不同判断标准。

（2）准确是指信息公开的义务主体所公开的信息必须准确无误，不得以模糊不清的语言使公众对其有关信息产生误解，不得有误导性的表述。准确不是强调已公开信息与信息

所反映的客观事实之间的一致性，而是强调信息发布者与信息接受者以及各个信息接受者之间对同一信息在理解上的一致性。这就要求环境信息公开首先应按法定标准以语言文字的通常意义进行信息公开，其次要处理好表述准确与易于理解之间的关系。

（3）完整是指信息公开义务主体必须完整地提供环境信息，不得有重大遗漏。如果在公开信息时有重大遗漏，即使已公开的个别信息具有个别的真实性，也会造成已公开信息在整体上的虚假性。

（4）及时是指义务主体必须在合理的时间内尽可能迅速地公开其应公开的信息，不得迟延。无论是多么正确的信息，如果其公开的时期迟滞，环境信息的有用性都将大打折扣。

五、不收费原则

不收费原则是指环境主管部门应公众申请提供环境信息，除在必要时向申请人收取法定成本费用外，不得收取其他任何费用。对于经济上有困难的申请人，在经过确认后可以减少或免除应当支付的成本费用。

六、信息自由使用原则

申请人通过向环境主管部门申请获取相关的环境信息后，即成为该环境信息的所有人。他们可以对信息进行加工或者进行其他形式的开发、利用。主管机关对环境信息的再开发利用不得禁止或者施加任何形式的限制，也不得主张环境信息的版权保护或类似保护。但申请人对信息的处理不得违反法律法规的规定。

七、国际交往中的对等原则

申请获取环境信息的权利主体原则上不仅包括一国公民、法人以及其他社会组织，也包括外国的自然人与法人。在如何对待外国申请人的问题上，一般都是遵循国际交往中的对等原则。如果我国对某外国的申请人给予与我国公民同样的待遇，那么，该外国也应当给予我国公民这样的待遇。

第四节　环境信息法的基本制度

各国环境信息法的规范化程度不同，其规定的内容也不完全一样，但大致都包含了以下五项制度。

一、环境信息公开制度

环境信息法的建立过程，实际上就是构建环境信息公开制度的过程。环境信息公开制度是环境信息法的基本内容，是整个环境信息法的核心。环境信息公开制度首先需要明确信息公开法律关系的主体，它包括两类，即信息公开义务主体和信息请求主体。

(1) 环境信息公开义务主体，包括在获取环境信息方面拥有众多优势的政府和带有“与生俱来的罪恶”的排污企业。各国环境信息法发展的趋势是信息公开义务主体的范围逐步扩大。在理论上，广义的信息公开的义务主体不限于国家机关，也包括某些社会组织和公共团体。

(2) 申请人，即环境信息权的权利主体。任何自然人、法人都有获得环境信息的权利，而不需要有切实的利益关系，也不考虑国籍、种族、住所等因素。从国际立法来看，国际立法的趋势是要让所有人都享有这项权利，如日本的《信息公开法》中将信息权的主体规定为“任何人”。目前我国信息公开的权利主体大多局限于利害关系人或者行政相对人，这不符合信息公开制度和信息权发展的国际趋势。在环境领域，由于环境损害具有普遍关联性，任何人都与之存在利害关系，很难严格区分哪些人是直接的利害关系人。以利害关系人为条件限制环境信息权的权利主体，在实践中不具有明确的判断标准，缺乏可操作性，而且容易成为剥夺公众环境信息权的借口。所以环境信息权的权利主体应当包括任何的自然人、法人和其他组织，环境信息除了依照法律规定免除公开的以外，原则上应当向全体公众公开。这里所说的任何自然人、法人，不仅包括中国的自然人、法人，还包括外国的自然人和法人。在国际化程度日趋加深的今天，我国有义务在已加入的国际条约承诺的范围内赋予外国人环境信息权，如世界贸易组织规则中就存在适用于同环境有关的贸易领域的透明度原则。这里所说的其他组织，不仅是政府组织，还包括非政府组织，如各种民间环保团体。

二、环境信息收集、处理制度

环境信息收集是指通过各种方式获取环境信息。信息收集是信息得以利用的第一步，也是关键的一步。环境信息收集主要有以下几种方式。

(1) 环境监测。环境监测是监督排查污染物排放和环境标准的实施情况，正确评价生态环境质量、进行生态环境规划及其管理，验证新的环境科技等所必不可少的基础性工作，也是弄清有害物质来源、分布、数量、动向和转化规律的重要手段。现在实行的环境监测，按监测对象的不同可分为大气监测、水质监测、生物监测、噪声监测、放射性监测、固体废物污染监测、土壤污染监测等。

(2) 环保社会调查。社会调查是获得环境信息的重要手段。社会调查是指运用观察、询问等方法直接从社会中了解情况，收集资料的活动。

(3) 建立环境情报网。管理活动要求信息准确、全面、及时。为了达到这样的要求既不能单靠某一渠道收集信息，更不能依靠临时性的调查了解，必须利用多种途径不间断地收集信息。环境信息情报网就是为了实现多途径不间断获取信息而建立的。

(4) 从文献中获取信息。指的是从古人或前人留下的文献中提取能够反映环境情况，尤其是环境变迁的资料。

环境信息处理是指为有效地掌握、管理、传递和使用信息而对已经取得的信息资料采取的一系列措施。它是环境信息进行公开的前提步骤之一，包括将采集的环境信息统一进行存储、分析、加工与再现。

三、环境信息的申请制度

环境信息的申请制度是指申请人依照环境信息法的规定通过书面形式或者电子形式请求环境主管部门提供相关信息的制度。

环境信息申请人可以是一切自然人和法人，不论其种族、民族、性别、年龄、职业、住所、贫富等，在国家关系对等的前提下，无论是否为本国公民，他们都可以请求环境主管部门提供其持有的环境信息。申请人申请取得环境信息应向环境主管部门提出书面申请，申请书应当载有申请人的姓名、身份证号码、住址、联系方式及请求公开信息的内容。申请书可以采用信函、传真、电子邮件等形式，采取书面形式确有困难的申请人也可以口头提出由环境信息公开工作机构代为填写政府环境信息公开申请。

四、环境信息公开监督机制

环境信息公开制度能否得到有效的运行，完善其监督机制至关重要。环境信息公开监督主要是监督义务主体公开信息是否全面、及时，公开的信息是否真实、有效等。在我国，县级以上地方人民政府主管部门负责监督本行政区域内的环境信息公开工作，包括本辖区企业环境信息公开工作，上级主管部门负责监督指导下级环境保护部门政府环境信息公开工作。

五、环境信息帮助与救济制度

环境信息帮助制度贯穿于环境信息公开的全过程，是环境信息法的一项重要制度。它指的是环境行政管理部门在环境信息公开的过程中对公众获取相关环境信息提供无条件帮助的义务，包括对申请获取信息程序的告知、相关环境信息内容的说明、对公众所提问题的及时答复以及公民存在阅读困难或者视听障碍时提供必要的帮助等。

环境信息救济制度是环境信息公开法的又一个重要的制度安排，它主要包括行政复议和诉讼两个方面。公民、法人或其他主体通过法定程序向环境行政管理部门提出获取环境信息的申请，如果请求被驳回，或被申请的机构未在法定时间内提供环境信息，则可以在法定期限内申请行政复议，对复议决定不服时可以向人民法院提起行政诉讼；也可以直接向人民法院起诉。

第十七章　环境影响评价法

环境影响评价是实现环境保护目的的重要手段，环境影响评价法促进和规范环境影响评价活动的法律体系，使环境法体系中的一个重要分支。本章主要学习：①环境影响评价和环境影响评价法的基本知识；②环境影响评价法的主要内容；③环境影响评价的程序和特点。

第一节　环境影响评价与环境影响评价法

环境影响评价是指在开发项目（包括规划等）的审批之前，事先调查或预测其对周边环境的影响，并审议各种替代方案，通过广泛的公众参与和相关信息的公布，提出预防或减轻不良环境影响的对策和措施，为决策机关提供科学合理化建议的相关制度和行为规范。环境影响评价概念的最早提出是在1964年加拿大召开的国际环境科学会议上，之后美国等大多数国家通过法律等方式正式确立为一项制度。

一、环境影响评价

评价（assessment）的概念在管理领域首先用于为征税而进行的资产评价或与损害赔偿有关的损害费用的评价等领域。后来，逐步推广到对技术开发的预测、评价以及建设项目的实施对周边环境的影响评价，即现在所说的环境影响评价（environment impact assessment，EIA）领域[①]。

广义的环境影响评价泛指对环境能产生影响的人类的一切活动，不仅包括建设项目的环境影响评价，而且还包括政策、规划、立法等的战略环境影响评价。对一个建设项目的环境影响评价来说，还包括对原材料的购买、制造、销售、流通、消费以及废弃等全过程的评价[②]。我国《环境影响评价法》第二条规定：“本法所称环境影响评价，是指对规划和建设项目实施后可能造成的环境影响进行分析、预测和评估，提出预防或者减轻不良环境影响的对策和措施，进行跟踪监测的方法与制度。”这一规定为环境影响评价的执行和相关研究提供了基本的依据。

二、环境影响评价法

环境影响评价法是调整规范规划和建设项目环境影响评价中形成的各种社会关系的法

---

① 浅野直人．环境影响评价与法．东京：信山社，1998：1

② 林宗浩．环境影响评价法制研究．北京：中国法制出版社，2011：3

律规范的总称。

环境影响评价制度是环境影响评价活动的制度化、法定化，是通过立法形成的有关环境影响评价活动的一套规则。作为一项制度，环境影响评价不同于一般预断评价，它不是通过评价一般地了解未来环境状况，而是实施某些工程建设或开发的必经程序。工程建设或开发者必须事先对项目的选址、设计和投产后对周围环境产生何种影响，以及应采取的防范措施和防治方案提出环境影响报告书（或表），经过批准后方可实施有关建设或开发行为。

环境影响评价制度是“预防为主”原则的体现，是对传统发展模式和决策方式的改革，是保证社会经济持续发展、健全环境管理、防止新污染、维护生态平衡的有效措施，是现代环境法的重要内容。实行环境影响事前评价可以促使开发者经常留意环境与开发的调整，有目的地选择对环境影响较小的开发项目或开发方式。另外，评价的过程中允许有关的机关和居民参加，这样不仅通过关系人的监督使预测评价的错误和漏洞得到纠正，高精度的公正调查得以确保，而且开发与区域环境之间的协调得到重视，并可预防没有居民参加的开发对区域社会的破坏。

环境影响评价制度首创于美国。美国 1969 年的《国家环境政策法》把环境影响评价规定为联邦政府环境管理的一项基本制度。至 20 世纪 70 年代末美国各州相继建立了各种形式的环境影响评价制度。这一立法趋势很快引起其他国家的重视，并为许多国家所借鉴。瑞典在其 1969 年的《环境保护法》中对环境影响评价制度作了规定。日本于 1972 年 6 月由内阁批准了公共工程的环境保护办法，首次引入环境影响评价思想，1997 年制定专门的《环境影响评价法》。德国、加拿大、俄罗斯也相继进行了环境影响评价立法。至今，全世界已有 100 多个国家或地区制定了有关环境影响评价的立法①。

我国在 1979 年颁布的《环境保护法（试行）》确立了环境影响评价制度。在这之后又颁布了一系列法规、规章，如《建设项目环境保护管理办法》、《建设项目环境保护设计规定》、《环境影响评价证书管理办法》、《建设项目环境保护管理条例》等，在我国初步建立了环境影响评价制度。第九届全国人民代表大会常务委员会把《环境影响评价法》列入了立法计划。从 1998 年开始，经过反复调研、论证，2002 年 10 月 28 日《环境影响评价法》被通过，2003 年 9 月 1 日起正式施行。

三、环境影响评价制度与环境法相关原则制度的关系

（一）与预防为主原则的关系

在环境损害的治理上，世界各国都普遍经历了“先污染后治理”的历史弯路。环境损害的特殊性和复杂性一再告诫我们治理环境损害应采取提前预防的方式与原则，而在诸多环境保全措施和制度当中最能体现预防为主原则的就是环境影响评价制度。

环境影响评价制度从政府规划阶段或建设项目投入施工之前就进行对环境的影响评价，力求从决策的源头防止环境污染和生态破坏，极大地提高了环境保护的预防性和有效

① 林宗浩．环境影响评价法制研究．北京：中国法制出版社，2011：2

性。我国环境影响评价法规定在规划草案上报审批之前，要对规划实施后对环境可能造成的影响进行分析和预测，提出预防不良环境影响的对策和措施，以达到预防或者减轻规划实施后对环境产生不良影响的目的。

（二）与“三同时”制度的关系

“三同时”制度是指一切新建、改建和扩建的基本建设项目、技术改造项目、自然开发项目以及可能对环境资源造成污染和破坏的其他工程建设项目，其防治污染和其他公害的设施和环境保护措施必须与主体工程同时设计、同时施工、同时投产使用的制度①。它是我国独创的一项环境法律制度，也是预防为主原则的具体化、制度化、规范化的环境保护措施之一。

根据环境保护法的相关规定，防治污染的设施必须经原审批环境影响报告书的环境保护行政主管部门验收合格后，该建设项目方可投入生产或者使用。从上述规定可以看出，“三同时”制度和环境影响评价制度一样都是预防为主原则的具体体现和制度保障，但两者又有区别。环境影响评价制度的适用范围不仅包括建设项目，而且还包括政府的规划，但“三同时”制度仅适用于建设项目。

（三）与程序法制和信息公开制度的关系

环境影响评价制度来源于美国，其制度设计上带有很多程序法的色彩。而且环境影响评价制度的作用之一就是通过公众参与使政府的决策更加科学合理，通过广泛参与和监督最大限度地减低工程项目等对周边环境的影响。因此，为更好地发挥该制度的功能，有必要加强相关程序法制建设。没有完善的程序法制作为后盾和制度保障，环境影响评价制度很难发挥其积极有效的功能。例如，对规划的环境影响评价就需要通过立法对政府的规划行为作出明确的程序性规定，以保证公众在合适的时机参与评判。

与行政程序法制相关，为保证环境影响评价制度有效发挥其功能，相关信息公开制度的完善是不容忽视的。知情权是参与权的基本前提。没有相关信息的公开，很难保证公众参与的有效性。可喜的是，有关信息公开的规范性文件陆续制定颁布②。

第二节 环境影响评价法的主要内容

我国的《环境影响评价法》共由五章三十八个条文组成。包括总则、规划的环境影响评价、建设项目的环境影响评价、法律责任和附则等内容。新颁布的《环境影响评价法》扩大了环境影响评价的范围（包括规划），而且也对公众参与作出了明文规定。

---

① 蔡守秋．环境法学教程．北京：科学出版社，2003：124-125

② 2007年4月，国务院颁布了《政府信息公开条例》，于2008年5月1日起施行。同年4月，原国家环境保护总局也相应地颁布了《环境信息公开办法（试行）》。而且，2006年颁布的《环境影响评价公众参与暂行办法》中对建设单位公开的相关信息的范围和公开的方式等都作出了具体的规定

一、规划的环境影响评价

我国自2003年9月1日起实施的《环境影响评价法》，在我国环境立法上具有标志性意义。它不仅进一步完善了建设项目环境影响评价制度，而且初步确立了我国的规划环境影响评价制度。评价范围扩大到政府的规划，为建立战略环境影响评价制度奠定了重要的基础。但是，从近年来贯彻落实《环境影响评价法》的实践情况来看，规划环境影响评价工作还存在以下问题，需要通过制定行政法规作出具体规定。

第一，依法应当进行环境影响评价的规划，未经评价即予以审批的现象不断发生，需要强化规划编制、审批机关的责任。

第二，规划环境影响评价的程序、内容、依据和形式等不够具体，影响了规划环境影响评价的质量，需要进一步明确。

第三，专项规划环境影响报告书审查的主体、内容、程序和效力等不够明确，规划编制、审批与规划环境影响评价审查之间缺乏有效的制约，需要进一步规范。

第四，规划环境影响评价提出的对策措施得不到有效落实，需要完善跟踪评价、区域限批等约束机制。

针对以上的问题和不足，国务院在2009年8月颁布了《规划环境影响评价条例》（以下简称《条例》），并于同年10月1日起实施。《条例》的颁布是我国环境立法的重大进展，标志着环境保护参与综合决策进入了新的阶段。《条例》要求将区域、流域生态系统整体影响作为规划环境影响评价的着力点，有利于从决策源头防止生产力布局、资源配置不合理造成的环境损害，是“预防为主”环境保护方针的重要手段。《条例》将经济效益、社会效益与环境效益的统筹作为推进环境影响评价的关键点，有利于在机制体制层面促进经济、社会与环境的全面协调可持续发展，是推进生态文明建设和探索中国特色环保新道路的重要举措。《条例》还将人群健康和长远环境影响作为推进规划环境影响评价的出发点，有利于更好地从源头解决关系民生的环境损害，维护人民群众的环境权益，是坚持以人为本、构建社会主义和谐社会的重要平台。

《条例》在《环境影响评价法》原则规定的基础上，进一步明确了规划环境影响评价的细则，取得了一系列重要突破。例如，明确了规划环境影响评价“客观、公开、公正”的三原则；规定了评价的三方面主要内容，即对相关区域、流域生态系统产生的整体影响，对环境和人群健康产生的长远影响，经济效益、社会效益与环境效益之间以及当前利益与长远利益之间的关系；细化了规划环境影响评价的责任主体、环境影响评价文件的编制主体及编制方式、公众参与、实施程序等；明确了专项规划环境影响评价的审查主体、程序和效力；确立了“区域限批”制度，即“规划实施区域的重点污染物排放总量，超过国家或者地方规定的总量控制指标的，应当暂停审批该规划实施区域内新增该重点污染物排放总量的建设项目的环境影响评价文件”（第三十条）。

（一）评价范围

《条例》第二条规定：“国务院有关部门、设区的市级以上地方人民政府及其有关部门，对其组织编制的土地利用的有关规划和区域、流域、海域的建设、开发利用规划（以下称综合性规划），以及工业、农业、畜牧业、林业、能源、水利、交通、城市建设、旅游、自然资源开发的有关专项规划（以下称专项规划），应当进行环境影响评价。依照本条第一款规定，应当进行环境影响评价的规划的具体范围，由国务院环境保护主管部门会同国务院有关部门拟订，报国务院批准后执行。”

2004 年 7 月，原国家环境保护总局会同有关部门制定发布的《编制环境影响报告书的规划的具体范围（试行）》和《编制环境影响篇章或说明的规划的具体范围（试行）》中，比较具体地规定了需要进行环境影响评价的规划范围。其中，需要编制环境影响报告书的规划的具体范围如表 17-1 所示。

表 17-1 编制环境影响报告书的规划的具体范围

规范	具体范围
工业的有关专项规划	省级及设区的市级工业各行业规划
农业的有关专项规划	设区的市级以上种植业发展规划； 省级及设区的市级渔业发展规划； 省级及设区的市级乡镇企业发展规划
畜牧业的有关专项规划	省级及设区的市级畜牧业发展规划； 省级及设区的市级草原建设、利用规划
能源的有关专项规划	油（气）田总体规划； 设区的市级以上流域水电规划
水利的有关专项规划	流域、区域涉及江河、湖泊开发利用的水资源开发利用综合规划和供水、水力发电等专业规划； 设区的市级以上跨流域调水规划； 设区的市级以上地下水资源开发利用规划
交通的有关专项规划	流域（区域）、省级内河航运规划； 国道网、省道网及设区的市级交通规划； 主要港口和地区性重要港口总体规划； 城际铁路网建设规划； 集装箱中心站布点规划； 地方铁路建设规划
城市建设的有关专项规划	直辖市及设区的市级城市专项规划
旅游的有关专项规划	省及设区的市级旅游区的发展总体规划
自然资源开发的有关专项规划	矿产资源：设区的市级以上矿产资源开发利用规划； 土地资源：设区的市级以上土地开发整理规划； 海洋资源：设区的市级以上海洋自然资源开发利用规划； 气候资源：气候资源开发利用规划

需要指出的是，按照原国家环境保护总局《关于印发〈编制环境影响报告书的规划的具体范围（试行）〉和〈编制环境影响报告书篇章或说明的规划的具体范围（试行）〉的通知》规定，《直辖市及设区的市级城市总体规划》和《设区的市级以上商品林造林规划》暂按编制环境影响篇章或说明的意见执行。

（二）评价内容

依据《条例》第八条规定，对规划进行环境影响评价应当分析、预测和评估以下内容：①规划实施可能对相关区域、流域、海域生态系统产生的整体影响；②规划实施可能对环境和人群健康产生的长远影响；③规划实施的经济效益、社会效益与环境效益之间以及当前利益与长远利益之间的关系。《条例》第十一条进一步规定，环境影响篇章或者说明应当包括下列内容：①规划实施对环境可能造成影响的分析、预测和评估，主要包括资源环境承载能力分析、不良环境影响的分析和预测以及与相关规划的环境协调性分析；②预防或者减轻不良环境影响的对策和措施，主要包括预防或者减轻环境影响的政策、管理或者技术等措施。环境影响报告书除上述内容外，还应当包括环境影响评价结论。主要包括规划草案的环境合理性和可行性，预防或者减轻不良环境影响的对策和措施的合理性和有效性，以及规划草案的调整建议。按照《条例》第十三条的规定，规划编制机关应当在报送审查的环境影响报告书中，附具对公众意见采纳与否情况及其理由的说明。

（三）评价主体

按照《环境影响评价法》和《条例》的有关规定，对规划进行环境影响评价的主体是国务院有关部门、设区的市级以上地方人民政府及其有关部门，即国务院有关部门、设区的市级以上地方人民政府及其有关部门是规划环境影响评价的编制机关。其中，国务院有关部门包括国土资源部、国家发展和改革委员会、水利部、国家海洋局等；设区的市级以上地方人民政府及其有关部门，包括省、自治区、直辖市人民政府及其所属部门、设区的市（通常为省、自治区所辖的市和州）人民政府及其所属部门。至于对县级（含县级市）人民政府组织编制的规划是否应进行环境影响评价，考虑到各地现有条件的不同，目前还不具备统一规定，都要进行环境影响评价的条件，法律没有强求一致。省、自治区、直辖市对于本辖区内有条件的县级人民政府，可以要求对它们组织编制的规划草案，参照本法的有关规定进行环境影响评价。但新颁布的《条例》规定，县级以上人民政府及其有关部门应当对规划环境影响评价所需资料，实行信息共享。

对于既是规划编制机关又是环境影响评价文件的编制机关问题，在环境影响评价法制定过程中，存在过不同意见，如果“自己评价自己”会失去对政府的制约，难以保证规划环境影响评价的客观公正性，因此建议由中介单位来进行评价。起草组为此进行了多次研究，最终没有采纳这个意见。起草组认为，政府制定规划的行为与建设单位兴建项目的行为在性质、地位、作用等方面有很大的不同，不能仿照建设项目环境影响评价的做法，一律由中介单位来进行环境影响评价。如果在法律中，硬性规定一律由社会上的中介单位来做规划的环境影响评价，在有些情况下，反而会因为泄漏国家机密等原因，妨碍政府工作的正常开展。实际上，西方发达国家开展环境影响评价有相当一部分就是由政府部门自我组织进行的，如加拿大等国。争论的结果是起草组建议由组织编制规划的机关根据实际情况来决定规划草案的环境影响评价单位。例如，如果某规划保密性不强，并且与公众的环境权益联系很密切，规划的组织编制机关完全可以委托社会上的某中介单位来做规划的环境影响评价工作。再如，如果某规划的保密性很强，社会上的中介单位一旦介入进来，会对政府工作产生不利影响，那么，规划的组织编制机关就应当组织政府内部的力量或者完全由本机关对该规划草案进行环境影响评价。总之，由谁对规划草案进行环境影响评价，决定权在于规划的组织编制机关。“谁组织编制规划，由谁组织对该规划草案进行环境影响评价”是政府规划环境影响评价工作的一条原则①。

（四）公众参与

《条例》第十三条规定：“规划编制机关对可能造成不良环境影响，并直接涉及公众环境权益的专项规划，应当在规划草案报送审批前，采取调查问卷、座谈会、论证会、听证会等形式，公开征求有关单位、专家和公众对环境影响报告书的意见。但是依法需要保密的除外。有关单位、专家和公众的意见与环境影响评价结论有重大分歧的，规划编制机关应当采取论证会、听证会等形式进一步论证。”

虽然法律规定鼓励公众参与对规划的环境影响评价，但并不是所有的专项规划草案都允许公众参与评价的。依照《条例》的规定，是否允许公众参与环境影响评价的尺度应当是：①对可能造成不良环境影响并直接涉及公众环境权益的规划，应当征求公众意见；②指导性的专项规划，不需要征求公众意见；③根据国家规定需要保密的规划，也不需要征求公众的意见。至于哪些规划草案的环境影响评价报告书需要公众参与讨论，而哪些不需要公众意见，由规划的组织编制机关根据实际情况决定。

关于公众参与的时机问题，依据《条例》的规定，应当是在对规划草案的环境影响报告书草案形成之后，规划草案报送审批之前。如果还未形成环境影响报告书草案，就开始征求公众的意见，势必会出现“空对空”的现象，没有实际意义；而如果在环境影响评价报告书草案连同规划草案上报审批之后，再征求公众意见，又势必拖延文件的正常审批和发布实施，也会降低公众参与讨论环境影响报告书的意义。

依据《条例》的规定，规划编制机关应当在报送审查的环境影响报告书中，附具对公众意见采纳与否情况及其理由的说明（第十三条），规划审批机关对未附具对公众意见采纳与否情况及其理由的说明，或者不采纳公众意见的理由明显不合理的环境影响评价报告书，应当提出进行修改，并重新审查意见（第二十条）。

关于规划环境影响评价中的公众参与的形式以及存在的问题，将在下一章节中进一步分析和探讨。

（五）审查

依据 2003 年 10 月原国家环境影响评价总局发布的《专项规划环境影响报告书审查办

① 全国人大环境与资源保护委员会法案室. 中华人民共和国环境影响评价法释义. 北京：中国法制出版社，2003：33-34

法》和新颁布的《条例》规定，对规划（主要是专项规划）[①] 环境影响报告书的审查内容如下。

专项规划环境影响报告书的审查必须坚持客观、公开、公正的原则，从经济、社会和环境可持续发展的角度，综合考虑专项规划实施后对各种环境因素及其所构成的生态系统可能造成的影响。

专项规划编制机关在报批专项规划草案时，应依法将环境影响报告书一并附送审批机关。专项规划的审批机关在作出审批专项规划草案的决定前，应当将专项规划环境影响报告书送同级环境行政主管部门，由同级环境保护行政主管部门会同专项规划的审批机关对环境影响报告书进行审查。

环境保护行政主管部门应当自收到专项规划环境影响报告书之日起 30 日内，会同专项规划审批机关，召集有关部门代表和专家组成专家小组，对专项规划环境影响报告书进行审查。审查小组应当提出书面审查意见。

环境保护行政主管部门应在审查小组提出书面审查意见之日起 10 日内，将审查意见提交专项规划的审批机关。专项规划的审批机关应当将环境影响报告书结论及审查意见，作为决策的重要依据。专项规划环境影响报告书未经审查，专项规划审批机关不得审批专项规划。在审批中未采纳审查意见的，应当作出说明，并存档备案。

二、建设项目的环境影响评价

（一）评价对象

按照《环境影响评价法》第十六条的规定，我国依据建设项目对环境的影响程度，对建设项目的环境影响评价，实行分类管理。例如，可能造成重大环境影响的，应当编制环境影响报告书；可能造成轻度环境影响的，应当编制环境影响报告表；对环境影响很小、不需要进行环境影响评价的，应当填报环境影响登记表等。另外，环境保护部依据《环境影响评价法》第十六条的规定，在原《建设项目环境保护分类管理名录》的基础上，修改通过了《建设项目环境影响评价分类管理名录》，并于 2008 年 10 月 1 日起施行。

原国家环境保护总局《关于执行建设项目环境影响评价制度有关问题的通知》规定："《建设项目环境保护管理条例》所称的'建设项目'是指，按固定资产方式进行的一切开发建设活动，包括国有经济、城乡集体经济、联营、股份制、外资、港澳台投资、个体经济和其他各种不同经济类型的开发活动；按规划管理体制，建设项目可分为基本建设、技术改造、房地产开发（包括开发区建设、新区建设、老区改造）和其他共四个部分的工程和设施建设。对环境可能造成影响的饮食娱乐服务性行业，也属《条例》管理范围。"

---

① 《专项规划环境影响报告书审查办法》第二条规定："符合下列条件的专项规划的环境影响报告书应当按照本办法进行审查。（一）列入国务院规定应当进行环境影响评价范围的；（二）依法由省级以上人民政府有关部门负责审批的。"

（二）评价内容

依照《环境影响评价法》第十七条的规定，建设项目的环境影响报告书应当包括下列内容：①建设项目概况；②建设项目周围环境现状；③建设项目对环境造成影响的分析、预测和评估；④建设项目建设保护措施及其技术、经济论证；⑤建设项目对环境影响的经济损益分析；⑥对建设项目实施环境监测的建议；⑦环境影响评价的结论等。另外，涉及水土保持的建设项目，还必须有经水行政主管部门审查同意的水土保持方案。

除了上述七项主要内容以外，根据有关法律规定或者建设项目的实际情况，建设项目环境影响报告书还需要增加有关内容，如依照水污染防治法和环境噪声污染防治的有关规定，建设项目环境影响报告书中，应当有周围单位和居民的意见。而且依照《环境影响评价法》第二十一条的规定，建设项目的环境影响报告书应当附具对有关单位、专家和公众的意见采纳与否的说明。

需要特别指出的是，如所前述，我国的法律没有要求必须包括“替代方案”的内容。所谓“替代方案”是指除拟议活动以外的其他可供选择的备选方案，即指那些可用来替代拟议活动，并实现该拟议活动与其目的的行动方案。之所以将替代方案作为环境影响报告书的重要内容，是因为现实上各种拟议活动对环境都存在不同程度的不良影响①，而且任何规划和建设项目，都不是一成不变的，在实施过程中，会存在很多不确定性。所以，有必要对可能发生的情况进行充分细致的考虑和评价，从而对环境的影响降低到最低限度甚至是零。在一些环境影响评价工作的实践中，虽然对一些选择性方案进行比较分析，但是大部分主要考虑经济性因素，而不是真正考虑对环境的影响因素②。

因此，以美国为主的世界各国环境影响评价立法中都明确规定，在讨论环境影响报告书所指向的拟议活动方案时，必须将可供选择的其他方案一并提出并予以比较，最终选择最优的方案。

在我国，自计划经济时期以来，对建设项目一直实行着先由国家或者地方政府规划部门批准后，再由环境保护部门组织环境影响评价审查批准的行政审批模式。建设项目在这种“先批后审”的机制下，项目所在地的政府以及项目建设单位会先让项目设计、施工，然后再履行环境影响评价手续。这样已获批准的项目，不可能因环境影响评价制度的实施，而最终被否定。即使国家的重大项目，实践中通常是由建设单位先就已批准立项的建设项目，编制出若干方案，然后由专家和行政主管部门在“比较几种方案、选择最佳方案”的基础上，决定最终的建设项目方案③。

在《环境影响评价法》的制定过程中，因许多部门认为过去的做法比较符合中国的国情，所以法律最终未将替代方案纳入环境影响报告书的法定内容里面。

---

① 汪劲．环境法学．北京：北京大学出版社，2006：226

② 林宗浩．我国环境影响评价制度的立法完善//徐祥民，王光和．生态文明视野下的环境法理论与实践．济南：山东大学出版社，2007：208

③ 汪劲教授认为，这种“比较几种方案、选择最佳方案”的做法，与其说它是有中国特色的环境影响评价制度，倒不如说它是计划经济产生的一个“怪胎”。资料来源：汪劲．环境法学．北京：北京大学出版社，2006：226

（三）评价主体

按照《环境影响评价法》第十六条和第十九条的规定，建设项目的环境影响评价主体是建设单位及其委托的环境影响评价服务机构。按照第十九条和第二十条的规定，国务院环境行政主管机关对受委托为建设项目环境影响评价提供技术服务的机构，进行严格的资格审查。该法第十九条规定："接受委托为建设项目环境影响评价提供技术服务的机构，应当经国务院环境保护行政主管部门审查合格后，颁发资质证书，按照资质证书规定的等级和评价范围，从事环境影响评价服务，并对评价结论负责……"第二十条规定："环境影响评价文件中的环境影响报告书或者环境影响报告表，应当由具有相应环境影响评价资质的机构编制。"

2005 年在修改颁布的《建设项目环境影响评价资质管理办法》中，具体规定了评价机构的资质条件、评价资质的申请与审查、评价机构的管理、评价资质的考核与监督等内容。其中，按该办法第三条的规定，评价资质分为甲和乙两个等级。原国家环境保护总局在确定评价资质等级的同时，根据评价机构专业特长和工作能力，确定相应的评价范围。评价范围分为环境影响报告书的 11 个小类和环境影响报告表的 2 个小类（表 17-2）。按照该办法第四条的规定，取得甲级评价资质的评价机构，可以在资质证书规定的评价范围之内，承担各级环境保护行政主管部门负责审批的建设项目环境影响报告书和环境影响报告表的编制工作；取得乙级评价资质的评价机构，可以在资质证书规定的评价范围之内，承担省级以下环境保护行政主管部门负责审批的环境影响报告书或环境影响报告表的编制工作。

表 17-2　建设项目环境影响评价资质中的评价范围类别划分及新旧对照表

类别	所对应的具体业务领域	原行业类别*
轻工纺织化纤	各种化学纤维、棉、毛、丝、绢等制造以及服装、鞋帽、皮革、毛皮、羽绒及其制品的生产、加工等项目；食品、饮料、酒类、烟草、纸及纸制品、印刷业、人造板、家具、记录媒介的制造及加工等项目	轻工、纺织、化纤
化工石化医药	基本化学原料、化肥、农药、有机化学品、合成材料、感光材料、日用化学品及专用化学品的生产加工与制造等项目；原油、人造原油、石油制品、焦炭（含煤气）的加工制造等项目；各种化学药品原药、化学药品制剂、中药材及中成药、动物药品、生物制品的制造及加工等项目；转基因技术推广应用、物种引进等高新技术项目	化工、石化及医药
冶金机电	普通机械、金属加工机械、通用设备、轴承和阀门、通用零部件、铸锻件、机电、石化、轻纺等专用设备、农林牧渔水利机械、医疗机械、交通运输设备、航空航天器、武器弹药、电气机械及器材、电子及通信设备、仪器仪表及文化办公用机械、家用电器及金属制品的制造、加工及修理等项目；拆船、电器拆解、电镀、金属制品表面处理等项目；电子加工等项目；黑色金属、有色金属、贵金属、稀有金属的冶炼及压延加工等项目	金属冶炼及压延加工；机械、电子

续表

类别	所对应的具体业务领域	原行业类别*
建材火电	水泥、玻璃、陶瓷、石灰、砖瓦、石棉等各种工业及民用建筑材料制造与加工等项目；各种火电、脱硫工程、蒸汽、热水生产、垃圾发电等项目	建筑材料；火电（输变电工程除外）
农林水利	农、林、牧、渔业的资源开发、养殖及其服务等项目；防沙治沙工程项目；水库、灌溉、引水、堤坝、水电、潮汐发电等项目	农、林、牧、渔业；水利、水电
采掘	地质勘查、露天开采、石油及天然气开采、煤炭采选、金属和非金属矿采选等项目	采掘
交通运输	铁路、公路、地铁、城市交通、桥梁、隧道、港口、码头、航道、水运枢纽等项目；管线、管道、光纤光缆、仓储建设及相关工程等项目；各种民用、军用机场及其相关工程等项目	交通运输；机场及相关工程
社会区域	房地产、停车场、污水处理厂、城市固体废物处理（处置）、进口废物拆解、自来水生产和供应、园林、绿化等城市建设项目及综合整治项目；卫生、体育、文化、教育、旅游、娱乐、商业、餐饮、社会福利、社会服务设施、展览馆、博物馆、游乐场等项目；流域开发、海岸带开发、围海造地、围垦造地、防波堤坝、开发区建设、城市新区建设和旧区改建的区域性开发等项目	社会服务；区域开发；建筑、市政公用工程；海洋及海岸工程中的围海造地、防波堤坝等
海洋工程	海底管道、海底缆线铺设、海洋石油勘探开发等项目	海洋及海岸工程中的海底管道、缆线铺设、资源开采
输变电及广电通信	移动通信、无线电寻呼等电讯、雷达和电信等项目；输变电工程及电力供应等项目；邮电、广播、电视等项目	电磁辐射；火电中的输变电
核工业	核设施项目；核技术应用项目；伴生放射性矿物资源开发利用、放射性天然铀、钍伴生矿的开采、加工和利用及废渣的处理和贮存等项目	核反应堆及核技术应用；铀矿冶及核燃料生产
一般项目环境影响报告表	可编制除输变电及广电通信、核工业类别以外项目的环境影响报告表	环境影响报告表
特殊项目环境影响报告表	可编制输变电及广电通信、核工业类别建设项目的环境影响报告表	

*原行业类别系指本办法颁布前，环境影响报告书业务范围中的行业类别划分

（四）公众参与

2003年开始实施的《环境影响评价法》和以前的《建设项目环境保护管理条例》相比，具有两个显著的特点：一是评价范围扩大到政府的规划；二是公众参与的规定方面。《环境影响评价法》第五条明确规定："国家鼓励有关单位、专家和公众以适当方式参与环境影响评价。"除了该条总的规定以外，《环境影响评价法》第十一条和第二十一条又分别对规划和建设项目环境影响评价中的公众参与，作出了进一步明确的规定。《环境影响评价法》第二十一条规定了建设项目环境影响评价中的有关要求，即"除国家规定需要保密

的情形外，对环境可能造成重大影响、应当编制环境影响报告书的建设项目，建设单位应当在报批建设项目环境影响报告书前，举行论证会、听证会，或者采取其他形式，征求有关单位、专家和公众的意见。建设单位报批的环境影响报告书，应当附具对有关单位、专家和公众的意见采纳与否的说明。”

但是《环境影响评价法》的这些规定，其内容过于抽象模糊，实践中难以有效实施。为更加完善公众参与制度，我国相继颁布了《环境保护行政许可听证暂行办法》（2004年）、《环境影响评价公众参与暂行办法》等规范性文件。而且为配合公众参与制度的有效实施，2007年原国家环境保护总局颁布了《环境信息公开办法（试行）》。

第三节　环境影响评价的程序和特点

环境影响评价制度是程序性很强的一项制度。如果没有相配套的、完善的程序法制，就无法期待该制度发挥其应有的功能。在我国，环境影响评价主要包括环境影响评价文件的编制和审批过程。其中，编制过程又分为报告书的准备阶段、正式工作和编制阶段等。在我国，建设项目的环境影响报告书的编制和审批时间一般为可行性研究阶段。

一、环境影响评价的工作程序

从程序上划分，环境影响评价工作可分为三个阶段：准备阶段、正式工作阶段、报告书编制阶段。

（一）准备阶段的主要内容

（1）研究有关文件。包括国家和地方的法律法规、发展规划和环境功能区划、技术导则和相关标准、建设项目依据、可行性研究资料及其他有关技术资料。

（2）进行初步的工程分析。明确建设项目的工程组成，根据工艺流程，确定排污环节和主要污染物，同时进行建设项目影响区域的环境现状调查。

（3）确定建设项目的环境影响因素。筛选主要的环境影响因子、明确评价重点。

（4）确定各单项环境影响评价的范围和评价工作等级，编制评价大纲和工作方案。

（二）正式工作阶段的主要工作内容

（1）进一步工程的分析，进行充分的环境现状调查、监测并开展环境质量现状评价。

（2）根据污染源强度和环境现状资料，进行建设项目的环境影响预测，评价建设项目的环境影响，同时开展公众意见调查。

（3）提出减少环境污染和生态影响的环境管理措施和工程措施[①]。

① 朱世云，林春绵．环境影响评价．北京：化学工业出版社，2009：15

(三) 报告书编制阶段的主要工作内容

这一阶段的主要工作为汇总、分析第二阶段工作所得到的各种资料、数据，从环保角度确定项目的可行性，给出评价结论和提出进一步减轻环境影响的建议，最终完成环境影响报告书（表）的编制。例如，通过环境影响评价，对原选厂址作出否定结论时，对新选厂址的评价应重新进行；如需进行多个厂址的优选，则应对各个厂址分别进行预测和评价①。

二、环境影响评价文件的审批程序

《环境影响评价法》第二十二条规定："建设项目的环境影响评价文件，由建设单位按照国务院的规定，报有审批权限的环境保护行政主管部门审批；建设项目有行业主管部门的，其环境影响报告书或者环境影响报告表，应当经行业主管部门预审后，报有审批权的环境行政主管部门审批。……审批部门应当自收到环境影响报告书之日起 60 日内，收到环境影响报告表之日起 30 日内，收到环境影响报告表之日起 15 日内，分别作出审批决定，并书面通知建设单位。"

《建设项目环境保护管理条例》第十条规定："海岸工程建设项目环境影响报告书或者环境影响报告表，经海洋行政主管部门审核，并签署意见后，报环境保护行政主管部门审批。"

总而言之，没有行业主管部门的建设项目，环境保护行政主管部门直接审批建设项目环境影响评价文件；有行业主管部门的建设项目，其环境影响报告书或者环境影响报告表应当经行业主管部门预审后，报有审批权的环境保护行政主管部门审批；海岸工程建设项目环境影响报告书或者环境影响报告表，经海洋行政主管部门审核，并签署意见后，报环境保护行政主管部门审批。建设单位在报批建设项目环境影响评价文件前，其环境影响评价文件可委托有资质的技术评估机构进行技术评估，即对环境影响评价文件的技术方法和评价结论进行技术把关，为环境保护行政主管部门审批提供技术依据。环境影响技术评估机构运用有关技术力量和技术资源，通过现场调查和公众参与，对开发建设活动的环境影响评价结论进行科学判定，为政府的科学决策提供可靠的技术支持②。

三、我国环境影响评价制度的特点

(一) 具有法律强制性

自从《环境影响评价法》颁布实施后，环境影响评价制度更是从法律的高度，约束政府机关，尤其是建设单位，必须遵照执行，具有法律上的强制力和约束力。凡是法律或相

① 陆书玉．环境影响评价．北京：高等教育出版社，2003：28

② 环境保护部环境工程评估中心．环境影响评价相关法律法规．北京：中国环境科学出版社，2009：30

关规范性文件规定的规划和建设项目，都必须无条件地贯彻执行。

（二）纳入基本建设程序

《建设项目环境保护管理办法》中规定，对未经批准环境影响报告书或环境影响报告表的建设项目，规划部门不得办理设计任务书的审批手续，土地管理部门不办理征地手续，银行不得予以贷款。《环境保护法》中也规定，环境影响报告书经批准后，规划部门方可批准建设项目设计任务书。这样就更加具体地把环境影响评价制度结合到基本建设的程序中了，使其成为建设程序中不可缺少的环节。

（三）评价对象偏重于工程项目建设

由于我国的经济力量比较薄弱，正在进行大规模的经济建设，所以现阶段的环境影响评价偏重于评价建设项目对环境的影响。而对环境有重大影响的政策和法令的制定和执行，还没有开展评价工作。

虽然新颁布的《规划环境影响评价条例》新增了“区域限批制度”等，但还处于实践摸索阶段，而且需要进行环境影响评价的规划范围也过于抽象，难以实际操作和实施。

（四）分类管理

《环境影响评价法》和《建设项目环境保护管理条例》规定，对建设项目的环境保护实行分类管理。按照建设项目，对环境可能造成的影响程度，分别编制环境影响报告书、环境影响报告表和环境影响登记表。评价工作的重点，也按分类有所差异。对新建项目，评价重点主要是解决合理布局、优化选址和总量控制；对扩建和技术改造项目，评价的重点在于搞清楚工程实施前后，可能对环境造成的影响及“以新带老”，加强原有污染治理，改善环境质量。

（五）对评价资格的严格审核认定

为确保环境影响评价工作的质量，自1986年起，我国已建立了评价单位的资格审查制度，强调评价机构必须具有法人资格，具有与评价内容相适应的固定在编的各专业人员和测试手段，能够对评价结果负起法律责任。评价资格经审核认定后，发给环境影响评价证书。评价证书限额发放，分为甲、乙两级。甲级证书由国家环境保护部考核发放，持证机构可在全国范围内，承接其业务范围内的建设项目环境影响评价；乙级证书由省、市级环境保护局考核发放，持证机构限在本省、自治区、直辖市范围内，承接其业务范围内的建设项目的环境影响评价①。

① 陆书玉．环境影响评价．北京：高等教育出版社，2003：14-15

第十八章　清洁生产法与循环经济法

工业革命以来相当长的历史时期，人类社会工业生产活动一直延续着以高投入、高消耗、重污染为特征的不可持续发展方式，其直接后果是环境污染、资源枯竭等自然生态问题日益突出，以致对人类社会的生存与发展构成了严重的威胁。清洁生产和循环经济的思想正是在这种背景下形成和发展的。清洁生产（cleaner production）是国际社会在总结了传统工业污染治理的经验教训后提出的一种新型污染预防和控制战略。循环经济（circular economy）就是按照自然生态物质循环方式运行的经济模式，倡导人类经济系统与环境和谐发展，是对传统经济发展理念、资源利用模式和环境治理方式的重大变革。20 世纪 80 年代以来，发展循环经济、建立循环型社会成为各国化解环境危机、实现可持续发展的重要途径。我国发展清洁生产和循环经济方面的主要立法是《清洁生产促进法》和《中华人民共和国循环经济促进法》（以下简称《循环经济促进法》）。由于我国发展循环经济的经验欠缺，各地区的实际情况差异较大，立法相关管理制度以引导、促进的内容为主。“促进法”的名称更能体现我国循环经济立法的阶段性。

本章学习的主要目的是了解掌握：①清洁生产的含义、清洁生产法的历史发展和《清洁生产促进法》的主要内容；②循环经济的含义及其与清洁生产的关系、循环经济法的历史发展、《循环经济促进法》的主要内容。

第一节　清洁生产促进法

一、清洁生产及其意义

清洁生产是国际社会在总结了传统工业污染治理的经验教训后提出的一种新型污染预防和控制战略。最早起源于 20 世纪 70 年代欧美发达工业国家进行的工业污染预防活动。有“无废和低废技术”、废物最小化、源头削减等多种提法。

清洁生产概念产生于环境保护实践，反映了环境保护实践从对环境污染的被动反应、事后补救到主动控制、事前预防的发展变化过程。“末端治理”模式虽然取得了一定的环境效果，但也存在着明显的缺陷和不足：一是治理代价高，影响企业竞争力和经济效益，致使企业界缺乏治理污染的主动性和积极性；二是治理技术难度大，并存在污染转移的风险；三是无助于减少生产过程中的资源浪费；四是政府行政监督管理的成本过高。随着各国工业污染防治实践的深化，清洁生产的思想被各国政府和工业界普遍接受。

联合国环境规划署工业与环境规划中心把清洁生产概括为从原料、生产工艺到产品使用全过程的广义的污染防治途径，并给出了进一步解释：清洁生产是指将综合预防的环境保护策略持续应用于生产过程和产品中，以期减少对人类和环境的风险。对生产过程而言，清洁生产包括节约原材料和能源，淘汰有毒有害的原材料，并在全部排放物和废物离开生产过程以前，尽最大可能减少它们的排放量和毒性。对产品而言，清洁生产旨在减少产品整个生命周期过程中从原料的提取到产品的最终处置对人类和环境的影响。我国的《清洁生产促进法》第二条规定："本法所称清洁生产，是指不断采取改进设计、使用清洁的能源和原料、采用先进的工艺技术与设备、改善管理、综合利用等措施，从源头削减污染，提高资源利用效率，减少或者避免生产、服务和产品使用过程中污染物的产生和排放，以减轻或者消除对人类健康和环境的危害。"

清洁生产的实质是贯彻污染预防原则，从生产设计、能源与原材料选用、工艺技术与设备维护管理等社会生产和服务的各个环节实行全过程控制，从生产和服务源头减少资源的浪费，促进资源的循环利用，控制污染的产生，减轻或者消除对人类健康和环境的危害，实现经济效益和环境效益的统一。

清洁生产的基本内容是清洁的能源、清洁的生产过程、清洁的产品。它是一个相对的概念，所谓清洁生产技术和工艺、清洁产品、清洁能源和原料都是同现有常规技术、工艺、产品、能源和原料相比较而言的。清洁生产的内涵最初强调工业生产过程的清洁生产，以后逐渐扩展为将产品及服务也囊括在内。所采取的措施总体上侧重于企业层次。清洁生产通过对产品设计、原料选择、技术革新、设备更新、工艺改造、企业内部循环利用等环节的全过程控制，能提高资源利用率，最大限度地减少废物的生成和排放。推行清洁生产还可以降低污染治理设施的建设和运行费用，提高企业经济效益和竞争能力；可以将污染物消除在源头和生产过程中，有效解决污染转移问题；可以从根本上减轻因经济快速发展给环境造成的巨大压力，促进经济增长方式的转变。

二、我国清洁生产法的历史发展

清洁生产在我国大体经历了引进传播、企业审核示范、扩大试点、围绕立法和政策研究推进清洁生产的发展阶段。1992 年联合国环境与发展大会后，为响应可持续发展战略和《21 世纪议程》，国务院发布了《环境与发展十大对策》，要求新建、改建、扩建项目技术起点要高，尽可能采用能耗物耗小，污染物排放量少的清洁工艺，正式拉开了我国实施清洁生产的序幕。1993 年国家经济贸易委员会、原国家环境保护总局在第二次全国工业污染防治工作会议上提出工业污染防治必须从单纯的末端治理向生产全过程控制转变，实行清洁生产。1994 年国务院发布《中国 21 世纪议程》，将清洁生产列为优先实施的重点领域。1995～1996 年全国人民代表大会常务委员会修订颁布的《大气污染防治法》《固体废物污染环境防治法》《水污染防治法》中都强调了企业应当采用原材料利用效率高、污染物排放量少的清洁生产工艺，国家鼓励、支持清洁生产。1998 年国务院颁布《建设项目环境保护管理办法》，规定建设项目应当采用清洁生产工艺。1999 年国家经济贸易委员会发布《淘汰落后生产能力、工艺和产品目录》《国家重点行业清洁生产技术导向目录》。2002 年 6 月 29 日，第九届全国人民代表大会常务委员会第二十八次会议通过了《清洁生产促进法》。该法于 2003 年 1 月 1 日正式实施，是世界上第一部以推行清洁生产为目的的法律。该法借鉴国外在污染预防、资源综合利用、废物回收利用、循环经济等领域的立法经验，针对我国清洁生产实践制定了一系列政策措施。《清洁生产促进法》的核心是明确政府推行清洁生产的责任，规定企业实施清洁生产的要求和支持鼓励措施。《清洁生产促进法》的颁布，有助于提升各级政府、企业界和全社会的环境保护意识，明确企业实施清洁生产的义务、途径和方向。通过建立清洁生产调控体制和调控制度为企业实施清洁生产提供支持和服务，帮助企业克服技术、资金、市场等方面的障碍，增强企业实施清洁生产的能力。

三、《清洁生产促进法》的主要内容

（一）清洁生产制度的适用范围

《清洁生产促进法》第三条规定："在中华人民共和国领域内，从事生产和服务活动的单位以及从事相关管理活动的部门依照本法规定，组织、实施清洁生产。"有这一规定可以看出，我国《清洁生产促进法》的适用对象有两类：一类是从事生产、提供服务活动的单位；另一类是从事相关管理活动的部门，不包括公民个人。它是以联合国环境规划署对清洁生产的定义为主要参考依据确定的。

《清洁生产促进法》的适用范围包括全部生产经营和服务领域，确定这样的范围是基于以下共识：清洁生产不应仅限于传统的工业生产领域，农业、建筑业、服务业等领域也需要推行清洁生产，没有必要对不同的生产领域制定不同的清洁生产促进法。同时，考虑到法律的可操作性和清洁生产实施的渐进性，法律着重对工业生产领域清洁生产的推行和实施作了具体规定，对农业、服务业等领域实施清洁生产只作了原则规定。对于公民个人在生活领域如何"清洁消费"的问题，法律没有涉及。这样规定既可以满足当前工业等领域推行清洁生产的迫切需要，也可为今后在其他领域推行清洁生产提供必要的法律依据和发展空间。①

（二）政府及其有关主管部门推行清洁生产的责任

《清洁生产促进法》第二章"清洁生产的推行"对政府及有关部门明确规定了要支持、促进清洁生产的具体要求，其中包括：①制定有利于清洁生产的财政税收政策、产业政策、技术开发和推广政策。②制定清洁生产的推行规划。合理规划本行政区域的经济布局，调整产业结构，促进企业在资源和废物综合利用等领域进行合作，实现资源的高效利用和循环使用。③组织和支持建立清洁生产信息系统和技术咨询服务体系，向社会提供有关清洁生产方法和技术、可再生利用的废物供求以及清洁生产政策等方面的信息和服务。④制定并发布限期淘汰的生产技术、工艺、设备以及产品的名录。⑤根据需要批准设立节能、节水、废物再生利用等环境与资源保护方面的产品标志，并按照国家规定制定相应标准。⑥指导和支持清洁生产技术和有利于环境与资源保护的产品的研究、开发以及清洁生

① 孙佑海．关于清洁生产立法若干问题的思考．环境保护，2002，(9)

产技术的示范和推广工作。⑦组织开展清洁生产的宣传和培训，提高国家工作人员、企业经营管理者和公众的清洁生产意识，培养清洁生产管理和技术人员。⑧优先采购节能、节水、废物再生利用等有利于环境与资源保护的产品。通过宣传、教育等措施，鼓励公众购买和使用节能、节水、废物再生利用等有利于环境与资源保护的产品。⑨加强对清洁生产实施的监督，推进环境信息公开。

（三）对生产经营者的清洁生产要求

《清洁生产促进法》第三章“清洁生产的实施”规定了对生产经营者的清洁生产要求，按强制性不同包括指导性规范、强制性规范和自愿性规范三种类型。

（1）指导性规范。这是不附带消极法律后果的可选择行为模式。属于此类要求的法律规定包括有关建设和设计活动应当优先考虑采用清洁生产方式、企业应当按照清洁生产要求进行技术改造、普通企业的清洁生产审核等。《清洁生产促进法》第二十三条规定：“餐饮、娱乐、宾馆等服务性企业，应当采用节能、节水和其他有利于环境保护的技术和设备，减少使用或者不使用浪费资源、污染环境的消费品。”

（2）自愿性规范。这是不具有消极法律后果且具有某种积极法律后果的可选择行为模式。企业自愿实施清洁生产，可以得到政府奖励和政策优惠。《清洁生产促进法》第二十九条、第三十三条还规定，企业在污染物排放达到国家和地方规定的排放标准的基础上，可以自愿与有管辖权的经济贸易行政主管部门和环境保护行政主管部门签订进一步节约资源、削减污染物排放量的协议。自愿削减污染物排放协议中载明的技术改造项目，列入国务院和县级以上地方人民政府同级财政安排的有关技术进步专项资金的扶持范围。

（3）强制性规范。这是附带消极法律后果的规范，这类规范规定了生产经营者必须履行的法定义务。主要包括：对列入目录的部分产品和包装物进行标识和强制回收；不得生产、销售和使用有毒、有害物质超过国家标准的建筑和装修材料；部分企业强制进行清洁生产审核；污染严重的企业须按照规定公布主要污染物排放情况等。生产经营者不履行上述义务要承担民事、行政、刑事责任。

（四）清洁生产审计

清洁生产审计是指对组织产品生产或提供服务全过程的重点或优先环节、工序产生的污染进行定量监测，找出高物耗、高能耗、高污染的原因，然后有的放矢地提出对策、制定清洁生产方案，减少和防止污染物的产生。

清洁生产审计是对企业现行和计划进行的工业生产进行预防污染的分析与评估，是企业实施清洁生产的前提和技术基础。企业确定实施清洁生产方案之前必须从改变产品结构、改进产品设计、替换原材料和能源、改进生产工艺、加强企业内部管理、提高物料循环利用率等众多可能选项中寻求清洁生产机会。发现问题，提出解决方案并通过清洁生产方案的实施在源头消除、减少废物的产生。

清洁生产审计主要包括以下内容：①产品在使用中或废弃的处置中是否有毒、有污染，对有毒、有污染的产品尽可能选择替代品，尽可能使产品及其生产过程无毒、无污染；②使用的原辅料是否有毒、有害，是否难以转化为产品，产品产生的“三废”是否难以回收利用，能否选用无毒、无害、无污染或少污染的原辅料等；③产品的生产过程、工艺设备是否陈旧落后，工艺技术水平、过程控制自动化程度、生产效率的高低以及与国内外先进水平的差距，找出主要原因进行工艺技术改造；④对企业的工艺、设备、材料消耗、生产调度、环境管理等方面进行分析，找出因管理不善而造成的物耗高、能耗高、排污多的原因，提出解决办法；⑤对需投资改造的清洁生产方案进行技术、环境、经济的可行性分析，以选择技术可行、环境与经济效益最佳的方案，予以实施。

（五）清洁生产的鼓励措施

《清洁生产促进法》将“鼓励措施”列为一章，其规定的鼓励措施主要有：①表彰奖励（第三十二条）；②资金支持（第三十三条）；③减免税负（第三十五条）；④其他优惠措施（第三十六条等）。

第二节　循环经济法

一、循环经济的内涵

2008 年 8 月 29 日通过的《循环经济促进法》将循环经济定义为“在生产、流通和消费等过程中进行的减量化、再利用、资源化活动的总称”。

（1）循环经济强调以循环发展模式替代传统的线性增长模式，有效地利用资源和保护环境，最终达到以较小发展成本获取较大的经济效益、社会效益和环境效益的目的，是实现可持续发展的有效途径。

（2）循环经济的核心内容是清洁生产、废物循环利用和可持续消费。在生产、流通、消费活动中，通过生态设计、投入资源的减量化、废物产生的减量化以及废物的循环利用等技术手段，提高资源的利用率，减轻污染负荷，达到节约资源、保护环境的目的。

（3）循环经济的目标是将经济活动对自然环境的影响降低到最小限度，以减量化、再利用、资源化为原则。“减量化”是指在生产流通和消费的过程中，尽可能减少资源消耗和废物的产生。“再利用”是将再生资源直接作为产品或经修复、翻新、再制造后继续作为产品使用，或将再生资源的全部或者部分作为其他产品的组件或部件予以使用，以提高产品的利用率。“资源化”，即资源综合利用，是指将各种废物最大限度再次转化为资源，进行回收和综合利用，以减少末端处理负荷。

二、循环经济与清洁生产的关系

除了资本、技术、劳动力等约束以外，经济发展还受到资源供给和环境承载能力的约束。环境与资源既是人类生存发展的物质基础又是制约因素。工业革命以来，环境资源对经济增长的约束逐渐从“流量约束”转向“存量约束”。传统的高投入、高消耗、排斥环境资源考量的经济增长模式变得越来越不可持续。循环经济和清洁生产在本质上是人类有意识地将环境与资源因素从经济系统外部纳入其内部以实现环境资源与经济一体化的尝试。

循环经济是清洁生产的深化和拓展。循环经济作为一种新的经济发展模式和经济形态，要求生产方式的转变、产业结构的调整、消费模式的转变，涵盖生产、流通、消费整个经济过程。清洁生产仅限于关注生产过程的资源环境问题，是循环经济的一个组成部分。

清洁生产是循环经济的基础。生产过程位于整个经济过程的最前端，决定交换、分配和消费，清洁生产尤其是产品生态设计，能够直接实现整个经济系统资源投入的减量化、废物产生的减量化，便利废物的循环利用①。

三、循环经济法及其历史发展

20 世纪 60 年代，美国经济学家鲍尔丁发表了他的著名论文《即将到来的宇宙飞船经济学》，较早对传统经济发展模式向循环经济模式的转换进行了深入的思考。他认为地球是一个封闭的系统，就像是一艘孤独的宇宙飞船，没有无限储备的东西。就物质而言，不能够被创造或消灭，开采、生产和消费行为的一切残余物总会与人类相伴。来自外界的能量输入仅限于有限的能量流，如太阳辐射。在该“飞船”里，如果人类这个宇航员想无限生存下去，就必须处理好经济发展、人口增长、资源消耗、环境保护之间的关系，必须抛弃传统的生产-消费-废弃的单向型模式代之以反馈型的循环经济模式。从此之后，循环经济理念逐渐被广泛接受。

（一）国外循环经济的立法概况

（1）德国的循环经济立法概况。德国是发展循环经济起步早、相关立法较为完备的国家。目前德国的废物再生利用率居世界首位。20 世纪 70 年代以来，联邦德国当局积极探索废物管理的新途径，完成了从末端治理向循环经济的范式转换。1986 年的《废物防止与管理法》首次确立了避免废物产生和再生利用优先于废物处理的原则。此外还规定了石油企业向消费者回收废油，并以环境友好的方式进行处理的义务，这是著名的“延伸生产者责任”的雏形。1991 年通过的《包装物条例》要求把包装投入市场流通的制造者、包装者、经销者承担回收和循环利用责任，确立了延伸生产者责任。1994 年德国颁布了废物管理的综合性立法《资源闭合循环和废物管理法》，奠定了循环经济立法的基石。此外德国还制定了各行业发展循环经济的专门立法，如《商业废物条例》《报废汽车条例》《污水污泥条例》《废木材条例》《电池条例》《废电子、电器设备法》《居住区废物存储和生物废物处理设施条例》以及《垃圾填埋条例》等。

（2）日本的循环经济立法概况。目前日本的循环经济立法是世界上最完备的。其立法采取了基本法统率综合法和专项法的模式。2000 年前后形成的循环经济法律体系呈现出以下层面：第一层面为基本法，即《促进建立循环型社会基本法》；第二层面为两部综合

① 张天柱．从清洁生产到循环经济．中国人口资源与环境，2006，(6)

性法律，即《固体废弃物管理和公共清洁法》和《促进资源有效利用法》；第三层面是根据各种产业的特殊性质制定的专项法律法规，包括《促进容器与包装分类回收法》《家用电器回收法》《建筑材料回收法》《食品回收法》以及《绿色采购法》等。

日本的循环经济立法强调为了建设循环型社会，必须使国家、地方、政府、企业和公众在合理承担各自责任的前提下采取必要措施，公平合理地负担所需的费用。国家和地方政府承担的是一种制定政策措施的责任，企业承担延伸生产者责任，公众的责任是要抑制产品变成废物，尽量循环使用，并适当处置废弃产品。

日本的立法还要求企业在商品的制造、销售和其他经营活动中对其经营活动涉及的产品和容器应事先进行自我评价，据以采取降低产品和容器的环境负荷的多种措施，抑制该产品和容器变成废物，在其成为可循环资源时则促进其循环，并降低循环和处置过程的环境负荷。与此同时还要向公众提供必要信息，以便他人循环利用。

(3) 欧盟循环经济立法概况。1990 年瑞典的经济学家 Thomas Lindhqvist 提出的延伸生产者责任（extended product responsibility，EPR）迅速风靡欧洲和世界。近年来，欧盟的产品导向环境政策与循环经济立法的发展令世人瞩目。2003 年 1 月 27 日欧盟正式公布了《报废电子电气设备指令》（WEEE-2002/96/EC）和《关于在电子电气设备中禁止使用某些有害物质指令》（RoHS-2002/95/EC），其主要目的是减少电气及电子设备的废物并建立回收及再利用系统，从而降低这些物质在废弃、填埋及焚烧时对人体及环境所可能造成的冲击及危害。2006 年 7 月 1 日起，WEEE 指令中规定的电子电气产品在进入欧洲市场时，不得含有 RoHS 指令中所提到的有害物质（铅、汞、镉、六价铬、多溴联苯及多溴联苯醚）。WEEE 还要求在欧洲市场销售的各电器与电子设备制造、销售厂商承担“延伸生产者责任”。

欧盟 2006 年颁布《用能产品生态设计框架指令》（EUP-2005/32/EC），对产品的设计、生产、维护、淘汰、回收和处理的全生命周期阶段都作出环保要求，以促进生产商采用先进的环境友好设计生产耗能产品，在产品整个生命周期内将某些有害物的使用量最小化。EUP 指令所涵盖的产品范围非常广泛，原则上包括所有投放市场的用能产品，产品消耗的能源包括电能、固体燃料、液体燃料和气体燃料。

(4) 美国循环经济立法概况。美国的相关立法中并未出现循环经济的概念，也未提出在全社会范围内推行一种新型的、更为先进的经济增长模式，但是相关法律强调污染预防，倡导通过源头削减和全过程控制减少污染物和废物的产生。一般认为，这些立法中体现了循环经济的思想。其《资源保护和回收法》和《污染预防法》在一定程度上体现着发展循环经济的要求。同时，各州政府还制定了一系列发展循环经济的立法和政策，自 20 世纪 80 年代中期以来，美国半数以上的州都制定了促进资源再生利用的法规。

与欧洲热衷推行延伸生产者责任不同，1996 年美国总统可持续发展顾问委员会提出“延伸产品责任”（extended product responsibility，又称 product stewardship）的概念，认为控制产品整个生命周期环境影响的责任应当由消费者、零售商、地方政府、制造商等产业链上所有成员分担，而不应单独强加给生产者。

（二）我国循环经济的立法现状

20 世纪 80 年代以来，我国经济快速增长，但是传统的高消耗、高排放、低效率的粗放型增长方式使我们的经济发展付出了沉重的资源环境代价。转变经济增长方式，以最少的资源消耗、最少的废物排放和最小的环境代价换取最大的经济效益，实现经济、环境和社会的全面协调可持续发展成为我们的必然选择。一批发展循环经济的法规和规范性文件纷纷亮相，如《关于加快发展循环经济的若干意见》《能源效率标识管理办法》《清洁生产审核暂行办法》《资源综合利用目录》《节能产品政府采购实施意见》《中国节水技术政策大纲》等。山西、辽宁、江苏、重庆、深圳等地出台了发展循环经济的地方性法规或规章。国务院有关部门会同各省区市在重点行业、重点领域、产业园区先后开展了两批循环经济试点，取得了一定的经验。为了将推进循环经济纳入法制轨道，第十一届全国人民代表大会常务委员会第四次会议于 2008 年 8 月 29 日通过了《循环经济促进法》。该法共七章五十八条，于 2009 年 1 月 1 日起实施。国务院及其有关部门又陆续颁布了一系列配套法规和规范性文件，包括：《废弃电子电器回收处理管理条例》《再生资源回收管理办法》《国家鼓励的资源综合利用认定管理办法》《国务院办公厅关于限制生产销售使用塑料购物袋的通知》《国务院办公厅关于加快推进农作物秸秆综合利用的意见》等。2011 年第十一届全国人民代表大会第四次会议通过的《国民经济和社会发展第十二个五年规划纲要》中再次强调大力发展循环经济，从推行循环型生产方式、健全资源循环利用回收体系、推广绿色消费模式和强化政策技术支撑四个方面提出了循环经济发展的重要方向。

四、《循环经济促进法》的主要内容

（一）发展循环经济的指导方针与原则

（1）发展循环经济应遵循统筹规划、合理布局，因地制宜、注重实效，政府推动、市场引导，企业实施、公众参与的方针。

（2）发展循环经济的原则是减量化、再利用、资源化。

发达国家发展循环经济一般侧重于废物再生利用，而我国现在处于工业化高速发展阶段，在生产、流通和消费等过程中减少资源消耗和废物产生量的潜力很大，因此促进资源的高效利用和节约使用是重中之重。在技术可行、经济合理和有利于节约资源、保护环境的前提下，实行减量化优先。

（二）国家、企业、公民的循环经济促进职责与责任

（1）国务院循环经济发展综合管理部门负责组织协调、监督管理全国循环经济发展工作；国务院环境保护等有关主管部门按照各自的职责负责有关循环经济的监督管理工作。

（2）国家制定产业政策，应当符合发展循环经济的要求。县级以上人民政府编制国民经济和社会发展规划及年度计划，县级以上人民政府有关部门编制环境保护、科学技术等规划，应当包括发展循环经济的内容。

(3) 县级以上人民政府应当建立发展循环经济的目标责任制，采取规划、财政、投资、政府采购等措施，促进循环经济发展。

(4) 国家鼓励和引导公民使用节能、节水、节材和有利于保护环境的产品及再生产品，减少废物的产生量和排放量；鼓励和支持开展循环经济科学技术的研究、开发和推广；鼓励开展循环经济宣传、教育、科学知识普及和国际合作；鼓励和支持行业协会、中介机构、学会和其他社会组织开展循环经济宣传、技术推广和咨询服务，促进循环经济发展。

(5) 企事业单位应当建立健全管理制度，采取措施降低资源消耗、减少废物的产生量和排放量、提高废物的再利用和资源化水平。

(6) 公民应当增强节约资源和保护环境意识，合理消费，节约资源。消费者有义务协助生产者收集、分类、循环利用废物，遵守相关集中收集、处理的法律规定。

(三) 发展循环经济的具体制度

(1) 循环经济规划制度。循环经济规划是国家对循环经济发展目标、重点任务和保障措施等进行的安排和部署，是连接循环经济发展目标与具体法律制度的重要载体。循环经济规划编制的主体是各级人民政府相关职能部门。国务院循环经济发展综合管理部门会同国务院环境保护等有关主管部门编制全国循环经济发展规划，报国务院批准后公布施行。设区的市级以上地方人民政府循环经济发展综合管理部门会同本级人民政府环境保护等有关主管部门编制本行政区域循环经济发展规划，报本级人民政府批准后公布施行。循环经济发展规划应当包括规划目标、适用范围、主要内容、重点任务和保障措施等，并规定资源产出率、废物再利用和资源化率等指标。

(2) 总量控制制度。县级以上地方人民政府应当依据上级人民政府下达的本行政区域主要污染物排放、建设用地和用水总量控制指标，规划和调整本行政区域的产业结构，促进循环经济发展。新建、改建、扩建建设项目，必须符合本行政区域主要污染物排放、建设用地和用水总量控制指标的要求。

(3) 循环经济的评价和考核制度。国务院循环经济发展综合管理部门会同国务院统计、环境保护等有关主管部门建立和完善循环经济评价指标体系。上级人民政府根据循环经济主要评价指标，对下级人民政府发展循环经济的状况定期进行考核，并将主要评价指标完成情况作为对地方人民政府及其负责人考核评价的内容。建立循环经济的评价考核制度，有助于推动解决单纯以 GDP 指标来衡量各地的经济发展水平的弊端。

(4) 生产者责任延伸制度。传统上产品的生产者主要对产品本身的质量承担责任，而现代的生产者责任逐渐从产品的生产阶段、使用阶段延伸到产品设计阶段以及产品废弃后的回收、利用和处置阶段。我国《循环经济促进法》对生产强制回收名录所列的产品或者包装物的企业规定了回收利用责任。列入强制回收名录的产品或者包装物的企业，必须对废弃的产品或者包装物负责回收；对其中可以利用的，由各该生产企业负责利用；对因不具备技术经济条件而不适合利用的，由各该生产企业负责无害化处置。生产者委托销售者、处置企业或者其他组织回收、利用或者处置上述废弃的产品或者包装物的，受托方应当依照有关法律、行政法规的规定和合同的约定负责回收或者利用、处置。

（5）能耗、水耗重点监督管理制度。国家对钢铁、有色金属、煤炭、电力、石油加工、化工、建材、建筑、造纸、印染等行业年综合能源消费量、用水量超过国家规定总量的重点企业，实行能耗、水耗的重点监督管理制度。

（6）循环经济标准制度。循环经济标准为企业提供减量化、再利用、资源化的具体要求，也是国家监督管理的必要前提基础。法律规定国务院标准化主管部门会同国务院循环经济发展综合管理和环境保护等有关主管部门建立健全循环经济标准体系，制定和完善节能、节水、节材和废物再利用、资源化等标准。

（7）循环经济标识制度。循环经济标识包括产品能效标识、再生产品标识等。国家建立循环经济标识标志制度的目的在于通过循环经济标志的认证和推广，鼓励和支持企业在生产、流通和消费过程中节约资源、减少污染。

（8）循环经济统计制度。加强资源消耗、综合利用和废物产生的统计管理，并将主要统计指标定期向社会公布，加强环境信息公开。

（四）实施减量化原则的具体措施

（1）发布鼓励、限制和淘汰的技术、工艺、设备、材料和产品名录。国务院循环经济发展综合管理部门会同国务院环境保护等有关主管部门，定期发布鼓励、限制和淘汰的技术、工艺、设备、材料和产品名录。禁止生产、进口、销售列入淘汰名录的设备、材料和产品，禁止使用列入淘汰名录的技术、工艺、设备和材料。

（2）产品和包装物的节能环保设计要求。从事工艺、设备、产品及包装物设计，应当按照减少资源消耗和废物产生的要求，优先选择采用易回收、易拆解、易降解、无毒无害或者低毒低害的材料和设计方案，并应当符合有关国家标准的强制性要求。对在拆解和处置过程中可能造成环境污染的电器电子等产品，不得设计使用国家禁止使用的有毒有害物质。禁止在电器电子等产品中使用的有毒有害物质名录，由国务院循环经济发展综合管理部门会同国务院环境保护等有关主管部门制定。设计产品包装物应当执行产品包装标准，防止过度包装造成资源浪费和环境污染。

（3）各行各业应当遵守相关节水、节能、节材要求，减少或停止使用浪费资源、污染环境的产品。

（五）实施再利用、资源化原则的具体措施

（1）通过统筹规划区域经济布局、调整产业结构实现资源的高效利用和循环使用。

（2）各类产业园区应当组织区内企业进行资源综合利用，共同使用基础设施和其他有关设施。

（3）工业企业、建设单位、农业生产者、林业生产者应遵守相应地的综合利用和资源化要求。

（4）鼓励和推进废物回收体系建设。地方人民政府应当按照城乡规划，合理布局废物回收网点和交易市场，支持废物回收企业和其他组织开展废物的收集、储存、运输及信息交流。

（5）对废电器电子产品、报废机动车船、废轮胎、废铅酸电池等特定产品进行拆解或

者再利用，应当符合有关法律、行政法规的规定。

(6) 统筹规划建设城乡生活垃圾分类收集和资源化利用设施，建立和完善分类收集和资源化利用体系，提高生活垃圾资源化率。

(六) 循环经济的激励措施

(1) 设立发展循环经济的有关专项资金，支持循环经济的技术开发、产品的示范与推广。

(2) 企业使用或者生产列入国家清洁生产、资源综合利用等鼓励名录的技术、工艺、设备或者产品的，按照国家有关规定享受税收优惠。

(3) 对符合国家产业政策的节能、节水、节地、节材、资源综合利用等项目，金融机构应当给予优先贷款等信贷支持，并提供配套金融服务。

(4) 国家实行有利于资源节约和合理利用的价格政策，引导单位与个人节约和合理使用水、电、气等资源性产品。国家鼓励通过以旧换新、押金等方式回收废物。

(5) 使用财政性资金进行采购的，应当优先采购节能、节水、节材和有利于保护环境的产品及再生产品。

(6) 对在循环经济管理、科学技术研究、产品开发、示范和推广工作中作出显著成绩的单位和个人给予表彰和奖励。

第十九章　环境教育法

环境教育（environmental education，EE）的根本目的是使受教育者具备较高的环境素养，改变人们传统的价值观。环境教育法对环境教育事业具有保障作用，加强环境教育，有利于从根本上解决日益严峻的环境损害，保护和改善环境，实现人类社会的可持续发展战略。本章主要学习：①环境教育及其意义；②环境教育的发展历史；③环境教育法制建设状况。

第一节　环境教育

人类的生存和发展离不开对环境和资源的开发与利用，然而正是人类开发利用环境和资源的活动造成了一系列的环境损害。而已经发生的环境损害许多都是由于人们缺乏对环境的正确认识造成的。随着经济社会的快速发展，生态环境的压力日益加大。解决环境损害的根本出路是实施可持续发展战略，而实施可持续发展战略的主体和核心要素是人。通过加强环境教育，可以提高人们的环境意识，使人的行为与环境相和谐，这是保护和改善环境的重要措施。因此，加强对人们的环境教育是解决环境损害和实施可持续发展战略的必要保证。

一、环境教育

只有当人们清楚地找到问题产生的根源时，才能提出解决问题的科学方案。人类面对地球资源过度消耗，环境日趋恶化，人与自然的关系空前紧张的现状，不得不重新审视自己的经济社会行为，深刻反思传统的发展观、价值观、环境观和资源观，进行思想和行动的调整。只有人类适时调整发展观念，树立环境意识，改变行为方式，才能使环境危机得到缓解并最后消除。人类对环境损害采取何种态度对于环境损害的解决至关重要，环境教育是人们面对环境损害日趋严峻的形势而作出的一种必然选择。人类社会要从根本上解决复杂的环境损害，除了依靠技术革新和科技进步以外，更要依靠全人类环境意识的提高和观念的转变。这种提高和转变离不开教育。因为“在将一种强制的关系转变为一种共同意识时，教育是可供我们自由支配的为数不多的手段之一”[①]。

环境损害最先出现在西方发达国家，环境教育也最早由这些国家提出。当环境教育被逐步得到认同之后，关心环境教育发展的许多团体开始阐述它的含义，阐释它的合理性。

---

① 赵中建．教育的使命——面向21世纪的教育宣言和行动纲领．北京：教育科学出版社，1996：5

1965年在德国基尔大学的一次会议上，英国代表首次使用了“环境教育”一词[①]。1968年，美国环境教育的先驱者贝尔·斯泰普首次给出了环境教育的定义。他认为：“环境教育的目的是造就这样一种公民，这种公民具有知识，关注自然环境及其相关的问题，了解如何帮助解决这些问题，并具有寻找解决问题途径的工作动机”[②]。20世纪70年代以来，环境教育运动空前高涨。1972年“世界人类环境会议”召开，联合国教科文组织和联合国环境规划署发起拟定了国际环境教育方案并正式将“环境教育”的名称确定下来[③]。联合国教科文组织于1977年召开的首届政府间环境教育会议通过了《第比利斯政府间环境教育大会宣言和建议》。该宣言认为：“环境教育是一个过程，环境教育的目标是成功地使个人和社会了解自然的复杂性，了解环境损害的复杂性，了解建立产生于物理、生物、社会、经济、文化诸方面互相作用的环境，人们在此过程中能够获得环境意识、环境知识、价值信念、态度和实用技能，以便能以一种负责的和有效的方式参与环境损害的认识和解决，其目标包括了意识、知识、态度、技能和参与五个方面。”[④] 环境教育的基本理念应当包括：引导公众认识世界是普遍联系和相互依存的；引导公众珍视生物多样性，关注不同文化对环境的影响；引导公众理解可持续发展的内涵；引导公众主动参与解决环境损害，培养环境责任感。

英国伦敦大学的卢卡斯教授在1972年提出了著名的环境教育模式，后来被称为“卢卡斯模式”。他把环境教育归纳为“关于环境的教育”（education about the environment）、“在环境中的教育”（education in the environment）以及“为了环境的教育”（education for the environment）[⑤]。在卢卡斯看来，环境教育的三个层面都不能单独实现环境教育的总体目标，只有将“关于环境的教育”（知识）、“在环境中的教育”（素材）和“为了环境的教育”（价值、态度、积极行为）这三个方面结合为一体，才能实现个人在环境素质上的综合发展。

“关于环境的教育”是环境教育的中心内容，是向受教育者传授有关环境的知识、技能以及发展他们对人与环境关系的理解力。在实施环境教育过程中，离不开基础知识和基本技能的传授。基础知识和基本技能是科学地认识和把握生态系统的基础，有利于人们理解人与环境的错综复杂的关系，识别人类行为的可能后果。同时，知识技能也是人们解决环境损害、改善生存环境的必要条件。

“在环境中的教育”就是联系当地实际，使人们亲临环境之中，从而在情感上与大自然融合，为形成与提高环境意识做好准备。环境教育要使受教育者深切感受到环境损害的严重性，进而形成较强的环境意识，以便自觉地从全局利益出发去尊重自然、爱护自然、保护自然。环境意识不是凭空而来的，它产生的基础是人们对环境损害的深切感受。

---

① 刘湘溶．人与自然的道德话语：环境伦理学的进展与反思．长沙：湖南师范大学出版社，2004：195

② 刘湘溶．人与自然的道德话语：环境伦理学的进展与反思．长沙：湖南师范大学出版社，2004：196

③ 祝怀新．环境教育论．北京：中国环境科学出版社，2002：24

④ UNESCO. Intergovernmental Conference on Environmental Education Final Report. Tbilisi：UNIPUB，1977：25-27

⑤ Lucas M A. Environmental education：what is it，for whom，for what purpose，and how? The British Council. International Seminars in Britain：Environmental Education：Form Policy to Practice. London and Shropshire，1995：28

“为了环境的教育”是以保护和改善环境为目的而实施的教育，涉及环境价值观与态度的培养。一个人的行为模式是其素质的具体体现，而行为本身则受制于人的观念等情感因素。因为，即使受教育者获得了丰富的环境科学知识，也未必就具备了较高的环境素质，在日常生活与工作中会自觉作出有益于环境的行为。由于受教育者的价值判断直接影响他们的行为方式，所以，帮助受教育者形成或端正环境价值观是实现环境教育目的的重要环节。

二、环境教育的意义

学者们对环境教育及其功能等的论述、各国的环境教育实践告诉我们，环境教育对提高人们的环境意识、增强人们参加环境保护的能力等具有极为重要的意义。概括起来主要有以下几个方面。

（1）帮助人们树立正确的环境意识，形成良好的环境素养。环境教育的目的在于提高社会公众的环境意识。环境意识是人们关于环境和环境保护的社会思想、理论、观点、知识、态度、情感、意志、价值和心理等观念形态的总和①。人的环境意识不可能自发产生，需要依靠引导和教育，通过环境教育，能够帮助人们加深对环境损害严重性的认识，增强保护和治理环境的紧迫感和责任感，进而形成良好的环境素养。环境素养应包含下列含义②：对环境的感知与敏感性；尊敬自然环境的态度，关心人类对自然的影响；了解自然系统如何运行以及社会系统如何干扰自然系统；了解各种（地方的、地区的、国家的、国际的和全球的）环境问题；能使用第一手或第二手的信息来源，通过分析、合成和评价环境损害资讯，根据事实或个人价值观评价环境损害；全力投入，主动地、负责地去解决环境损害；具有解决环境损害的策略知识；具有技能发展实施和制订计划以补救环境损害；主动参与各阶层的工作以解决环境损害。

（2）造就环境保护的直接参与者，提高参与者的参与能力。环境保护需要全社会的广泛参与，通过环境教育培养人们的环境责任心可以造就更多的环境保护参与者。环境保护需要人们切实的行动，而实施此类行动需要具备一定的技能，通过环境教育可以帮助人们取得或提高这种技能。参与环境保护需要参与者掌握环保信息，了解环保政策和法律，环境教育可以向受教育者提供环保信息和知识。正是在这个意义上，有人认为“教育对于促进可持续发展和提高人们解决环境和发展问题的能力，具有至关重要的作用”③。

（3）营造环境保护氛围。环境保护是一项需要社会大众广泛参与的事业，需要全社会一起行动的伟大工程，完成这项事业，实施这一工程不仅需要明确的政策和强有力的法律的引领和规制，更需要在全社会营造一种普遍关心环保的氛围，而教育是制造这种氛围的有效手段。

（4）统一人们对环境保护及相关政策、法律的认识。没有一致的认识就难以有一致的

---

① 王民．环境意识及测评方法研究．北京：中国环境科学出版社，1999：5

② Marcinkowski T J. An analysis of correlates and predictors of responsible environmental behavior. Dissertation Abstracts International，1988，49（12）

③ UNESCO. Agenda 21. UN Conference on Environmental an Development，Switzerland.，1992

行动。需要社会广泛参与的环境保护事业需要社会对环境保护形成一致的认识。环境教育通过传递环境科学知识和国家环境政策、法律，可以把社会引导到统一的环境保护方向上来。

三、环境教育的历史发展

环境教育萌发于20世纪60年代发达国家的“生态复兴运动”。在20世纪60年代中期以前，教育与环境保护没有直接联系。18世纪伟大的思想家、教育家卢梭的自然主义教育思想促发了19世纪末20世纪初的“自然学习”的兴起。这种以户外教学为特征的自然学习本身并不是一种为了环境的教育，但它却成为现代环境教育理论的基础。随着世界各地相继出现重大的环境污染事件，各国政府开始注重对本国国民进行环境教育。1962年，美国海洋生物学家雷切尔·卡逊女士写出了《寂静的春天》一书。国际上认为，卡逊的《寂静的春天》以及有关环境危机的讨论，成为当代环境教育的开端[①]。

1972年的联合国人类环境会议被认为是“标志着全球良心觉醒和真正的生态时代的开始”[②]。此次会议通过的联合国《人类环境宣言》强调了教育的作用，认为“对成年人和年轻一代进行有关环境问题的教育”“是十分必要的”[③]。这次会议对环境教育的必要性给予了高度肯定，并建议世界各国推进本国的环境教育。

1975年，联合国教科文组织与联合国环境规划署合作创办了国际环境教育规划署(International Environmental Education Plan，IEEP)，主要开展资料收集、出版环境教育通信、进行理论交流与传播、加强世界各国师资培训以及帮助各国将环境教育纳入正规教育体系的活动等。同年，联合国教科文组织和联合国环境规划署在贝尔格莱德召开了国际环境教育研讨会。这是有史以来级别最高的一次以环境教育为专题的研讨会。这次会议促成了第一个政府间的环境教育国际声明，即《贝尔格莱德宪章——环境教育的全球框架》。该宪章认为：“要建立新的发展观和世界经济秩序，关键在于教育过程和教育系统的改革。”[④] 自此，该宪章成为国际环境教育的纲领性文件。

1977年联合国教科文组织和联合国环境规划署在前苏联的第比利斯召开政府间环境教育会议。会议发表的《第比利斯政府间环境教育宣言和建议》认为：“教育，在促使人们认识并更好地理解环境损害方面应该发挥主要作用。教育必须培养人们对待环境和利用国家资源方面的正确态度。”[⑤]《第比利斯政府间环境教育宣言和建议》拓展了环境教育的内容和方法，把环境教育引入到了一个更广阔的空间，为全球环境教育的发展构建了基本框架。

---

① 雷切尔·卡逊．寂静的春天．吕瑞兰，等译．长春：吉林人民出版社，1997：14

② Kiss A，Shelton D. Manual of European Environmental Law. Cambridge：Cambridge University Press，1994：11

③ Palmer J. Environmental Education in the 21st Century. London&New Yorker：Rutledge ，1998：7

④ UNESCO. The International Workshop on Environmental Education：Final Report. Belgrade. Yugoslavia. Paris：UNESCO/UNEP，1975：3

⑤ UNESCO. Intergovernmental Conference on Environmental Education：Final Report. Paris：UNESCO，1977：24

1992年联合国环境与发展大会通过的《21世纪议程》用专章（第三十六章）规定“教育、公共意识和培训”。其中阐明了开展环境教育的必要性，指出：“教育可以向人们提供可持续发展所需的环境和伦理意识、价值观和态度、技能和行为。”[①] 通过此次会议，可持续发展思想成为环境教育的指导思想。它不仅要求在教育中培养人们的环境意识、环境关心、环境伦理、环境能力、环境行为和环境价值观，而且要求教育关心人的需求，以人的全面发展为目标，培养合格而负责任的公民。会议之后，联合国教科文组织于1994年提出“为了可持续性的教育”（education for sustainability），要求把环境教育与发展教育、人口教育等相融合，并设立了环境、人口和发展项目，开始将环境教育转向可持续发展方向。

1997年联合国教科文组织在希腊的萨洛尼卡召开了主题为“国际环境与社会：可持续发展的教育和公众意识”的会议。会议发表的《萨洛尼卡宣言》认为：“环境教育已经成为可持续发展教育，可以把它看成是为了环境与可持续发展的教育。”[②] 至此，面向可持续发展的环境教育成为国际社会和各国发展教育的战略选择，成为可持续发展框架下的教育的新模式。

2002年联合国可持续发展世界首脑会议在南非约翰内斯堡举行，会议颁发的文件认为“教育是推动可持续发展战略的必要力量，教育应跨学科，综合各类学科的概念和分析工具”[③]。会议建议联合国大会审议通过从2005年至2015年为“可持续发展教育十年”[④]。

第二节　环境教育法

随着世界环境损害的日益严峻，国际组织及各国政府对普及和发展环境教育，提高人们环保意识的重视程度不断加强，一些国家陆续制定了环境教育法，用以推动和规范环境教育。

一、环境教育法的概念

环境教育法是推进和规范环境教育的法律规范的总称。它是环境法体系中的一个支系统[⑤]。任何一个法律部门都是服从一个统一的立法目的而形成的法律规范的体系。环境教育法的立法目的就是推进环境教育，规范环境教育工作，促进全社会环境意识的增强和参与环境保护能力的提高。环境教育法有自己特定的调整对象，这个调整对象就是人们在环境教育中形成的社会关系，简称环境教育社会关系。任何一个法律部门都有自己的学理基础，而环境教育法也有独特的学理基础。环境科学、教育科学、环境法学以及可持续发展

① UNESCO. Agenda 21. UN Conference on Environment and Development：Switzerland，1992：36

② UNESCO. Declaration of Thessaloniki，Thessaloniki. Greece：UNESCO，1997：4

③ 联合国经济及社会理事会.《21世纪议程》的执行情况：秘书长的报告. 担任可持续发展问题世界首脑会议筹备委员会的可持续发展委员会第二届会议，2001：7

④ 联合国. 可持续发展问题世界首脑会议的报告. 可持续发展问题世界首脑会议，南非约翰内斯堡，2002：10

⑤ 详见本书第三章“环境法的体系”

学说等构成环境教育法的学理基础。

与其他法律部门相比，环境教育法具有以下特征：一是综合性。环境保护问题的复杂性、环境教育对象的广泛性等决定了环境教育法是一个高度综合化的法律部门，环境法、教育法等相关法律部门的交叉和相关学科的渗透，为这种综合性奠定了雄厚的基础。二是公益性。环境教育法使人们形成和掌握认识环境、保护环境和改善环境的知识、意识、技能和行为，体现的是社会公众的共同权益和普遍利益。三是长期性。环境损害不是一个突发性的问题，它需要人们付出长久的努力加以解决，环境损害的持续性决定了环境保护工作不可能在一朝一夕完成。与环境保护的长期性相适应，环境教育也是一项长期的任务，只要环境损害存在，环境教育就需要继续下去。

二、国外的环境教育法

目前，在世界范围内为环境教育专门立法的国家有美国、巴西、日本、韩国、菲律宾等国家①。美国于1970年在世界上率先制定了《环境教育法》，1990年又颁布了《国家环境教育法》。巴西于1999年制定了《巴西国家环境教育法》，这部法律于1999年4月生效。2003年7月日本政府制定并颁布了《增进环保热情及推进环境教育法》。2008年3月韩国通过了《韩国环境教育振兴法》②，该法于2008年9月生效。2008年11月菲律宾政府制定并颁布了《2008环境意识和教育法》。

一些国家虽然尚未单独制定环境教育法，但在有关环境保护的法律文件中规定了环境教育的内容。例如，前苏联1960年的《自然保护法》规定，自然保护基础课程的教学应列入普通学校和中等专业学校的教学计划，自然保护和自然资源再生应成为学校的必修课。

综合来看，上述国家的环境教育法具有以下突出的特点。

第一，设置环境教育机构。各机构职责明确，相互协作，凸显了政府在推进环境教育方面的主导地位。《美国国家环境教育法》规定环境保护署设置环境教育办公室，并规定了其主要职责。另外，环境保护署设置“国家环境教育咨询委员会”和“环境教育工作委员会”。《巴西国家环境教育法》实施细则中规定成立“全国环境教育政策管理机构”和“全国环境教育政策顾问委员会”，在环境部设立环境教育处，在教育部设立环境教育协调处③。《菲律宾环境教育法》规定由教育部、高等教育委员会、技术教育和技能发展管理局、社会福利部协调环境和自然资源部、科学技术部和其他有关部门将环境教育融合到各个层次的学校课程当中④。

第二，规定环境教育的内容。《美国国家环境教育法》规定了环境教育和培训计划。例如，环境教育与研究的课堂培训，野外环境研究与评估的设计与实施，发展环境教育计

---

① 丁金光．借鉴外国经验，尽快制定我国的《环境教育法》．环境教育，2010，(12)

② 王民，王元楣，陈亚娇．韩国环境教育振兴法解析．环境教育，2009，(9)

③ 王民．《巴西国家环境教育法》解读．环境教育，2009，(6)

④ 王民，王元楣，蔚东英，等．菲律宾环境教育及《菲律宾国家环境意识与环境教育法》分析．环境教育，2009，(8)

划和课程，管理并资助美国与加拿大、墨西哥之间的环境教育教师与教育专业人员的国际交流，维持和支持拥有环境教育资料、文献和技术的图书馆，环境教育资料、培训方法和相关计划的传播与评鉴，资助为发展环境教育和培训所需课程和资料而召开的各种会议、研讨会和论坛，支持有效的合作和工作网络以及运用有关环保的各类学习技术。日本《增进环保热情及推进环境教育法》强调学校教育和社会教育是推进环境教育的重要环节，国家、都、道、府、县及市、街、村要就推进学校教育和社会教育中的环境教育采取必要的措施，增进工作场所中的环保热情及环境教育。《巴西国家环境教育法》规定政府制定环境领域的公共政策，在各级教育中推行环境教育，教育机构在其开展的教育项目中全面推行环境教育；全国环境体系各机构应在开展环境的保护、恢复和改善项目中全面开展环境教育活动；大众传媒积极并持久地配合传播有关环境教育信息和活动，并将环境领域列入其工作安排；企业、行业组织、公共及私营机构对其工作人员进行技能培训，以便对工作环境和生产过程对环境造成的影响进行改善和切实控制。

第三，落实环境教育资金。主要包括政府财政投入、非营利性组织的资金支持以及培训基金的设立等。例如，《美国国家环境教育法》规定，环境保护署在法定的程序下，负责管理国会批准的年度联邦环境教育预算经费，支持各类环境教育和培训项目。环境保护署可采用合同、契约和拨款的形式，以财力资助有关环境教育和培训的设计、演示传播的实施方法或技术。该法规定，成立环境教育和培训基金会，以鼓励公众和个人在环境教育和培训方面的合作。《巴西国家环境教育法》规定，联邦、州、市与环境和教育相关的辅助计划和财政计划中应包括环境教育资金。日本《增进环保热情及推进环境教育法》规定，国家及地方政府要努力在增进环保热情及推进环境教育上采取必要的财政或税制措施。《韩国环境教育振兴法》规定，国家和自由团体可以向环境教育实施机构提供全部或一定数额的必要经费。

第四，建立环境教育激励机制。《美国国家环境教育法》规定，环境保护署署长可对为环境教育作出卓越贡献的人士颁发下列环境教育奖金：罗斯福奖、梭罗奖、卡逊奖、平肖奖、总统环境青年奖，环境质量委员会主席可代表总统为中小学教师和所在学校颁奖，奖励他们以新的方法促进环境教育。环境保护署署长与人事管理局及其他联邦政府机构商议后，每年为250名大学生提供实习奖金，并为50名在职教师提供奖学金，让他们有机会在联邦政府的适当机构中工作。

从已经颁布环境教育法的国家来看，既有发达国家，也有发展中国家。可见，环境教育立法已经成为对环境教育有着强烈需求的国家的共同选择。环境教育从产生发展到今天，在肩负着教育人类保护环境，保护地球，走可持续发展道路的同时，环境教育法制化也成为一种必然的选择，环境教育法在国际上的发展势头将会延续下去。

三、我国的环境教育法

环境教育作为环境保护工作的重要组成部分，在建设资源节约型、环境友好型社会和生态文明进程中起着极其重要的作用。实践证明，我国环境保护事业的每一次发展、每一个进步，都离不开环境教育工作。同样，环境教育的发展也伴随着我国环保事业发展的脚步而前进。

（一）我国关于环境教育的政策文件陆续颁布

我国的环境教育发端于1973年的第一次全国环境保护工作会议。1980年5月，国务院制定了《环境教育发展规划（草案）》，环境教育被正式纳入我国中小学教育计划和教学大纲之中。1983年我国召开了第二次全国环境保护会议，这次会议提出要大力开展环境教育。

1992年我国原国家环境保护总局与教育部联合召开的第一次全国环境教育工作会议明确了“环境保护，教育为本”的方针，对环境教育的地位和作用给予了充分肯定，对加强环境教育提出了具体要求。会议指出，为了应对日益突出的环境损害，加强环境教育、提高国民的环境意识是解决环境损害的重要一环，也是国家和政府在环境保护方面的重要职责。

我国于1994年颁布的《中国21世纪议程》明确要求“加强对受教育者的可持续发展思想的灌输，在中小学普及环境教育，提高公众的环境意识，培养学生对环境的情感和对社会的责任感，从而改变对环境的不可持续的行为和方式”①。原国家环境保护总局颁布的《中国环境保护21世纪议程》指出：“保护环境是中国的一项基本国策，加强环境教育是贯彻基本国策的基础工程”，“环境宣传教育就是提高全民族对环境保护的认识，实现道德、文化、观念、知识和技能等方面的全面转变，树立可持续发展的新观念，自觉参与并共同承担保护环境、造福后代的责任与义务”②。

我国关于环境宣传教育工作最早的指导性政策文件是1996年由原国家环境保护总局、中央宣传部、教育部共同出台的《全国环境宣传教育行动纲要（1996—2010年）》。该纲要指出：“环境教育是提高全民族思想道德素质和科学文化素质（包括环境意识在内）的基本手段之一。要根据大、中、小学的不同特点开展环境教育，使环境教育成为素质教育的一部分，到2010年全国环境教育体系趋于完善，环境教育制度达到规范化和法制化。”③ 这一文件的颁布，表明环境教育已经得到国家的高度重视，已经进入国家政策和法律的层面。

随着实践工作的开展，依据国家对环境保护工作的要求和“十五”、“十一五”期间环境保护工作部署，国家陆续出台了《2001—2005年全国环境宣传教育工作纲要》《关于做好“十一五”期间环境宣传教育工作的意见》《关于做好新形势下环境宣传教育工作的意见》等政策文件，环境保护部每年都会下发关于全国环境宣传教育工作的要点通知，有针对性地指导全国的环境宣传教育工作。

2011年4月22日，由环境保护部、中央宣传部、中央文明办、教育部、共青团中央、全国妇联联合编制的《全国环境宣传教育行动纲要（2011—2015年）》正式颁布。这部纲要的宗旨是为加快建设资源节约型、环境友好型社会，提高生态文明水平营造良好

---

① 中国21世纪议程编写组．中国21世纪议程．北京：中国环境科学出版社，1994：298

② 国家环境保护总局．中国环境保护21世纪议程．北京：中国环境科学出版社，1995：244-248

③ 孙方民．环境教育简明教程．北京：中国环境科学出版社，2001：185

的舆论氛围和社会环境。这部纲要共由四部分组成：第一部分介绍了“十一五”环境宣传教育情况和面临的任务；第二部分确定了“十二五”环境宣传教育行动总体目标和基本原则；第三部分明确了“十二五”环境宣传教育行动任务；第四部分规定了“十二五”环境宣传教育行动保障措施。这一文件的发布为新时期加强环境宣传教育工作、增强全社会的环境保护意识、推动建立全民参与环境保护的社会行动体系指明了方向。

教育部于2012年6月发布的《国家教育事业发展第十二个五年规划》中指出，国家应当“大力发展环境保护、污染防治、生态治理、循环经济等相关学科。开展资源节约、环境保护和可持续发展教育”①。这是从国家层面对环境教育提出的新要求。

（二）环境保护法律法规中关于环境教育的规定

近年来，我国先后制定了一系列环境保护法律法规，一些法律法规中都有关于环境教育的规定，如《环境保护法》《清洁生产促进法》《放射性污染防治法》《固体废物污染环境防治法》《大气污染防治法》《水污染防治法》《自然资源保护法》等。

我国《环境保护法》第五条从原则上规定了环境教育问题：“国家鼓励环境保护科学教育事业的发展，加强环境保护科学技术的研究和开发，提高环境保护科学技术水平，普及环境保护的科学知识。”这一规定为我国的环境教育提供了法律依据，也是对国家、社会开展环境教育的鼓励和支持。

我国《清洁生产促进法》对环境教育作了更具体的规定：“国家鼓励开展有关清洁生产的科学研究、技术开发和国际合作，组织宣传、普及清洁生产知识，推广清洁生产技术。国家鼓励社会团体和公众参与清洁生产的宣传、教育、推广、实施及监督。”② 该法第十五条规定：“国务院教育行政主管部门，应当将清洁生产技术和管理课程纳入有关高等教育、职业教育和技术培训体系。县级以上人民政府有关行政主管部门组织开展清洁生产的宣传和培训，提高国家工作人员、企业经营管理者和公众的清洁生产意识，培养清洁生产管理和技术人员。”该法第十六条要求：“各级人民政府应当通过宣传、教育等措施，鼓励公众购买和使用节能、节水、废物再生利用等有利于环境与资源保护的产品。”这些法律规定对于促进环境教育发挥了重要的推动与示范作用。

我国《放射性污染防治法》《固体废物污染环境防治法》等法律也从污染防治、让公众掌握更多的防治污染信息和知识、倡导有利于环境保护的生产方式和生活方式等角度提出了开展与加强环境教育的要求。

（三）台湾地区环境教育法

2010年5月18日，我国台湾地区通过了《台湾地区环境教育法》（以下简称《环境教育法》），该法于2011年6月5日生效。台湾地区成为世界第六个、亚洲第三个制定环境教育法的地区。《环境教育法》共六章二十六条。这部法律的主要内容可以概括为立法目的、环境教育政策、环境教育办理机关之权责、环境教育推动及奖励、罚则等几部分。

---

① 教育部：《国家教育事业发展第十二个五年规划》第五部分（调整人才培养与供给结构）

② 《清洁生产促进法》第六条

《环境教育法》将环境教育的立法目的规定为："为推动环境教育，促进国民了解个人及社会与环境的相互依存关系，增进全民环境伦理与责任，进而维护环境生态平衡、尊重生命、促进社会正义，培养环境公民与环境学习社群，以达到永续发展。"《环境教育法》规定了各级主管机关应设立环境教育基金以及环境教育基金的用途；对环境教育机构及人员的认证制度进行了明确规定；强调政府等机构推动环境教育的重要性；对违反环境教育义务的人员及行为规定了明确具体的惩罚措施。《环境教育法》的主要特点是突出强制性和执行性，并且配套法律文件相对完善，包括《环境教育法施行细则》《环境教育机构认证及管理办法》《环境教育法环境讲习时数及罚款额度裁量基准》《环境教育基金收支保管及运用办法》和《环境教育设施场所认证及管理办法》等。

（四）环境教育地方立法取得进展

2011年12月1日，《宁夏回族自治区环境教育条例》（以下简称《教育条例》）经宁夏回族自治区第十届全国人民代表大会常务委员会第二十七次会议审议通过，2012年1月1日正式实施[①]。这标志着在我国开展了近40年的环境教育有了第一部专门的法规，为健全我国环境法制体系，推动全国环境教育立法具有重要意义。这一条例作为国内除台湾地区外第一部具有探索性、开创性的地方立法，填补了我国环境教育专门立法的空白，在我国环境教育史上具有里程碑的意义。

《教育条例》共六章三十九条，包括总则、组织管理、学校环境教育、社会环境教育、保障与监督、附则等。《教育条例》主要内容有以下几个特点。

（1）突出政府在环境教育中的主导地位。《教育条例》规定，县级以上人民政府负责本行政区域内的环境教育工作的统一规划并组织实施。县级以上人民政府设立环境教育委员会，负责组织、协调、指导、监督、检查本行政区域内的环境教育工作。县级以上人民政府对在环境教育工作中作出突出贡献的单位和个人，应当予以表彰和奖励。对拒不开展或者不依法开展环境教育工作的单位，由县级以上人民政府予以通报批评。

（2）明确学校环境教育的基础地位。《教育条例》规定，学校应当组织落实环境教育教学规划、计划，配备、培养环境教育师资力量和课外辅导员，组织开展环境教育实践活动。教育主管部门应当将环境教育作为学校办学质量评估指标，并纳入对学校的考核内容。教育督导机构应当将学校环境教育列入教育督导规划、计划，并定期实施督导，环境教育督导结论应当作为考核学校以及校长工作的依据之一。

（3）强化社会环境教育制度。《教育条例》规定，建立国家机关主要负责人环境教育培训制度。县级以上人民政府主要负责人、政府组成部门、直属机构等主要负责人在任职期间，应当接受环境教育培训。国家和自治区环境重点监控企业、新建项目单位的负责人，应当每年接受不少于一次的环境保护主管部门组织的环境教育培训。企业环境保护设施运行管理人员应当接受环境保护、人力资源和社会保障主管部门组织的环境教育培训。被依法查处的环境违法企业的法定代表人以及相关责任人，应当接受环境保护主管部门组织的约谈教育，并予以通报。

---

① 张秋蕾．宁夏出台全国第一部环境教育地方法规．中国环境报，2012-01-04

（4）确立环境教育保障与监督措施。《教育条例》规定，县级以上人民政府应当将环境教育经费列入本级财政预算。国家机关、社会团体、事业单位开展环境教育所需经费，在本单位预算经费内列支；企业和其他组织开展环境教育所需经费，由本单位承担。鼓励、引导有条件的单位组织创建环境教育基地。环境保护主管部门应当建立环境教育资源公共服务平台，开发网络环境教育学习课程，为国家机关、企事业单位、社会团体和其他组织开展环境教育活动提供政策与信息服务。

从总体上来看，我国的环境教育立法还不够健全，对环境教育的推动和规范还不够有力。《中国环境保护21世纪议程》指出：“中国环境教育尚未形成一套完整的管理制度。在条件成熟时应制定环境教育法和环境教育管理条例，使中国环境教育工作有章可循，有法可依。”宁夏回族自治区率先制定了地方环境教育法规，有助于探索“先地方，后全国”的中国环境教育立法模式。为促进环境教育的法制化、规范化，构建多层次、多渠道、多方面的环境教育机制，在我国应当尽快建立专门的《环境教育法》。通过立法加强环境教育，不仅有利于提高全民族对环境保护的认识，提高公众参与环境保护的能力，更有益于在全社会树立可持续发展的观念，形成全民参与环境保护的社会行动体系，使人们共同承担起保护环境、造福后代的责任与义务。

第二十章　环 境 诉 讼

环境诉讼是指法院为解决环境法律关系主体提出的保护其合法环境权益等问题而依法进行的审判活动。环境诉讼是环境法律关系主体为解决环境纠纷而采取的一种司法解决机制。环境诉讼按其性质、内容不同而适用不同的程序规则。环境诉讼可分为环境民事诉讼、环境行政诉讼、环境刑事诉讼和环境公益诉讼。在我国，由于缺乏统一的环境诉讼程序规则，环境诉讼基本上是依据我国的《中华人民共和国行政诉讼法》（以下简称《行政诉讼法》）、《中华人民共和国民事诉讼法》（以下简称《民事诉讼法》）和《中华人民共和国刑事诉讼法》（以下简称《刑事诉讼法》）进行的。但是，由于环境纠纷的复杂性，与其他诉讼相比，如在原告起诉资格、举证责任、诉讼期限等方面，环境诉讼又有一些特殊的要求。本章主要学习环境诉讼的几种形式，包括环境民事诉讼、环境行政诉讼、环境刑事诉讼和环境公益诉讼。

第一节　环境民事诉讼

在环境诉讼体系中，与其他环境诉讼形式相比，环境民事诉讼的理论基础比较成熟与完善，而且在环境司法实践中，其制度实践也较为广泛与深入。

一、环境民事诉讼的含义

环境民事诉讼是指人民法院对平等主体之间有关环境权利义务的争议，依照民事诉讼程序进行审理和裁判的活动。环境民事诉讼与一般民事诉讼都需要依照我国《民事诉讼法》的规定进行，但由于引发诉讼的环境争议与传统民事争议相比具有特殊之处，所以环境民事诉讼具有与一般民事诉讼不同的特点。

二、环境民事诉讼的特点

（一）有关原告起诉资格

我国《民事诉讼法》第一百一十九条规定，民事诉讼的原告是与案件有直接利害关系的主体，表明民事诉讼本质上属于私益诉讼。但是因为环境损害往往不是与某个人有直接利害关系，而是影响到公众的利益，为了解决这一问题，许多国家规定了公益诉讼制度，在环境诉讼中对起诉人的资格作出了相对宽松的规定。我国民事诉讼法中的“共同诉讼”和“代表人诉讼”制度，对于污染和破坏环境范围较大、受害人数较多的环境案件是适合的，但其本质仍然属于私益诉讼。

（二）举证责任倒置

我国长期以来实行“谁主张谁举证”为主的民事举证责任制度，具体是指，“原告向人民法院起诉或者被告提出反诉，应当附有符合起诉条件的相应的证据材料。当事人对自己提出的诉讼请求所依据的事实或者反驳对方诉讼请求所依据的事实有责任提供证据加以证明。没有证据或者证据不足以证明当事人的事实主张的，由负有举证责任的当事人承担不利后果”①。在一般民事侵权诉讼中，往往要求原告就被告的过错、被告行为的违法性、存在损害事实、加害行为与损害事实之间存在因果关系等方面提供证据，进而提出自己的诉讼主张。但是，如果在环境民事诉讼中也坚持“谁主张谁举证”，对于原告而言是比较困难的。因为加害方实施的往往是经过行政审批的行为，这种行政合法性通常会成为加害方推卸自身责任的借口。此外，由于信息不对称、专业知识欠缺等因素，受害方也很难了解加害方的行为是否出于过错，也很难证明加害行为与损害结果之间的因果关系。除了少数因突发性事故导致的环境侵权外，加害行为和损害结果之间通常都存在着时间差，损害结果的发生往往是多种因素累积的结果，其中的因果关系证明往往涉及复杂的科技问题，且加害方的生产工艺等技术资料一般是严格保密的，原告根本没有能力进行严格的、全面的证明。如果由于原告的举证不能而使大量的环境侵权案件搁置，将使环境侵权行为得不到制止与惩处，不利于环境权益的保障以及社会秩序的稳定。

基于环境侵权案件的特殊性，在环境民事诉讼中采取举证责任倒置的原则，这并非意味着原告不负责举证，原告同样要依据法律的规定承担举证责任，证明被告环境侵权成立。举证责任倒置意味着环境民事诉讼的被告应承担更多的举证责任，由被告就法律规定的免责事由及其行为与损害结果之间不存在因果关系承担举证责任。

最高人民法院《关于适用〈中华人民共和国民事诉讼法〉若干问题的意见》第七十四条第三款规定，因环境污染引起的损害赔偿诉讼，对原告提出的侵权事实，被告否认的，由被告负举证责任。《最高人民法院关于民事诉讼证据的若干规定》又对环境侵权诉讼的举证责任加以细化，第四条规定了八种特殊类型的侵权案件的举证责任承担方式，其中涉及环境民事诉讼的有：“（二）高度危险作业致人损害的侵权诉讼，由加害人就受害人故意造成损害的事实承担举证责任；（三）因环境污染引起的损害赔偿诉讼，由加害人就法律规定的免责事由及其行为与损害结果之间不存在因果关系承担举证责任；……（七）因共同危险行为致人损害的侵权诉讼，由实施危险行为的人就其行为与损害结果之间不存在因果关系承担举证责任；……有关法律对侵权诉讼的举证责任有特殊规定的，从其规定。”《固体废物污染环境防治法》第八十六条规定：“因固体废物污染环境引起的损害赔偿诉讼，由加害人就法律规定的免责事由及其行为与损害结果之间不存在因果关系承担举证责任。”《水污染防治法》第八十七条规定：“因水污染引起的损害赔偿诉讼，由排污方就法律规定的免责事由及其行为与损害结果之间不存在因果关系承担举证责任。”《中华人民共和国侵权责任法》（以下简称《侵权责任法》）第六十六条规定：“因污染环境发生纠纷，

---

① 参见 2002 年 4 月 1 日起施行的《最高人民法院关于民事诉讼证据的若干规定》第一条和第二条

污染者应当就法律规定的不承担责任或者减轻责任的情形及其行为与损害之间不存在因果关系承担举证责任。”

上述我国环境民事诉讼中举证责任承担的有关法律规定，与实体法上关于环境污染侵权的无过失责任的规定（如我国《环境保护法》第四十一条、《侵权责任法》第六十五条）相衔接，为保护当事人的合法环境权益提供了有力的制度保障①。

（三）因果关系推定

加害行为与损害结果之间的因果关系的证明，是环境侵权案件确定法律责任的一个关键问题。按照以往的侵权诉讼理论，基于侵权行为追究损害赔偿时，受害者必须证明其主张为加害行为的行为是损害发生的原因。如果仅以可能是损害发生的原因而让人负担损害赔偿责任，则最终将很难保障人的活动自由，所谓“怀疑不罚”的原则，是以尊重个人自由为基调的近代法的一般原则②。但是，如果将这一原则严格运用于环境民事诉讼中，受害方要查明损害原因则需要精密复杂的科学知识和大规模的科学调查，这对于普通民众来讲是十分困难的，甚至是不可能做到的。因为在环境侵权案件中，在加害行为与受害者之间还存在一个载体——环境，加害行为通常都是通过环境这个媒介再作用于受害人的人身或财产。由于多了一个中间环节，使得因果关系的证明更加复杂。在环境诉讼案件中适用严格因果关系证明将使案件陷入科学裁判的泥沼，以致久拖不决，环境纠纷得不到及时解决，受害人的利益得不到有效维护。

鉴于以上情况，在许多国家的环境民事诉讼中都采取了“因果关系推定”的方法来确定损害行为与损害结果之间的因果关系。例如，日本的富山骨痛病、新泻水俣病、熊本水俣病和四日市哮喘病等四大公害案件中，就采用了“因果关系推定”的方法。在采取因果关系推定的场合，无须严格的病理上的证明，而适用疫病学上的因果关系，或称为流行病学因果关系的证明原则。所谓疫病学上的因果关系通常认为需要满足四个条件：①该因素在某疾病发生之前已经存在并发生作用；②该因素的作用程度越明显，该疾病的患病率越高或病情越重；③该因素在一定程度上被消除或者减少的话，该疾病的患病率降低或病情减轻；④该因素作为该疾病的原因，其作用机制基本上可以得到生物学上的合理说明③。我国法律中尚未对这一制度作出明确规定，但是在我国的环境民事审判实践中，已经有对“因果关系推定”方法的运用。

（四）诉讼时效延长

诉讼时效是权利人通过诉讼程序请求人民法院保护其权利的有效期间。在法理上，诉讼时效是一种消灭时效，权利人在法定期间内如果不行使权利，则丧失请求法院依诉讼程序保护其民事权益的权利。因此，诉讼时效期间不仅是个程序问题，还直接关系到权利人实体性权利的实现。我国法律规定的诉讼时效分为一般诉讼时效和特殊诉讼时效两种。一

---

① 我国《环境保护法》第四十一条规定：“造成环境污染危害的，有责任排除危害，并对直接受到损害的单位或者个人赔偿损失。”《侵权责任法》第六十五条规定：“因污染环境造成损害的，污染者应当承担侵权责任。”

② 原田尚彦．环境法．于敏译．北京：法律出版社，1999：26

③ 王明远．环境侵权救济法律制度．北京：中国法制出版社，2001：195

般诉讼时效为两年，特殊诉讼时效由《中华人民共和国民法通则》（以下简称《民法通则》）或其他法律规定。我国《环境保护法》第四十二条规定：“因环境污染损害赔偿提起诉讼时效的期间为三年，从当事人知道或者应当知道受到污染损害时起计算。”这与《民法通则》的规定相比有两点不同。

(1) 时间长短不同。普通民事诉讼的一般诉讼时效是两年，而环境污染侵权诉讼则是三年。之所以如此规定，主要是因为环境损害是一种特殊的侵害行为，具有间接性、广阔性、累积性以及损害结果的潜伏性、滞后性等特点。这些特点就使得在损害行为和损害后果之间往往存在较大的“时间差”，损害后果的出现与对损害行为和损害后果之间的因果关系的认知往往需要很长的时间。

(2) 起算点不同。普通民事诉讼的起算点是知道或者应当知道“权利被侵害时”，而环境侵权诉讼是知道或者应当知道“受到污染损害时”。之所以如此规定，主要是因为环境损害的后果往往是渐进的、间接的，损害的对象往往是不特定的多数人，损害结果也往往由于受害者个体的差异性而不尽相同。因为很多受害人是在不知不觉中受到侵害的，权利受到损害的准确时间难以确定，所以以“受到污染损害时”作为诉讼时效的起算点要比“权利被侵害时”更具合理性。

第二节　环境行政诉讼

由于环境法律调整对象的复杂性与综合性，行政法律规范在环境法中普遍存在，环境行政法律关系成为环境法律关系的重要内容。环境行政诉讼对于保障环境行政管理相对人的合法权益具有重要作用，同时也是监督环境行政主体及其工作人员依法行政的有效手段。

一、环境行政诉讼的概念与特点

环境行政诉讼是指人民法院根据环境行政管理相对人的请求，依法对环境行政主体的具体行政行为是否合法进行审查的活动。

环境行政诉讼具有以下特点。

(1) 环境行政诉讼是由环境行政相对人对环境行政主体提起的诉讼。环境行政诉讼是在环境行政管理过程中发生的诉讼。与一般行政诉讼一样，其原告是行政相对人，包括公民、法人或其他组织，其被告则是依法行使行政管理权的环境行政主体。

(2) 环境行政诉讼由环境行政争议引发。环境行政争议是指环境行政主体与行政相对人在环境行政管理过程中发生的争议。争议双方是环境行政主体和行政相对人。争议针对的是环境行政主体实施的具体行政行为。争议的核心在于确认行政主体的具体行政行为是否合法。环境行政争议是启动环境行政诉讼的诱因和环境行政诉讼所要解决的内容。

(3) 环境行政诉讼的核心是审查具体行政行为的合法性。人民法院审理环境行政争议案件的核心是审查具体行政行为是否合法。法院对具体行政行为的合法性进行审查，包括对行为的事实认定以及规范性文件的适用是否合法进行审查。

（4）环境行政诉讼的被告范围广泛。由于环境法律所调整的社会关系十分广泛，环境行政诉讼的被告范围也较广泛，包括负有环境保护和资源、生态监管职责的机关。例如，环保、海洋、港务、渔政渔港、交通、水利、铁道、民航、土地、农业、林业、矿产管理机关等。

二、环境行政诉讼的受案范围

在我国，环境行政诉讼的受案范围包括以下几个方面。

（1）对环境行政机关作出的警告、罚款、吊销许可证、没收非法所得、责令停产停业等行政处罚不服的。

（2）对环境行政机关限制人身自由或对其财产进行查封、扣押、冻结等行政强制措施不服的。

（3）认为环境行政机关侵犯行政相对人合法经营自主权的。

（4）认为环境行政机关的不作为是违法的。例如，认为符合法定条件申请环境行政机关批准环境影响报告书、申请颁发环境保护设施验收合格证、申请颁发排污许可证等，环境行政机关拒绝答复或不予颁发的；或者请求环境行政机关履行保护人身权、财产权的法定职责，环境行政机关拒绝履行或不予答复的。

（5）认为环境行政机关违法要求履行义务的。例如，违法要求交纳排污费的。

（6）认为环境行政机关侵犯其他人身权、财产权的。

（7）认为环境行政机关的具体行政行为侵犯人身权、财产权以外的其他合法权益的。

（8）法律法规规定的可以提起行政诉讼的行政案件。

根据我国《行政诉讼法》第十二条、《最高人民法院关于执行〈中华人民共和国行政诉讼法〉若干问题的解释》第一条第二款的规定以及单行环境资源法律的相关规定，以下行为不属于环境行政诉讼的受案范围。

（1）国防、外交等国家行为。

（2）行政法规、规章或环境行政机关制定、发布的具有普遍约束力的决定、命令的抽象行政行为。

（3）环境行政主体对工作人员的奖惩、任免等内部行政行为。

（4）法律规定由环境行政机关最终裁决的具体行政行为。

（5）公安、国家安全等机关依照刑事诉讼法的明确授权实施的行为。

（6）调解行为以及法律规定的仲裁行为。

（7）不具有强制执行力的行政指导行为。

（8）驳回当事人对行政行为提起申诉的重复处理行为。

（9）对公民、法人或者其他组织的权利义务不产生实际影响的行为。

第三节　环境刑事诉讼

当下，我国环境危机日趋恶化，出现了越来越严重的环境犯罪现象，环境犯罪学已成为刑事法学中一个新型的领域。与传统犯罪相比，环境犯罪由于环境资源问题自身的复杂性等原因，需要构建相对完善独立的环境刑事诉讼。环境刑事诉讼对于打击日益严重的环境犯罪、维护相关当事人的合法权益及保护环境资源具有重要的作用。

一、环境刑事诉讼的概念

环境刑事诉讼是指公安机关、人民检察院和人民法院在当事人和其他诉讼参与人的参加下，依照法律规定的程序，为追究环境犯罪嫌疑人、被告人的刑事责任而进行的活动。提起环境刑事诉讼的实体法是我国的《中华人民共和国刑法》和有关的环境资源法律。环境刑事诉讼程序适用《刑事诉讼法》的规定，诉讼的目的是追究犯罪嫌疑人、被告人的刑事责任，起到预防和惩罚环境犯罪的功能。

二、环境刑事诉讼的特征

环境刑事案件经由公民提起自诉或人民检察院提起公诉，即进入法院审理阶段。人民法院在审理环境刑事案件时，必须依照法定的职权和程序进行。由于环境犯罪具有与其他普通的刑事犯罪不同的特征，所以适用于环境犯罪的环境刑事诉讼也具有一定的特殊性。具体表现在以下几个方面。

（1）参与诉讼程序的主体复杂。环境刑事诉讼的参与者包括公安机关、检察机关、法院以及有关诉讼当事人等，有的国家还有环保执法机关、环境团体等。如果案件具有涉外因素，还会涉及有关刑事司法协助与合作的机关。从涉案人员看，受害方往往是众多受害人或单位，而被告方多为法人或生产企业等经济组织，可能既涉及单位或法人刑事责任问题，也涉及有关主管、负责人员刑事责任问题。

（2）诉讼过程复杂而费时。这主要是因为环境犯罪案件往往涉及地方利益、企业利益、受害者利益等众多利益，环境犯罪因果关系复杂，有关证据的查证艰难等。

（3）举证责任比较特殊。环境刑事案件的审理程序与普通刑事案件基本一致，而明显不同的是举证责任。在普通的刑事诉讼领域，举证责任由司法机关或者自诉人负担，被告一般不承担举证责任，但在环境刑事诉讼中，举证责任的归属比较复杂。由于环境案件的特殊性，被告须承担一定的举证责任。但被告负举证责任又应受到法律的严格限制。例如，简单的自诉环境犯罪案件仍由原告负举证责任；破坏环境的犯罪，举动犯的环境犯罪，一般由公诉机关负责举证；污染类环境犯罪，涉及企业秘密的环境犯罪，则由被告负举证责任①。此外，在环境刑事诉讼中的被告举证责任制度，应当仅限于有无排污事实、排污行为与污染危害结果之间有无因果关系、被告有无故意和过失的举证，而不应是对环境刑事诉讼中所有事实的举证。被告行为违法及行为所造成的危害结果的事实等，仍应由司法机关负责举证②。有学者认为，在环境污染刑事案件中也可以有条件地适用环境民事

---

① 付立忠．环境刑法学．北京：中国方正出版社，2001：624

② 王灿发．环境法学教程．北京：中国政法大学出版社，1997：171

诉讼中所采用的因果关系推定原则。这种因果关系推定原则并非有罪推定，而是要求起诉方必须收集足够的证据，并能够提供环境中所含污染物质必然导致环境污染的科学证据。适用因果关系推定的前提必须是某种危害结果与污染破坏行为有关联。而且，因果关系推定原则的适用也有严格的限制。例如，适用的前提是污染破坏行为与危害结果存有疫病学上的引起与被引起的高度盖然性；该原则仅仅适用于污染行为致害的对象为“公众”；复合污染等复杂情形如若适用，其条件应更为严格①。

第四节 环境公益诉讼

环境公益诉讼是环境诉讼体系中的一种特殊形式，也是公益诉讼体系的重要组成部分，是与传统意义上的私益诉讼相对应的一种诉讼模式。环境公益诉讼是公众参与环境保护和保障公民环境权益的重要手段，对于环境法律的良好实施起到了积极的作用。

2012年8月31日第十一届全国人民代表大会常务委员会第二十八次会议通过并发布的《关于修改〈中华人民共和国民事诉讼法〉的决定》，增加了第五十五条规定：“对污染环境、侵害众多消费者合法权益等损害社会公共利益的行为，法律规定的机关和有关组织可以向人民法院提起诉讼。”这标志着我国公益诉讼制度实现了历史性的突破，环境公益诉讼制度得以确立。

一、环境公益诉讼的概念与种类

环境公益诉讼是指公民、组织或国家机关为了保护环境与自然资源，根据法律的授权代表公众或者公众利益向侵犯环境权益的主体（包括政府、组织及个人等）提起诉讼，寻求司法救济。

环境公益诉讼可以分为若干类型。首先，从起诉主体来看，环境公益诉讼包括广义的和狭义的两种。广义的环境公益诉讼是指国家机关、组织和个人根据法律的授权，就侵犯环境公益的行为向法院起诉，由法院依法处理的司法活动。狭义的环境公益诉讼是指公民和组织根据法律的授权，就侵犯环境公益的行为向法院起诉，由法院依法处理的司法活动。其次，从被告范围看，环境公益诉讼包括环境行政公益诉讼和环境民事公益诉讼。环境行政公益诉讼是指对环境保护负有职责的行政机关侵害环境公共利益的行为而提起的诉讼。环境民事公益诉讼是指对非官方法律主体侵害环境公共利益的行为而提起的诉讼。二者的区别在于前者的被告是行使环境保护职权的政府机构，后者则是指对环境保护负有守法义务的法律主体，主要是企业等市场主体。从我国《民事诉讼法》第五十五条来看，我国的环境公益诉讼性质为环境民事公益诉讼，其诉讼活动应遵守我国民事诉讼法的相关要求。

---

① 张勇．环境污染刑事案件中严格责任与推定原则问题探讨．北京政法职业技术学院学报，2005，(4)

二、环境公益诉讼的模式

从世界范围看，环境公益诉讼主要有日本、英国、法国及美国等模式。

在日本，环境公益诉讼主要体现为环境行政公益诉讼，诉讼的类型主要包括取消诉讼、课以义务诉讼、居民诉讼、请求国家赔偿诉讼等①。

在20个世纪日本发生大规模的公害事件后的60～70年代，日本主要是通过建立公害预防和控制法律机制来实现环保的目的。在这种体制下，环境行政是日本进行环境保护的核心力量。因此，日本的环境公益诉讼主要表现为行政公益诉讼。例如，对于在居住专用区域内建立保龄球场的行为予以行政审批时，附近的居民可主张违反建筑标准法而提起取消诉讼。再如，当设置原子能发电厂等可能对附近居民的环境安全产生威胁的设施得到行政机关的批准时，附近居民可以对行政机关的行为提起诉讼。在日本传统的行政法理论中，即使由于行政机关的行为对附近的居民带来了不利的影响，居民也不具有提起取消诉讼的起诉资格。因为，传统理论认为，建筑法等行政法规是从为维持社会公共安全这一专门的公益性考虑出发而设置的障碍，不是以保护各个居民的私人利益为目的的，限制的结果使居民得到的利益并非法律利益，只不过是波及的利益而已。而居民的这种波及性利益受到损害是没有提起诉讼的资格的②。主张公民可以针对政府的上述行为提起行政公益诉讼的学者认为，应该摒弃这种所谓的波及性利益的说法。因为，这种波及性利益实质上属于环境行政机关执行法律的环境公益之范畴，公民有权对侵害环境公益的行政行为提起诉讼。日本学者认为，提起环境公益诉讼的理论主要有公共信托理论、环境权理论和遵守正当程序理论三种③。

英国法律在环境公益的司法救济方面相对保守。但总体上，英国行政法关于救济手段的发展趋势是向统一和宽大的起诉资格方向前进。当事人在司法审查中，不论申请任何救济手段都取决于对申请事项是否有足够利益，不必以具有权利为必要条件。此外，公民可以借助检举人诉讼制度寻求对环境公益的社会救济。在英国，只有司法长官才能代表公众提起诉讼以倡导公众权利，阻止公共性不当行为。如果该问题能够引起司法长官的注意而他拒绝行使其职权，个人就可请求司法长官由自己去督促诉讼。如果司法长官允许，个人就可以提起诉讼。在英国，为公民用来寻求环境等公益司法救济的检举人诉讼制度可以认为是公益诉讼的一种过渡型形态④。

法国行政法一般把行政诉讼分为客观的行政诉讼和主观的行政诉讼两大类。这种分类法是以诉讼标的的性质作为分类的标准。基于行政机关违反主观的法律规则、法律地位提起的行政诉讼是主观的行政诉讼。而对行政机关违反客观的法律规则、法律地位的行为提起的行政诉讼是客观的行政诉讼。一般认为，主观的行政诉讼属于传统的行政诉讼的范畴，原告的起诉资格仅在其个人权益受到行政行为的直接侵害时方被授予，其目的主要是

---

① 有关这几种诉讼的具体内容详见：原田尚彦．环境法．于敏译．北京：法律出版社，1999：176-179

② 原田尚彦．环境法．于敏译．北京：法律出版社，1999：174

③ 有关这三种理论的具体内容详见：原田尚彦．环境法．于敏译．北京：法律出版社，1999：175

④ 王名扬．英国行政法．北京：中国政法大学出版社，1987：202-203

维护个人利益。而客观的行政诉讼则使法国行政诉讼的起诉资格进一步拓宽，其目的在于维护国家和社会公益。越权之诉是客观的行政诉讼的典型。在法国，环境公益诉讼一般是通过越权之诉实现的。越权之诉是指其利益因行政机关的决定而受到侵害的当事人请求行政法院审查该行政决定的合法性，并撤销违法的行政决定的救济手段。在越权之诉中，只要起诉人的利益受到行政决定的不法侵害即可起诉，并不强调必须是其个人利益。而且，起诉人的利益不仅包括物质利益，还包括精神利益，不仅局限于现实利益，还包括预期或未来的利益①。

美国的环境公益诉讼制度集中体现为环境公民诉讼（citizen suit）制度②。这种制度的实质是公民、组织等根据法律的授权，对违反环境法律或者侵害公共环境权益的行为提起诉讼，寻求司法救济。公民诉讼制度主要包含原告起诉资格、被告范围、可诉范围、诉讼限制等方面。

（1）原告起诉资格。原告起诉资格是公民诉讼的核心问题。美国联邦环境法律中的公民诉讼条款一般都明确规定，为实施该联邦环境法律，“任何人或任何公民可以代表自己提起一项民事诉讼”。然而，公民诉讼的原告在提起公民诉讼时，必须首先满足对原告起诉资格的证明，这是美国联邦宪法对联邦法院的要求。原告起诉资格问题是公民诉讼进入法院必须跨越的第一道障碍，也是美国公民诉讼制度实践中一个备受争议的问题。在美国联邦环境公民诉讼四十余年的历史发展中，司法对于原告起诉资格的态度不尽相同。从20世纪70年代直至今天，环境公民诉讼的原告起诉资格问题经历了一个曲折的演变过程，最高法院的态度始终摇摆不定③。从总体上来看，司法对于原告的起诉资格施加了一些限制，如有关对“事实损害”（injury in fact）、因果关系（causation）、可救济性（redressability）的证明要求等。

（2）被告范围。在美国联邦环境公民诉讼条款中，公民诉讼的被告包括两类：第一类是违反公民诉讼条款可诉范围事项的“任何人”（any person）。“任何人”的概念与范围基本上等同于原告中的“任何人（公民）”的定义，包括私人的和官方的主体。第二类是指授权该环境公民诉讼条款的联邦环境法律的法律实施机构。如果这些执法机构存在违反公民诉讼条款规定的可诉范围之情形，即政府机构的不作为违法等现象时，公民可以提起公民诉讼。

（3）可诉范围。在美国联邦环境法律的公民诉讼条款中，可诉范围是受到法律的严格界定的。首先，只有规定了公民诉讼条款的联邦环境法律才存在公民诉讼的可诉范围问题。如果某部联邦环境法律没有公民诉讼条款，公民则不得依据该法提起公民诉讼。在美国一共有二十多部包含公民诉讼条款的联邦环境法律，只有在这些法律中才存在公民诉讼问题。其次，在这些联邦环境法律中，公民诉讼条款一般都明确规定了各法有关公民诉讼

---

① 王名扬．法国行政法．北京：中国政法大学出版社，1988：667-681

② 有关美国环境公民诉讼具体内容详见：陈冬．环境公益诉讼研究——以美国环境公民诉讼为中心．中国海洋大学博士学位论文，2004

③ 有关环境公民诉讼的起诉资格问题详见：陈冬．严格的起诉资格规则——以鲁坚案为中心析美国环境公民诉讼．环境资源法论丛，2004，(4)；陈冬．气候变化语境下的美国环境诉讼——以马塞诸塞州诉美国联邦环保局案为例．环球法律评论，2008，(15)

的可诉范围，只有符合公民诉讼条款的规定，才可以提起公民诉讼。公民诉讼条款既是公民诉讼可诉范围的法律依据，同时也是可诉范围的界限。例如，《清洁空气法》和《清洁水法》均规定，凡是违反本法所规定的排放标准和限制、特定的许可证及其条款以及违反联邦环境保护局和各州依据该标准和限制所颁布的行政规章与命令的行为均属于公民诉讼的可诉范围。最后，联邦环境法律的行政执法机关的不作为违法行为也属于公民诉讼的可诉范围。

（4）公民诉讼的限制。美国公民诉讼制度的一项重要内容是公民诉讼的限制，即在某种法定情形下，即使存在符合公民诉讼条款的起诉要求，公民也不得依据公民诉讼条款提起诉讼。限制的目的主要是为了发挥行政权在法律执行中的主导地位。一般而言，公民诉讼的限制主要包括两种：其一，一定的通知期限是对公民诉讼的限制。如果公民诉讼的原告依据公民诉讼条款的规定，有提起公民诉讼之意图，应该在起诉前将被控违法行为以及起诉之意图向特定对象（一般包括实施联邦环境法律的行政机构的首脑、被控违法行为发生地所在州政府以及被控违法者）发出通知，在原告发出通知之日起一定期限内（一般为60天），不得提起公民诉讼。其二，行政机关勤勉地实施法律（diligently enforcement）是对公民诉讼的限制。如果联邦环境法律的执法者针对涉嫌违法行为已经或正在采取一定的实施法律行为，如行政机构针对涉嫌违法行为向联邦法院起诉等，那么，不得提起公民诉讼。

第二版后记

本书的修订工作是在主编徐祥民教授的指导下由刘卫先组织进行的，审稿与统稿工作由徐祥民、田其云、申进忠、巩固、时军、刘卫先组成的工作小组通过集体讨论共同完成。各章具体的修订人员及分工如下：第一章（徐祥民、刘卫先），第二章（巩固），第三章（徐祥民），第四章（陈晓景），第五章（张锋），第六章（田其云、申进忠），第七章（徐祥民、刘卫先），第八章（李光禄），第九章（田其云），第十章（田其云），第十一章（梅宏），第十二章（张式军），第十三章（申进忠），第十四章（刘国涛），第十五章（刘卫先），第十六章（徐祥民），第十七章（林宗浩），第十八章（徐伟敏），第十九章（时军），第二十章（陈冬）。

参加本书修订的单位有：中国海洋大学、南开大学、浙江大学、郑州大学、山东大学、山东师范大学、山东科技大学、烟台大学、河南财经政法大学。

原版后记

本书由主编徐祥民教授设计编写纲目并组织编写、审稿和统稿。各章撰写人员及分工如下：第一章（徐祥民、尹鸿翔），第二章（徐祥民、巩固），第三章（徐祥民），第四章（陈晓景），第五章（张锋），第六章（申进忠），第七章（徐祥民、孟庆垒），第八章（李光禄、秘明杰），第九章（田其云、李玉玲），第十章（田其云），第十一章（梅宏），第十二章（张式军），第十三章（申进忠），第十四章（刘国涛），第十五章（刘卫先、张景明），第十六章（徐祥民、孔晓明），第十七章（林宗浩），第十八章（徐伟敏），第十九章（时军），第二十章（陈冬）。

参加本书编写的单位有：中国海洋大学、南开大学、郑州大学、山东大学、广西大学、山东大学威海分校、山东师范大学、山东科技大学、烟台大学、济南大学、河南政法管理干部学院。